México en la mesa

México en la mesa

Diez alimentos que conquistaron el mundo

Guillermo Bermúdez
y Martha Elena García

DEBATE

Penguin Random House Grupo Editorial

México en la mesa
Diez alimentos que conquistaron el mundo

Primera edición: agosto, 2025

ISBN: 978-607-385-946-2

Impreso en México – *Printed in Mexico*

A nuestra amada y entrañable semilla, Omar

A quienes trabajan la tierra

A las cocineras tradicionales

A todas y todos aquellos en quienes hemos encontrado inspiración, conocimientos y sabiduría

Y a las y los mexicanos, en especial a los más jóvenes, con el deseo de que recuperen y disfruten los alimentos heredados por los pueblos originarios de este país que, gracias a la persistente resistencia de nuestras culturas, han llegado hasta nosotros y dependerá de todos que permanezcan aquí

Índice

Prólogo

Víctor M. Toledo*

Es este un libro que estábamos esperando. Un decálogo sobre los alimentos, muy bien escrito, en el que se combinan las narrativas, las anécdotas y la historia con una muy completa compilación de fuentes científicas (668 citas bibliográficas), de dos reconocidos divulgadores de la ciencia. El libro parte de la tesis de que comer no es un mero acto rutinario, mecánico o fisiológico, sino un lenguaje secreto de colores, olores y sabores. En el fondo, toda la obra lleva como sustento la contradicción de dos tipos mayores de dieta. En general, se está de acuerdo en que existen dos modelos de consumo de alimentos: la llamada "Dieta occidental" y la basada en las "Cocinas tradicionales". La primera se caracteriza por el elevado consumo de comestibles ultraprocesados y bebidas con exceso de azúcares añadidos, cereales refinados, sal, grasas saturadas y trans, así como carnes rojas, embutidos, alimentos fritos y lácteos altos en grasa, baja en fibra, frutas, verduras y otros alimentos de origen vegetal. Estos alimentos utilizan unas 20 000 sustancias o aditivos sintéticos. La segunda sigue las pautas de las culinarias tradicionales de cada país o región, utiliza ingredientes frescos, mayormente vegetales, y se prepara al instante. La primera

*Instituto de Investigaciones en Ecosistemas y Sustentabilidad de la UNAM

tiende a ser imperecedera, por lo que puede ser comida horas y días después de ser preparada; en tanto que la segunda se debe consumir tras su preparación, es decir, es perecedera.

La primera dieta proviene de la industrilización alimentaria, de la llamada "Revolución Verde", que significó la transformación de los sistemas tradicionales de generación de alimentos, su "modernización". Esto implicó, especialmente, pasar de la pequeña escala (20 hectáreas o menos) a escalas de decenas, centenas e incluso miles de hectáreas, lo que dio lugar a una tremenda injusticia agraria. Hoy, de acuerdo con los datos de la FAO, que analiza a nivel global 608 millones de unidades de producción de alimentos, el 96% de los propietarios con 20 hectáreas o menos detentan el 26% de las tierras agrícolas y ganaderas del planeta; en tanto que el 4% restante posee el 74% de la superficie agropecuaria.[1] Por ello, toda la obra, en sus once capítulos, ofrece innumerables ejemplos de esta contradicción que a escala global se expresa en los 800 millones de desnutridos y en entre los 1 000 y 1 200 millones de personas con problemas de obesidad y sobrepeso.

El segundo capítulo, que versa sobre el maíz, el cereal más producido y consumido en el mundo por encima del arroz y del trigo, es soberbio. De entrada, las 59 razas identificadas del maíz dan lugar a unos 600 platillos, incluyendo tortillas, atoles, elotes, tamales, pinoles, pozoles, tlacoyos, memelas, palomitas y toda una variedad de bebidas. Los primeros registros del maíz son de hace unos 8 000 años, periodo en el que las culturas mesoamericanas domesticaron al maíz y el maíz domesticó a las culturas en un proceso de carácter coevolutivo. Mesoamérica es, entonces, el centro de origen y evolución del cereal. Este capítulo ilustra sobre un fenómeno clave para la elaboración de las tortillas: la nixtamalización. Se trata de un acto casi mágico. El nixtamal cuece los granos del maíz en agua con cal, ceniza o conchas marinas. Y esta sencilla alquimia lo dota de un mayor valor nutricional: más aminoácidos esenciales (lisina y triptófano), más niacina (vitamina B3), más calcio, fósforo, hierro y almidón (!). Sin nixtamalizar, las tortillas no cumplen su importante rol nutritivo, como suele suceder en casi todos los países africanos y asiáticos que lo consumen. Por ello, le agregan hasta 64 aditivos químicos o lo convierten en un cultivo transgénico. Hacia 2019, diecisiete millones de agricultores sembraron cultivos transgénicos en 190 millones de hectáreas, principalmente en Estados Unidos, Brasil, Argentina, Canadá e India. De ese total, el 48% fue soya y el 32% fue maíz.[2] La segunda contribución importante la realizan los autores en torno al contexto agronómico. El maíz no se cultiva solo sino en la milpa, siempre acompañado de por lo menos el frijol, la calabaza y el chile. Esto, además, determina los siguientes capítulos. Finalmente, una tercera aportación se refiere a la diferencia entre las torillas mecanizadas (Maseca y Minsa) y las tortillas con maíces tradicionales. En el país existe una cantidad similar de ambas modalidades (55 000 tortillerías en una y otra).

En el capítulo siguiente aparece el frijol, que en la milpa le aporta al maíz nada menos que entre 60 y 120 kilogramos de nitrógeno por hectárea; en tanto que el maíz le sirve de soporte. Originario de Mesoamérica, existen 58 especies de frijoles. En México, la mayor producción de frijol (75%) proviene de Zacatecas, y fuera se consume en 150 países, con predominancia en Brasil e India; es decir, esta leguminosa ha conquistado al mundo. Enseguida, aparece la "señora de la milpa": la calabaza. Perteneciente a la familia de las cucurbitáceas (junto al melón, el pepino y la sandía), existen en el país 13 especies de calabazas y con una antigüedad de hasta 10 000 años. Tras la dimensión femenina de la milpa, aparece el chile, término que proviene del náhuatl *chilli.* Con una antigüedad de 7 000 años, los chiles también han conquistado al mundo con sus 90 razas del género *Capsicum,* entre los que se hacen notables los chiles jalapeño, serrano, poblano, piquín y del árbol. El chile es esencial en platillos como los moles, pipianes y adobos, y se reconocen sus atributos medicinal y ritual. Superando a los anteriores alimentos, aparece el "migrante mexicano que cautivó al mundo": el jitomate. Se trata del *Solanum lycopersicon*, que de Veracruz saltó a Sevilla y de ahí al resto de Europa y que se volvió parte fundamental de la dieta mediterránea, a tal punto que se le llamó el "oro rojo". Domesticado aquí hace 2500 años, se debe distinguir del miltomate de color verde y más pequeño.

En el libro no pudo faltar un alimento de origen animal, esta vez representado por el guajolote, término castellano derivado del náhuatl *huexolotl.* El pavo también se ha esparcido por buena parte del mundo, pero especialmente en los Estados Unidos, donde se consume anualmente en el *Thanksgiving Day* (Día de Acción de Gracias) cada 22 de noviembre. Domesticado hace entre 5000 y 7000 años, al guajolote se le conocen, sin embargo, cinco subespecies silvestres.

Al siguiente capítulo, los autores lo titulan "el aguacate" y pienso que debe llamarse "los aguacates", pues sucede que en el país la *Persea americana, var. drymifolia* está sobrerrepresentada por la dominancia del aguacate Hass, que hoy se ha convertido en "oro verde" por su alto valor en el mercado internacional, pero en México existen cinco variedades de *Persea americana* y *Persea schiedeana.* Estos otros aguacates se cultivan en entidades del sur y sureste del país, son de menor tamaño y sumamente preferidos por sus deliciosos sabores y aromas variados.

Muy pocos saben que la papaya, o *chichihualtzapotl* en náhuatl, una de las tres frutas tropicales más consumidas en el mundo, también fue domesticada en México. Menos aún, que la papaya sufre de una situación semejante a la del maíz, pues en el resto del mundo dominan las papayas transgénicas. Ante esta amenaza exterior, el gobierno de México ha prohibido también la entrada de papayas genéticamente modificadas.

Otro es el caso de la vainilla, la delicada orquídea cuyas vainas ofrecen uno de los ingredientes más sofisticados del mundo: su aroma y sabor. La vainilla, o *ixtlilxóchitl* (flor negra), cuyo nombre científico es *Vanilla planifolia*, es una orquídea endémica de México que se ha cultivado desde tiempos prehispánicos en la región Totonaca del norte de Veracruz y Puebla. La ciudad de Papantla es, en México, todavía el corazón de la región de la vainilla. Los mayas y los aztecas la utilizaban para enriquecer una bebida de cacao destinada a nobles y guerreros: el chocolate. Por su aroma y sabor, el uso de la vainilla se ha extendido por el resto del mundo. En Estados Unidos, Canadá y Europa, usualmente se ocupa en postres como malteadas, helados, galletas. Dos países, Madagascar e Indonesia, mantienen la mayor parte de la producción mundial. Madagascar lideró con una producción promedio del 44% del total mundial en el periodo 2017-2021; mientras que Indonesia ocupa el segundo lugar con un 23.4%. En Madagascar, en 2004, la vainilla era el modo de subsistencia de 80 000 agricultores que la cultivaban en casi 30 000 hectáreas.[3]

La vainilla crece en combinación con una planta tutora; naranjo, cedro, y otros tipos de árboles o estacas, solo para apoyo, no se alimentan de estos, y están realmente enraizadas en el suelo. También puede ser cultivada en invernaderos en los cuales las guías de vainilla son enredadas en estacas de bambú estrechamente espaciadas. Para cultivar las vainas, las flores deben ser polinizadas a mano y las vainas también son colectadas a mano, aunque originalmente la polinización la efectuaban abejas silvestres del género *Melipona*. Desde el año 2000, el fruto maduro de la orquídea cuenta con denominación de origen, protegiendo así 39 municipios entre Veracruz y Puebla.

El uso de la vainilla se encuentra ligado con el cacao en la elaboración del chocolate. El cacao pertenece a la especie *Theobroma cacao*, y en México existen dos variedades llamadas "criollo" y "forastero", además de la cruza de ambas llamada "trinitario". Esto les dota de una enorme variabilidad.[4] El cacao fue domesticado en Mesoamérica y en otros países de América como Bolivia y Brasil hace unos 3 000 años, y llevado a África en 1860. En México, los cacaotales se siembran en Tabasco y Chiapas, aunque su cultivo podría expandirse hacia regiones cálidas y húmedas de Veracruz, Oaxaca, Guerrero, Michoacán y Puebla. Se considera que en general ha habido un deterioro y un abandono de los cacaotales mexicanos desde hace dos décadas. Sin embargo, dado que los cacaotales requieren de la presencia de una cierta variedad de árboles de sombra, estos sistemas diversificados pueden funcionar como sistemas agroforestales y servir para reforestar áreas taladas, convertirse en corredores biológicos y ser trabajados por pequeños productores en pocas hectáreas. Esto dota a los cacaotales mexicanos de una ventaja ambiental y social, pues la mayor producción de cacao que se realiza en África, en Costa de Marfil, Ghana, Indonesia, Ecuador y Nigeria, que normalmente es en sistemas especializados de monocultivos a sol por pequeños productores que se mantienen empobrecidos; en tanto que las ganancias se quedan en los comercializadores, exportadores y en las compañías que elaboran chocolates sofisticados, especialmente en Suiza.

En conjunto, esta obra cumple de manera magnífica la tarea de reivindicar las cocinas tradicionales del país. Por ello, contribuye también al rescate biocultural de Mesoamérica, pues el contexto histórico está siempre presente.

Notas

[1]S. K. Lowder, M. V. Sánchez y R. Bertini, "Which farms feed the world and has farmland become more concentrated?", *World Development, 142*, Article 105455, 2021. Consultado en https://doi.org/10.1016/j.worlddev.2021.105455.

[2]ISAAA, "Cultivos", 2019. Consultado en https://www.isaaa.org/resources/publications/pocketk/16/.

[3]Consultado en https://es.wikipedia.org/wiki/Anexo:Pa%C3%ADses_por_producci%C3%B3n_de_cacao

[4]N. Ogata, Cacao, *Biodiversitas* 72, mayo/junio, 2007. Consultado en https://www.facebook.com/watch/?v=325039185975212.

Nota editorial

A diferencia de los comestibles ultraprocesados —a los que cuesta trabajo considerar comida de verdad porque son productos de diseño con excesivas cantidades de azúcar, grasas y sal, plagados de aditivos sintéticos, con la exagerada caducidad que sus conservadores les permiten—, los alimentos auténticos son sustancias perecederas que no solo se descomponen y pierden sus cualidades en poco tiempo, sino también experimentan cambios derivados de distintos factores.

El libro que ponemos sobre la mesa de los lectores ofrece una mirada multidimensional de los alimentos ancestrales mexicanos desde la perspectiva del pensamiento complejo y crítico, que abarca desde aspectos históricos, culturales y antropológicos, nutricionales y de salud, hasta medioambientales, sociales, económicos y geopolíticos. En muchos casos, al igual que los alimentos verdaderos, estas dimensiones se encuentran en constante transformación, empezando por el cambio climático, que involucra alteraciones bruscas en la temperatura y fenómenos extremos como heladas, sequías y lluvias en exceso; la pérdida de biodiversidad y de ecosistemas; la contaminación del agua, el aire y los suelos generada por distintas fuentes, sobre todo industriales y agropecuarias; las interrupciones en el abasto de productos provocadas por las guerras y las veleidades de los intercambios comerciales y los giros en las políticas económicas.

Muy pronto, mientras escribíamos los distintos capítulos, nos dimos cuenta de que resultaría imposible seguirle el paso a los cambios que tenían lugar en los múltiples temas que abordamos.

Para no ir más lejos, una vez entregado el texto a la editorial, ocurrieron circunstancias en el contexto nacional e internacional de las que ya no pudimos dejar constancia. De entrada, ante la turbulencia e incertidumbre en la economía provocadas por las amenazas arancelarias de Donald Trump, de pronto en México pareció comprenderse a cabalidad el significado de la palabra *soberanía*; no solo territorial, sino industrial, energética, científica, tecnológica y alimentaria. El posible derrumbe del Tratado entre México, Estados Unidos y Canadá (T-MEC) y, con ello, del modelo de desarrollo económico basado en las exportaciones al que se apostó desmesuradamente en los pasados 40 años, nos hizo ver nuestra enorme vulnerabilidad.

Por ello, nos complace que nuestro libro coincide y concuerda con el reciente anuncio del viraje económico hacia adentro, a fin de enfocar la atención en el mercado interno y no depender de las exportaciones. Coincide y concuerda, también, con la revalorización de lo hecho en México y de lo que somos, así como también con una serie de políticas públicas y leyes encaminadas a recuperar la soberanía, en particular la alimentaria, proteger nuestra salud, fortalecer la economía social y empoderar a comunidades y ciudadanos.

Por estas razones, aunque procuramos ofrecer información actualizada hasta donde nos fue posible, los lectores encontrarán muy posiblemente que hay partes que no están tan frescas ni al día. Por la temática que abordamos, resulta imposible ofrecer un menú completamente al día. Agradecemos de antemano su comprensión. Sin embargo, esperamos que estas páginas sean del agrado de su paladar y, en todo caso, que despierten su apetito por seguir la pista informativa de los alimentos mexicanos ancestrales.

1
El verdadero tesoro de la Conquista

Imagina por un momento que estás por llevarte a la boca tu platillo preferido, digamos unos esquites, un espumoso chocolate, unos panuchos de venado, un pozole, un mole poblano o negro… lo que se te antoje. Solo al mirarlo, tus pupilas ya empiezan a dilatarse en señal de la atracción que ejercen en ti sus colores y su aspecto. Tu olfato retrotrae reminiscencias de regustos, emociones de infancia, de compañías entrañables, de épocas, lugares y momentos de tu vida… Al probarlo, cierras los ojos y descifras ese lenguaje secreto de los sabores que emerge conforme paladeas el bocado.

Todos los alimentos que comes pueden contarte infinidad de historias cuando estás perceptivo, curioso. De otro modo, se te escapan y ni cuenta te das. Hablan en un lenguaje que resulta extraño a fuerza de no prestarle atención, de haberse convertido para ti y para la mayoría en un acto rutinario, mecánico, meramente fisiológico.

Ya puedes verlo con claridad, mientras sigues con los ojos cerrados: los ingredientes de tu platillo favorito pueden transportarte en el tiempo y el espacio, contarte una leyenda, narrarte una crónica, a veces hasta susurrarte una poesía de sabores o hilvanarse en un pentagrama de regustos y hacer música para tu paladar y tu lengua.

¡Tantas historias te pueden contar los alimentos! Cómo llegaron a tu plato, qué caminos y cuánta distancia y tiempo debieron recorrer.

Qué tienen que ver con tu identidad. Cuántos siglos transcurrieron para que plantitas silvestres se transformaran en la carne de nuestros antepasados, hasta hacerlos seres de maíz y de milpa. Por cuántas generaciones pasaron. Quién sembró ese grano hecho tortilla, qué manos lo nixtamalizaron, molieron, amasaron y palmearon en ese aplauso maicero. Qué mujeres descubrieron las combinaciones perfectas de ingredientes. Qué peligros han sorteado esas semillas antes de aterrizar en tu plato. Porque, de entrada, para que eso que comes haya llegado a ti, pueden haber transcurrido miles de años antes de ser considerado un alimento.

Pero si no lo conoces bien, lo que comes también te puede engañar. Quizá tu comida no tuvo la suerte de ser elaborada con calidez humana y pasó por un proceso de desnaturalización que la desconectó del universo vegetal, haciéndole perder sus cualidades originales. Tal vez parezca un alimento, pero ya solo es un *comestible*, algo que es posible comer pero que ha perdido sus cualidades nutricias.

A lo largo de estas páginas te mostraremos como auténticos personajes a los alimentos en que nos centramos. Seres con infinidad de historias que contar, con pasados fascinantes. Observados desde este ángulo, descubrirás a viajeros incansables, en ocasiones indocumentados o polizones, cómplices de cocineras creativas e innovadoras. A veces compañeros de luchas campesinas, tratados con el respeto que merece todo ser vivo, a veces jornaleros explotados o simples mercancías en acuerdos comerciales. De ser aliados de bioquímicos y nutriólogos, algunos pasaron a ser secuestrados por biotecnólogos en laboratorios corporativos, o procesados en fábricas hasta dejar de ser quienes fueron.

Sin embargo, para entender mejor a estos personajes es necesario ubicarlos dentro del contexto que los hizo posibles y los hace entrañables. Dejemos que en esta parte el contexto también cuente su propia historia, a fin de conocer el escenario de donde vienen, porque no surgieron de la nada. Veamos qué ha sido de ellos en los distintos escenarios de la vida, los obstáculos que han enfrentado en esta trama y cómo llegaron hasta aquí y ahora. Quiénes han sido sus aliados y quiénes sus antagonistas o enemigos. A qué se enfrentan en el presente y con quiénes podrían vérselas en el futuro.

LOS ABSURDOS DE LA MODERNIDAD

Para no extendernos de momento en la larga historia del contexto de la alimentación en México, empecemos por narrar lo ocurrido en este escenario de unas décadas para acá a partir de algunos momentos determinantes.

En los años cuarenta del siglo XX, como preludio del proceso de industrialización que arrancaría en el país una década después, empresas transnacionales financiadas por la Fundación Rockefeller introdujeron en México un modelo de agricultura moderna que prometía multiplicar la producción agrícola y acabar con el hambre: la "Revolución Verde".

Había llegado la hora, dijeron, de modernizar la agricultura y sacar del atraso al campo mexicano. Supuestamente, había que "enseñarles" a los campesinos qué semillas sembrar, cómo trabajar la tierra para hacerla más productiva y cómo lidiar con las plagas y las malezas. Como si nuestros campesinos no hubieran demostrado su maestría al habernos dado de comer durante siglos. La Revolución Verde impuso un paquete tecnológico basado en semillas híbridas y la explotación intensiva en monocultivos (grandes superficies sembradas con un solo cultivo, lo que implica destruir la biodiversidad de un área para producir una sola especie), junto con maquinarias agrícolas, sistemas de riego y el uso intenso de fertilizantes y plaguicidas químicos.

Al principio, la productividad aumentó de modo extraordinario, deslumbrante. Pero para mantener los rendimientos se requería cada vez más agua (en la actualidad el 70% del agua dulce disponible en el territorio nacional se utiliza en la agricultura). También se necesitaban más fertilizantes sintéticos elaborados a partir de petróleo (los suelos se empobrecieron al volverse adictos a estas sustancias).

De igual modo, al acabar con la propia biodiversidad de los ecosistemas agrícolas que aportaba fertilidad al suelo y ejercía un control biológico de las plagas, se requerían más plaguicidas (lo que generó resistencia de las plagas de insectos, hongos y hierbas, e incluso la aparición de nuevas plagas al eliminar a los enemigos naturales que estas tenían). Como eso exigía también cada vez más dinero, miles de campesinos se vieron orillados a abandonar sus parcelas cuando los costos de los agrotóxicos se elevaron al dispararse los precios del petróleo.

Aún hoy seguimos pagando los costos ambientales y a nuestra salud, sociales y económicos, de la Revolución Verde, que por supuesto no ha acabado con el hambre. Peor aún, países que como México le apostaron a este modelo de producción agrícola perdieron la esperanza de producir en abundancia y se convirtieron en importadores de granos básicos.[1]

Precisamente, unas cuatro décadas después de implementar este modelo de agricultura, sufrimos otro experimento que nos llevó a apartarnos aún más de la suficiencia y soberanía alimentarias, al reafirmarnos como importadores de granos básicos.

Abonando el terreno para el neoliberalismo que ya tocaba a la puerta, el entonces presidente Miguel de la Madrid redobló desde principios de la década de 1980 la política de importación de alimentos, reduciendo drásticamente los apoyos a los productores en pequeña y mediana escala de granos básicos y, en sentido inverso, declaró prioridad nacional el orientar la producción agrícola hacia los cultivos de exportación. "El absurdo se instaló a sus anchas: con las divisas generadas por los alimentos que se exportaban, se comenzaron a importar millones de toneladas de los que dejamos de producir".[2]

Esta "modernización" del campo mexicano resultó funesta no solo para la mayoría de los productores, sino también para la dieta de los mexicanos. Benefició únicamente a la élite de las grandes empresas agroindustriales y nos convertimos en una potencia agroexportadora gracias a la cerveza, el tequila, los frutos rojos y el aguacate. En contraste, como veremos en detalle a lo largo del libro, nuestro país depende cada vez más de las crecientes importaciones de maíz y frijol, entre otros de los personajes centrales de este relato. Adelantemos un botón de muestra: actualmente, importamos más de la mitad de los alimentos que comemos, entre ellos casi cuatro de cada 10 kilos de maíz que se consumen en el país. ¡Nosotros, que somos el centro de origen de esta semilla, nos convertimos en los mayores importadores en el mundo!

Sin embargo, en la historia del contexto hace falta narrar el episodio culminante de las políticas neoliberales iniciadas con De la Madrid y profundizadas por Carlos Salinas de Gortari, que nos tienen al borde del abismo. Por supuesto, nos referimos al Tratado de Libre Comercio de América del Norte (TLCAN hoy llamado T-MEC, Tratado entre México, Estados Unidos y Canadá), en vigor desde 1994.

Este tratado comercial no solo terminó de desmantelar la producción alimentaria de México, dejándola irresponsablemente a las fuerzas del mercado y sometiendo perversamente a nuestros campesinos a una competencia imposible con los grandes granjeros estadounidenses, con la franca intención de *descampesinizar* nuestro campo, a semejanza de lo que ocurre en el vecino país del norte. De esta forma, México dejó de ser un país agrícola, y hoy casi tres de cada cuatro habitantes viven en ciudades. Paralelamente, impulsó un cambio radical en los patrones de alimentación de los mexicanos, que ya se venía observando décadas atrás.

Por una parte, nos invadió desde el norte una serie de cadenas de comida rápida que engancharon a multitud de empleados y trabajadores obligados a comer fuera de casa. En las grandes avenidas, plazas públicas y centros comerciales proliferó la oferta de hamburguesas, hot dogs, pizzas, pollos fritos, sándwiches, bocadillos y cafeterías, encabezadas por McDonald's, cuya entrada a la Ciudad de México en 1985 causó furor entre los consumidores —que hacían larguísimas filas en Periférico Sur en espera de ser atendidos— y hoy cuenta con 390 sucursales.

Por la otra, entraron de lleno no solo en las cocinas, sino de hecho inundaron el paisaje o entorno alimentario, infinidad de productos comestibles hiperindustrializados o ultraprocesados y bebidas azucaradas, producidos o importados por las grandes corporaciones y distribuidos por las cadenas de supermercados y tiendas de conveniencia que se instalan casi en cada esquina de las ciudades.

Aprovechando la permisiva regulación gubernamental en materia de salud, alimentación y medio ambiente, así como la política para atraer inversiones extranjeras directas en el marco de la globalización, tanto las corporaciones de comida rápida como las de comestibles industrializados crearon el entorno perfecto para que la mayoría de los mexicanos fuéramos dejando en manos de grandes compañías algo tan importante como nuestra alimentación.

Los comestibles ultraprocesados son productos de diseño formulados por la industria de alimentos y bebidas azucaradas que se obtienen a partir de sustancias derivadas de alimentos o sintetizadas de otras fuentes orgánicas.

Su gran problema es que son nutricionalmente desequilibrados. Por una parte, contienen cantidades excesivas de azúcares, grasas, sodio y harinas refinadas, muy por encima de las recomendaciones de la Organización Mundial de la Salud. Por la otra, tienen un bajo contenido de fibra, minerales, vitaminas y proteínas, en comparación con los alimentos, platillos y comidas sin procesar o mínimamente procesados.[3] Asimismo, la industria se vale de más de 20 000 sustancias conocidas como aditivos sintéticos (no solo para conservar, sino para imitar el sabor, color, olor o textura de otros alimentos, o bien como emulsificadores, etc.), que distorsionan nuestros gustos y en muchos casos afectan la salud.

Aunque el término *ultraprocesados* describe técnicamente estos comestibles, la expresión con que los identifica la mayoría de las personas es "comida o productos chatarra". Al parecer, el término se lo debemos a Michael Jacobson, director del Centro por la Ciencia de Interés Público, quien en 1972 los llamó así tanto por su escaso valor nutritivo y su pobre calidad alimentaria, como por estar elaborados con demasiada grasa, azúcar, sal y harinas refinadas. Basta revisar los ingredientes de unas papas fritas, entre la multitud de ejemplos existentes, para constatar que un producto como este (que en rigor solo necesitaría aceite, sal y el tubérculo) contiene hasta 30 ingredientes. Como dice el periodista Michael Pollan, lo que la industria nos vende como "alimentos" en realidad no son más que cosas o "sustancias con apariencia comestible", por muy apetitosos que parezcan.[4]

En la actualidad, existen sólidas evidencias científicas sobre los daños a la salud que provocan, tanto por sus ingredientes como porque se consumen en cantidades excesivas y con frecuencia reemplazan una buena alimentación. Se les relaciona con la obesidad, diversas enfermedades del corazón y del riñón, la diabetes, distintos tipos de cáncer e incluso con el Alzheimer. Millones de mexicanos se vuelven prácticamente adictos a estos productos ultraprocesados: en general listos para consumirse, respaldados por todo tipo de recursos publicitarios, el neuromarketing y la inteligencia artificial, con precios accesibles y al alcance de la mano en los rincones más apartados del país, en un entorno alimentario mal regulado por el gobierno.

Por estas razones, México se convirtió en el país de América Latina con el mayor consumo de comestibles ultraprocesados y bebidas azucaradas y el cuarto a escala mundial entre los 80 países estudiados por la Organización Panamericana de la Salud: en promedio, cada mexicano consume 214 kilos al año de comida chatarra, entre bebidas azucaradas, botanas, comida rápida, cereales y dulces, [5] el doble que hace tres décadas.[6]

En resumidas cuentas, luego del otoño de la Revolución Verde y desvanecido ya el espejismo del TLCAN-T-MEC que prometía llevarnos a la abundancia, perdimos suficiencia y soberanía alimentarias sin acabar con el hambre. Pero además la brutal penetración de la industria de comestibles ultraprocesados y bebidas azucaradas generó una epidemia de sobrepeso, obesidad y padecimientos relacionados con la mala alimentación, como la diabetes y las enfermedades cardiovasculares.

Las apabullantes estadísticas dan cuenta de que, en apenas unas cuantas décadas, la mayoría de los mexicanos hemos extraviado la brújula que nos daba el rumbo correcto de qué comer: poco más de 8 500 personas pierden la vida al año por desnutrición,[7] cerca de 900 000 niños padecen desnutrición crónica[8] —lo cual se asocia con el hambre, pero no siempre con la muerte— y cuando menos uno de cada cuatro mexicanos no tiene acceso a alimentos nutritivos y de calidad.[9] En contraste, 200 000 personas fallecen anualmente por la obesidad y las enfermedades relacionadas con esta.[10]

Resulta, entonces, que la pobreza alimentaria, la desnutrición y la mala alimentación dejan en conjunto mucho más muertos en el país que el crimen organizado.

LO QUE ESTAMOS DEJANDO EN EL CAMINO

En el camino a esa falsa modernidad, como veremos en varios capítulos, a partir de 1994 fuimos apartándonos más y más de la comida tradicional mexicana a base de maíz, frijol, calabaza, quelites, nopales y diversas frutas, entre otros,[11] quienes, de ser protagonistas de nuestras cocinas, corren el riesgo de quedar como personajes secundarios, incidentales o simples extras.

Tal vez aún no hemos tomado plena conciencia de la magnitud y profundidad de los cambios experimentados en nuestra alimentación en cuestión de décadas. Pero han calado tan hondo que llevaron a uno de los nutriólogos más reconocidos que ha tenido México, Adolfo Chávez Villasana, a afirmar que "los hábitos alimentarios de los mexicanos han sufrido una transformación mayor que en los 500 años transcurridos desde el *descubrimiento* de América".[12]

Resulta paradójico que, pese a estar tan orgullosos de que nuestra cocina tradicional sea patrimonio cultural de la humanidad, tantos compatriotas se hayan ido alejando de aquellos alimentos que, por cierto, nos mantuvieron saludables mucho antes de la Conquista y cerca de 500 años después.

Pareciera que hablamos de la prehistoria, pero no es así. No hace demasiado tiempo, cuando éramos jóvenes, a muchos de nuestra generación de finales de los cincuenta y hasta los setenta, nos tocó tener una madre que se las ingeniaba, con los recursos que hubiera, para darnos de comer lo que era bueno para el cuerpo y el espíritu. De seguro en aquellos tiempos aún persistía en la memoria colectiva de muchas mujeres, como nuestras madres, qué era saludable y de provecho para nosotros y cómo combinar los ingredientes de sus platillos. Sus cocinas destilaban sabiduría, amor, infinidad de conocimientos transmitidos de generación en generación, apego a los tiempos de la naturaleza y a lo que nos ofrece la tierra en cada temporada y en cada región. Su principal interés era darnos platillos deliciosos, preparados con cariño, pero al mismo tiempo saludables. Era una tarea impuesta de manera injusta a las mujeres durante milenios, cuando esa responsabilidad nos corresponde a todos los miembros de la familia.

También nos tocó vivir y ser testigos de otros cambios y procesos durante la historia de este contexto. Por ejemplo, desde los años setenta, como resultado de las crisis económicas permanentes y la pérdida del poder adquisitivo de los salarios, las mujeres han sido forzadas a integrarse al mercado laboral, lo que ha resultado aún más injusto, porque ahora cumplen doble jornada: trabajan en la casa y fuera de ella.

Esto coincidió con el desbarajuste de los ritmos citadinos, a medida que las urbes se desparramaban hacia la periferia y la movilidad se hacía más lenta y tortuosa, conforme se esclerotizaba el tránsito. En esta metamorfosis, se modificó la forma de producir los alimentos en el campo, de procesarlos en la industria, de prepararlos en casa o de comerlos donde y a la hora que nos permitiera la complicada cotidianidad.

Podría pensarse que los cambios en la alimentación de los mexicanos se observan más que nada en las ciudades. Lamentablemente no es así. Esta dieta urbana, cada vez más cercana a los patrones estadounidenses, también la han hecho suya crecientes sectores de la población rural e indígena, que cada vez más se convierten en consumidores frecuentes de comestibles industrializados, apartándose paulatinamente de los productos del campo y de la milpa.

Esto se observa incluso en estados como Yucatán o Oaxaca, con abundante población indígena que aún conserva sus lenguas y que se encuentran entre las cocinas tradicionales más ricas de México.

Por ejemplo, casi la cuarta parte de la dieta de los adultos oaxaqueños proviene de comida chatarra, particularmente en zonas urbanas. Pero el cambio en su alimentación empieza desde su infancia, lo que los predispone a la obesidad, diabetes y otras enfermedades crónicas no transmisibles. Esta es la razón principal por la cual la mortalidad causada por estas enfermedades se disparó 140% entre 2013 y 2022.[13]

DE LO QUE NOS ESTAMOS PERDIENDO

Así llegamos hasta donde estamos hoy, náufragos en un mar de confusiones y revolcados por las persistentes olas de la modernidad y las crisis económicas, empujadas por los vientos del neoliberalismo y la globalización.

Como se verá a lo largo de estas páginas, más de 10 de los numerosos alimentos que se originaron o domesticaron en lo que hoy es México han alcanzado un lugar privilegiado en el mundo, pues en muchos países son muy apreciados, explotados y consumidos. En contraste, buena parte de los mexicanos desconocen que esta es la tierra que vio nacer a estos personajes, no los invitan a su mesa ni los incluyen en su menú habitual y les regatean el valor que poseen, en vez de aprovecharlos y enorgullecerse de esta gran riqueza que aún poseemos.

Hablamos de los ingredientes que por siglos han formado parte de nuestra identidad cultural y son la base de nuestras cocinas tradicionales, de lo que nos ofrece nuestra tierra y las culturas que aquí prosperaron.

Alejarnos de nuestra dieta tradicional —es decir, de la que nuestros padres, abuelos y demás ancestros construyeron tomando como base los alimentos de los pueblos originarios, más los que se sumaron con la llegada de los españoles— es una de las claves fundamentales para entender nuestra vulnerabilidad no solo ante las epidemias de obesidad y las enfermedades relacionadas con la mala alimentación, sino frente a pandemias como la del covid-19.[14, 15]

En sentido inverso, nuestra dieta tradicional y los alimentos originados o domesticados en México son nuestro mejor escudo para enfrentar tanto las actuales epidemias como las que seguramente vendrán, e incluso son estratégicos para la agricultura nacional y nuestra autosuficiencia y soberanía alimentarias ante el cambio climático.

Estos alimentos pueden ser la puerta para volver la vista y entrar en contacto con el México real, el México profundo, con los frutos que ofrece nuestra tierra y han protegido los pueblos que han vivido en ella. A lo que en el fondo somos y nos da identidad.[16] Si lo vemos bien, puede que no sea tan complicado y podamos recuperar al menos parte de lo perdido.

¿Aún estamos a tiempo de lograrlo? Queremos pensar que sí, que todavía hay tiempo de enmendar el camino, aunque de seguro hay cuestiones ya sin remedio. La respuesta dependerá de las decisiones que tomemos hoy como país, pero también cada uno de nosotros. De hecho, en nuestras mesas se juega a diario el futuro de nuestra salud, e incluso del sistema alimentario y del medio ambiente.

Suena exagerado, pero no lo es. En primer lugar, porque somos mujeres y hombres de maíz (pero también de calabaza y frijol, de chile y jitomate, de cacao y vainilla, de guajolote y amaranto, de aguacate y papaya). No solo nuestro paladar está culturalmente amoldado a estas delicias. Todo nuestro organismo está fisiológica y genéticamente adaptado a los alimentos que se dan en estas tierras y que aquí se han comido por varias centurias. Claro que, con el paso de los siglos, nuestro organismo también se adaptó a las especies traídas por los españoles.[17]

Más aún, las culturas de los pueblos originarios no solo identificaron y clasificaron el vasto inventario de plantas, animales y hongos comestibles, sino que desarrollaron una amalgama de reglas para comer sabiamente. Los saberes tradicionales nos legaron, además, un cúmulo importante de conocimientos sobre sus sabores, olores y texturas, sus propiedades nutricionales y medicinales, cómo se cultivan, recolectan o cazan, en qué climas y estaciones prosperan, qué técnicas e implementos se requieren para prepararlos, con cuáles recetas se elaboran y qué ingredientes combinan mejor.

Nuestras culturas madre nos ofrecen en conjunto una tradición culinaria sólida, sabiduría de la que abrevaron nuestras madres y abuelas, brújula que puede guiarnos sin necesidad de enfrentarnos en cada comida al dilema del omnívoro, es decir, a la interrogante de saber qué es bueno o no comer para nosotros, como explica el periodista Michael Pollan. Y todos los pueblos sobre la tierra tienen sus propias dietas tradicionales (con los alimentos que les ofrece el medio donde viven), que los han mantenido saludables.[18]

A MÁS DE 500 AÑOS DE LA CAÍDA DE TENOCHTITLAN

Con un vasto despliegue de ambición e ignorancia, fruto de su imaginaria superioridad racial y cultural, los españoles que hace más de cinco siglos viajaron de regreso a Europa con el botín de la Conquista no se dieron cuenta de que los tesoros arrebatados a los pueblos de los territorios que hoy forman México iban mucho más allá del oro y la plata: incluían a los alimentos mesoamericanos, varios de los cuales terminarían por conquistar territorios y paladares de prácticamente el mundo entero.[19, 20]

En efecto, los alimentos a los que se dedica este libro (maíz, frijol, calabaza, chile, jitomate, guajolote, cacao, vainilla, papaya y aguacate, entre muchas otras especies domesticadas por los antiguos mexicanos) no solo son fuente de placer, deleite y salud para nuestros cuerpo y espíritu, sino que también forman parte de nuestra riqueza material y cultural. Es una riqueza que se renueva en cada cosecha, que se comparte y se lleva de un lugar a otro, que sirve de vida, sustento y bienestar al cuerpo y el espíritu. Un tesoro que quizá no permite, como el oro y la plata, comprarse joyas como lo hicieron esos nuevos ricos europeos. Pero que huele y sabe rico, que puede ser fuente de salud.

Antes de continuar, seamos claros, dejémonos de metáforas dulcificantes. México no *le dio* al mundo estas riquezas ni las *donó* o *regaló*, como suele decirse. No fue un acto libre y voluntario. No hubo intercambio ni negociación comercial, sino imposición. Los antiguos mexicanos no dieron nada: les arrebataron y saquearon por 300 años, con la cruz por delante y el paraíso como promesa de recompensa.

Los reyes católicos financiaron los viajes de Colón como una inversión. No le pagaron a don Cristóbal simples viajes de placer ni de exploración. Los monarcas de Castilla y Aragón vieron en esas expediciones una oportunidad de negocios e hicieron una apuesta comercial. Iban tras las especias de las Indias, comenzando por la pimienta, y se encontraron sin querer con un mundo nuevo para ellos, donde no tenían que molestarse en entrar en el estira y afloja de las negociaciones comerciales. En este Nuevo Mundo bastaba con conquistar e imponer condiciones para explotar cuantas tierras, hombres y bienes pudieran.

Por supuesto, acá llegaron muchos otros productos que formaban parte del equipaje español (la mayoría introducidos previamente por los árabes en la península ibérica, durante los 800 años que permanecieron en al-Ándalus, y otros por los romanos y los germanos). Para empezar, hay que destacar el trigo, las carnes de res, cerdo y pollo y sus derivados, más el azúcar. La mayor parte de las hortalizas que trajeron aún hoy se comen usualmente en México, especialmente la cebolla y el ajo, pero además las espinacas, zanahorias, chícharos, alcachofas, berenjenas y betabel; algunas no faltan en nuestras ensaladas: pepino, rábano y lechuga.[21]

Entre los granos, aparte del trigo, el arroz echó raíces fuertes en nuestra culinaria, al grado de hacerse básico en la mesa del mexicano. Y no podemos dejar de mencionar la valiosa aportación que representaron los garbanzos, lentejas y habas. Llegaron para quedarse y perfumar nuestras cocinas también numerosas especias, sobre todo cilantro y perejil, orégano, tomillo, laurel, pimienta,* clavo de olor, canela, mostaza, anís, albahaca, romero, azafrán, nuez moscada…

---

*Aunque aquí ya había pimienta gorda o de Tabasco.

A las múltiples frutas de estas tierras se sumaron mandarinas, naranjas, limones, toronjas, plátanos, mangos, tamarindo, higo, dátiles, melón y sandía. Se arraigaron también los frutos secos que llegaron: la nuez de Castilla, las almendras y avellanas.

Obviamente, no puede decirse que la intención de los españoles fuera enriquecer las cocinas de los pueblos originarios, mejorar su nutrición o iniciar un intercambio económico con los naturales. Básicamente, eran productos necesarios para ellos, parte de su dieta habitual, más de su agrado que los extraños (y, desde su visión, inferiores) alimentos del "incivilizado" Nuevo Mundo.

A la larga, luego del desconcierto, desconfianza y en varios casos rechazo iniciales tras el choque de civilizaciones, estas dos tradiciones culinarias poco a poco aprendieron a combinar ingredientes del otro lado del Atlántico y los incorporaron en su alimentación. Aunque eso no justifica la rapiña inicial, sin duda tanto la cocina española como la mexicana se beneficiaron de ese intercambio.

En nuestro caso (como dijimos en otra parte), el mestizaje entre nuestros alimentos y los recién llegados, cocinados al fuego lento del tiempo, dio como resultado la comida novohispana, que sirvió de guía a las cocinas regionales de México. Aquí es oportuno hacer una precisión importante: a pesar de que la mayoría de nuestros más reconocidos platillos son resultado de esa fusión, la matriz de las cocinas mexicanas continúa siendo esencialmente la que nos legaron los pueblos originarios, basada en maíz, frijol, chile, jitomate, tomate verde y calabaza.[22]

Nuestras cocinas tradicionales son fiel testimonio de esa fusión entre alimentos y gastronomías. Sí, comemos carnitas, pero en taco (o en torta, pero ahogada en salsa de chile de árbol). Sí, tortas de telera, pero con una embarrada de frijoles y su rebanada de aguacate (al igual que las tostadas de pollo, pata o tinga). Sí, tamales, pero mezclamos la masa del maíz con manteca de cerdo. Sí, mole poblano, con guajolote o pollo, y su base de chocolate mezclada con diferentes chiles y tortilla tostada, pero combinada con almendra, cebolla, ajo, clavo de olor y canela. Sí, salsa a la mexicana de jitomate y chile serrano, pero con cebolla y cilantro. Sí, quesadillas de flor de calabaza, pero con quesillo.

En contraste, el maíz, el jitomate, las calabazas, los frijoles, el chile, el guajolote, la vainilla y el chocolate fueron los alimentos de Mesoamérica que mejor acogida tuvieron en las mesas de España, Italia y Francia, y más tarde en el resto de Europa. Sin duda, buena parte del mundo enriqueció sus gastronomías gracias a la influencia de los ingredientes mexicanos. Por diversos factores, estos se arraigaron más que otros y tuvieron mayor aceptación en la dieta.[23]

La mayoría de estas plantas recién llegadas allá se aclimataron primero en los países europeos del Mediterráneo, cuyo clima y suelo permitieron que prosperara su cultivo. Se fueron sumando otras, aunque algunas, como los nopales, no han dejado de ser unos inmigrantes extraños en esas tierras. La gente puede estar muriéndose de hambre y pasar junto a una nopalera, y no enterarse siquiera de lo sabrosos y nutritivos que son, como les ocurrió a los españoles que huían de la guerra civil rumbo a Francia.[24]

¿Por qué aceptaron más a unos alimentos que a otros, y a otros les cerraron la puerta? El especialista en antropología de la alimentación Luis Alberto Vargas encuentra varias explicaciones posibles. Más allá de si nos proporciona placer comer un alimento, los seres humanos somos animales de costumbres y en cada cultura se consume habitualmente lo que ahí han comprobado que es agradable al gusto y no resulta venenoso. Sin embargo, con frecuencia no estamos cerrados a probar sabores, texturas, colores, olores o sensaciones que nos resultan novedosos, siempre y cuando encajen dentro de lo que se considere como "comida" en cada cultura.[25]

También pueden atravesarse los prejuicios o la desconfianza, como la que al principio despertó el jitomate por su semejanza con una planta venenosa que tomaron como referente. Quién diría que ahora, por ignorancia, hay muchos que quieren adjudicarle su origen (y el de otras especies americanas, como la papa) a los españoles o a los italianos.

Sin duda, en ocasiones los intereses económicos contribuyen a la aceptación o al rechazo, pues ya se sabe que el mundo se mueve con dinero. Un alimento puede ser muy consumido en un sitio porque allí abunda de modo natural, o bien, aunque se produzca a miles de kilómetros de ese lugar, porque allí hay una empresa interesada en promoverlo y venderlo.

Más allá de la accesibilidad al bolsillo del consumidor, por supuesto que también influyen la durabilidad del alimento (su "vida de anaquel", dirían los comerciantes) y su resistencia a las plagas durante el almacenamiento o transporte. Para darnos una idea, la industria de los agronegocios ha inundado los mercados mexicanos con el jitomate llamado "saladet" porque, aunque es mucho menos sabroso y nutritivo que otras variedades, es más resistente.[26]

Si nos atenemos a lo que ha sucedido en la alimentación del planeta en los 500 años posteriores a la Conquista, suman más de 10 las especies de origen mexicano o domesticadas en Mesoamérica que lograron abrirse paso y ser bien aceptadas en las cocinas y el gusto de diversos pueblos en todos los continentes.

De esta forma, los variados recursos de la biodiversidad mexicana han realizado una invaluable aportación a la alimentación de prácticamente todo el mundo, dándoles variedad a las cocinas y a las dietas de diferentes culturas, aparte de ofrecer posibilidades para mejorar la salud, contribuir a la seguridad alimentaria y beneficiar algunas economías.[27] Ello no equivale a aseverar que los alimentos mexicanos son los mejores del planeta o que las gastronomías del orbe entero giran alrededor de aquellos.

Lo que sí buscamos en estas páginas es contribuir con un granito de arena a que en todas partes se conozca y se reconozca plenamente la importancia de estas aportaciones, para que el mundo tenga bien presente o se entere de que el jitomate no es italiano ni español, que el guajolote o pavo no es estadounidense, ni el cacao suizo, ni el chile de la India, ni la pitahaya coreana. En suma, que se vea lo mucho que los alimentos mexicanos transformaron el paisaje alimentario a escala mundial.

Sin embargo, podremos darnos por satisfechos si logramos que más mexicanos, de una vez por todas, aprecien lo nuestro como se merece.

Que todos lo valoremos en su justa dimensión, nos enorgullezcamos de ser herederos de este patrimonio biocultural que tuvo su origen en nuestro suelo y lo protejamos. Que volvamos a incorporar a nuestros alimentos ancestrales con regularidad en nuestras comidas habituales y nos sirvan para alejarnos de la basura que nos invadió hace unas décadas. Que incluso en el campo y los agronegocios se dejen de privilegiar ciertas variedades (sean de maíces, jitomates, aguacates o de cualquier otra especie) solo por ser más productivas o dejar mayores ganancias.

Los alimentos son muchísimo más que mercancías, como se les considera en el sistema económico imperante: son un derecho humano.

¿Acaso no es suficiente motivo de orgullo saber que estos alimentos pasaron de conquistados a conquistadores de territorios y paladares en prácticamente todo el planeta?

ENTRE MAÍZ, FRIJOL Y CHILE

Nos parece asombroso que, en pleno siglo XXI, aún haya personas que piensen que los europeos llegaron a "rescatarnos" de la barbarie y a "civilizarnos". En el campo de la alimentación, hay quienes creen que los pueblos originarios padecían hambre y desnutrición, que sus prácticas agrícolas eran primitivas y no sabían cómo combinar ni preparar su comida. Que su cocina era demasiado simple y aburrida. Que para ellos comer no pasaba de ser una necesidad fisiológica, ajena al deleite y el placer que experimentaban los europeos. Puras suposiciones sin fundamento.[28] Va esta perla: "La alimentación de los pueblos amerindios se presenta ante los españoles como una gastronomía poco atrayente. La variedad de productos consumidos era, en comparación con Europa, sumamente limitada, y las preparaciones adolecían de un simplismo que no podía resultar sugestivo [...] El hecho de ser la comida de una sociedad que se percibe como inferior jugó en contra de sus productos. Es la comida de unos —salvajes—, sea por pertenecer a grupos que aún viven prácticamente en el paleolítico, sea por la barbarie de sus costumbres…".[29]

Para empezar, no se tiene noticia de que en estas tierras hubiera hambre ni desnutrición en aquella época, a diferencia de lo que sucedía en la Europa recién salida de la Edad Media y lo que ocurriría aquí durante la Colonia. En lo que para ellos era un Nuevo Mundo, los cronistas dicen haber encontrado hombres sanos, vigorosos, ágiles, lo que no sugiere que malcomieran.

Como en cualquier parte, de seguro ocurrieron sequías, inundaciones y otros fenómenos naturales que derivaron en hambrunas temporales. Incluso, hay hipótesis (sin confirmar) de que esto puede haber contribuido, junto con la inestabilidad política y las guerras, al colapso de Teotihuacan y las ciudades mayas. Lo cierto es que no hay pruebas de que el hambre y la desnutrición fueran un problema generalizado o recurrente.[30]

Por el contrario, lo que hallaron los europeos fue una inmensa variedad de alimentos, nutritivos y en cantidad suficiente, para proveer a una población muy numerosa. Tan solo Tenochtitlan llegó a ser una de las ciudades más grandes de su tiempo, aunque los especialistas no se ponen de acuerdo sobre el número total de habitantes (entre 75 000 y 95 000 personas, según las estimaciones más confiables). En total, se calcula que había unos 10 millones de mesoamericanos en 1521.[31]

Incluso la forma de preparar y comer sus alimentos ayudaba a que la población gozara de una nutrición adecuada. Con una sabiduría que aún debería seguir asombrándonos, bastaba comer masa de maíz nixtamalizado, en cualquiera de sus múltiples preparaciones, con unos frijolitos de olla o machacados y complementados con semilla de amaranto, para ofrecer a los pueblos originarios niveles de proteínas similares a los que proporciona la carne.[32]

Por cierto, aunque no era imprescindible (como nos lo hace creer la dieta occidental), se comía carne ocasionalmente, ya fuera de guajolote o de animales de caza, como conejo, tejón, venado y armadillo, además de aves, peces, acociles y otros (aparte de la proteína aportada por una gran variedad de insectos comestibles), pero también de vez en cuando de xoloitzcuintle (sobre todo en banquetes de boda y funerales, porque se dice que este perro guiaba las almas de los muertos a través del inframundo).

Cuando a todos estos alimentos se les suma la rica diversidad de vitaminas, minerales, fibra, hidratos de carbono y proteínas que aportan en conjunto los chiles, jitomates, calabazas y quelites, más las diferentes frutas que ofrece nuestra geografía, el resultado es una nutrición pertinente, completa y balanceada, pero además una cocina diversa y muy sabrosa: salsas y moles de variados colores, sabores y picores, según los chiles utilizados, frescos o secos. Mezclados creativamente con las distintas verduras y carnes, condimentados con especias como el epazote, la hierba santa, el achiote, la hoja de aguacate, el pápalo, la pipicha, la chaya o la pimienta de Tabasco, no podían dar como resultado más que platillos que son un auténtico apapacho al alma.[33]

Tal agrobiodiversidad no habría sido suficiente por sí sola. Fue de la mano de sistemas agrícolas tan productivos como la milpa (hoy reconocida como uno de los sistemas de cultivo más avanzados, sustentables y con mayores rendimientos), las chinampas (hasta tres cosechas por año) y las terrazas. Sin duda, los pueblos originarios fueron pioneros en agroecología.

En vez de monocultivos, semillas híbridas o transgénicas y agrotóxicos que hoy invaden el campo, los mesoamericanos inventaron un sistema para sembrar diferentes especies en sus parcelas e intercalar y asociar cultivos, imitando cómo funciona la naturaleza. Aprendieron a rotar los cultivos para fertilizar el suelo de modo natural. Controlaban las plagas con prácticas culturales y recursos naturales. Y seleccionaban las semillas para mejorarlas y crear variedades adaptadas a la diversidad geográfica, ecológica y a las cambiantes condiciones climáticas.

Auténticos científicos empíricos, los antiguos mexicanos descubrieron que cuando se siembra junto al frijol, el maíz produce cosechas mejores y más abundantes. Solo la ciencia moderna explicaría siglos después que el frijol le ayuda al maíz a fijar el nitrógeno atmosférico y mejora los suelos donde se cultiva. Sus parcelas eran verdaderos laboratorios vivos, y muchas aún siguen siéndolo.

A diferencia de otras civilizaciones de la Antigüedad o de las actuales grandes praderas de Estados Unidos, aquí la experiencia les enseñó a no apostarlo todo fundamentalmente a una sola especie, como el trigo o el arroz, sino a cultivar varias en cantidades moderadas. Descubrieron que en la variedad no solo está el gusto, como dice el dicho, sino también la autosuficiencia alimentaria, la buena nutrición y la sustentabilidad de los ecosistemas agrícolas. A tal extremo llega esta asombrosa diversidad, que el sistema alimentario de nuestros pueblos originarios se basa en mil a 1 500 especies con sus variantes,[34] mientras que en el mundo se centra en solo 15 especies. "De las especies principales, el 15.4 % del sistema alimentario mundial proviene de las plantas domesticadas en Mesoamérica".[35]

Ese es el contexto donde aparecieron los personajes de este libro. Un gran elenco, que tenía la mesa puesta para destacar en el escenario de la vida y las cocinas.

¿UNA POTENCIA ALIMENTARIA?

Suena exagerado, pero no lo es. Tal vez lo ignoramos o nos cuesta trabajo reconocerlo, o nos hicieron creer que lo nuestro no vale gran cosa. Pero resulta que sí, somos de verdad una potencia alimentaria. Posiblemente no en los términos en que los economistas miden la riqueza de un país: en toneladas producidas, en la balanza comercial y el valor de las exportaciones (donde la cerveza, el tequila y los frutos rojos nos hacen una potencia agroexportadora). Aquí partimos del principio de que los alimentos no son mercancías, sino un bien prioritario para la humanidad.

Para nosotros, el principal criterio es la diversidad agrícola (o agrobiodiversidad), que nos habla de la variedad y abundancia de nuestros alimentos, incluyendo a las especies de plantas, animales y hongos para la alimentación, dicho de manera sintética.

De entrada, ocupamos el quinto lugar entre los 10 países megadiversos biológica y culturalmente, únicamente después de Brasil, Colombia, China e Indonesia. Derivado de lo anterior, nos interesa destacar aquí que México es uno de los cinco centros de origen más importantes de domesticación de plantas cultivadas del mundo, junto con el Cercano Oriente, India, China y los Andes Centrales.[36]

Para formarnos una clara idea sobre la importancia de esto, es necesario aclarar primero que de todas las plantas cultivadas en el planeta, el sistema alimentario mundial se centra en solo 120 especies, aproximadamente. Sin embargo, lo más absurdo es que siete de cada 10 alimentos que cultivamos y consumimos provienen únicamente de 12 especies vegetales (más cinco de animales). Peor aún, la mitad de la comida en el mundo se limita a lo que ofrecen el maíz, la papa, el arroz y el trigo (junto con vacas, cerdos y pollos).[37]

De unos años para acá, ante la agudización de las sequías, inundaciones, heladas y otras perturbaciones derivadas del cambio climático, más las plagas, ha aumentado la preocupación de que los sistemas alimentarios dominantes dependan de tan pocos cultivos y variedades, justo las que impulsan las poderosas corporaciones semilleras y de plaguicidas de Estados Unidos, Europa y Asia, que se fusionaron entre 2017 y 2018: Dow Chemical (Estados Unidos) y Dupont (Estados Unidos); ChemChina (China) con Syngenta (Suiza) y Bayer (Alemania) con Monsanto. Es una apuesta demasiado arriesgada, dado el empobrecimiento genético y la vulnerabilidad del sistema alimentario.[38]

Es fundamental entender que las plantas y los animales comestibles no existían tal como los conocemos ahora, sino que llegaron a nuestras mesas como resultado de ese largo proceso de selección, diversificación e innovación, de intercambio con otras regiones, de adaptación, observación y experimentación, de ensayo y error, al que llamamos domesticación.[39] Es una auténtica ciencia empírica campesina. El maíz nativo, por ejemplo, ha pasado por las manos de 350 generaciones desde que se crearon los primeros ejemplares.[40]

Es justo destacar que alrededor de 18 de esas 120 especies que alimentan al mundo se las debemos a las comunidades indígenas y campesinas mesoamericanas que las domesticaron.[41] ¡De cuántas delicias nos habríamos privado sin su trabajo y sus conocimientos sobre la naturaleza de las plantas y su entorno![42]

Como la mayoría de las personas, cuando por primera vez escuchamos acerca de la domesticación del maíz y otras especies, nosotros creíamos que eso había ocurrido en un pasado remoto y ahí se había detenido. Ignorábamos que, desde su inicio, la domesticación no se ha interrumpido porque es un proceso de mejoramiento continuo de especies alimentarias que hoy debemos no a las grandes empresas semilleras o biotecnológicas, sino a los descendientes de los pueblos originarios: a nuestros humildes campesinos.

Son ellos los verdaderos autores, los protagonistas tras bambalinas, quienes continúan desarrollando variedades para enfrentar las cambiantes condiciones ambientales y climáticas que implica la producción de alimentos. Gracias a ellos, en México no necesitamos a las corporaciones biotecnológicas para mejorar las especies, a diferencia de Europa y Estados Unidos.

También debemos tener claro que la conservación de esta invaluable riqueza depende no solo de que sigamos cultivando y consumiendo nuestras especies nativas y domesticadas, sino también de que defendamos el derecho de los campesinos y pueblos originarios a sus territorios, sus agroecosistemas, sus semillas, su cultura, sus conocimientos. Sin ellos perderíamos todo este saber y experiencia acumulados, y se correría el riesgo de quedarnos sin los reservorios genéticos de origen más importantes de las plantas ancestrales domesticadas. Sin estos, las siguientes generaciones quizá ya no podrán disfrutarlas.[43]

Los especialistas sostienen, incluso, que perder la agrobiodiversidad que nos legaron los pueblos originarios podría desembocar en una severa disminución de la seguridad alimentaria nacional y mundial.[44]

En el elenco de una sola milpa pueden figurar hasta 60 o 65 productos útiles distintos, muchos de ellos alimenticios, pero también plantas medicinales y otros.[45] Hay quienes han registrado que dentro de las distintas milpas en México crecen más de 300 especies de plantas comestibles, quizá sumando la amplísima variedad de quelites que existen.[46] Para quienes hacen comparaciones engañosas sobre el rendimiento superior del maíz cuando solo se produce esta planta en una parcela (es decir, en un maizal), basta con decir que todos los regalos sumados que nos da la milpa pueden llegar a aumentar hasta cinco veces el valor del maíz cosechado.[47]

Todas estas especies cumplen un papel importante, sobre todo a escala local, aunque en la historia que contamos pueden considerarse personajes secundarios o menores, opacados por la relevancia alcanzada por las protagonistas. Así que, a pesar de que no nos ocuparemos de ellos, ameritan al menos una mención en el programa de esta obra, porque con ello se ampliará la perspectiva del escenario en que se desarrolla, y también merecen que nos sintamos orgullosos de ellas. De hecho, son bastante apreciadas por el público consumidor mexicano y, aunque por diversas razones no son las preferidas de la mayoría, valdría la pena comerlas o hacerlo más y con mayor frecuencia.

Ciertamente estos alimentos no han alcanzado el prestigio de los que conquistaron el mundo, pero por sus propiedades y su sabor quizá deberían ser conocidos y consumidos más ampliamente.

¿Acaso no merecen también viajar por todos los rincones del país exquisiteces como el mamey y la piña, el marañón y la huaya, la chirimoya, el chicozapote o los zapotes negro y blanco? Algunas de estas frutas empiezan a ser más conocidas, como la guayaba y la pitahaya (llamada fruta del dragón en Corea).[48] Pero el consumo de otras está bajando preocupantemente en México: los capulines, la ciruela mexicana o jobo, los tejocotes, los cuajilotes... Para que tengan una idea: de las 607 especies de frutales originarias de México, solo se cultivan 53, lo cual significa que 554 se están dejando de sembrar.[49]

También merecen mejor suerte la chía, los chayotes, el chilacayote, los nopales y las tunas.[50] No saben de lo que se están perdiendo quienes no han probado unos nopalitos a la mexicana o con huevos revueltos, y no se diga el pipián de nopales con camarones de la familia García, que llega al cielo de la boca. Donde sí descubrieron esta delicia fue en Jordania, según nos contó un conocido que trabajaba en la embajada de México: en unas jornadas culturales, le pidieron a una mexicana que tenía una nopalera en la zona que preparara una degustación de varios platillos con nopales; tanto gustaron, que tiempo después, al regresar de unas vacaciones, esta señora encontró que los jordanos habían dado cuenta de toda su nopalera.

¿Y qué decir de la numerosísima familia de los quelites (con cerca de 400 especies), esas deliciosas hojas y brotes tiernos que nacen principalmente en temporadas de lluvia en las milpas y los huertos familiares? Algunos son un alarde de sabrosura: la hierba santa o acuyo; la deliciosa flor de calabaza, tan apreciada en Venecia; los exquisitos huauzontles; el infaltable epazote en los chilaquiles o los frijoles de olla y la trucha empapelada; los romeritos en mole o en pipián; el colorín, el pápalo y la pipicha en las cemitas poblanas o los tacos placeros, y tantos más, algunos con claras ventajas para la salud, como el chipilín, la chaya y los alaches.[51]

Finalmente, pero no menos importante, México es uno de los países más ricos en insectos comestibles, con 300 especies (549, según otras fuentes) comandados por los chapulines, escamoles, gusanos de maguey, etcétera, y que para algunos serán la proteína del futuro,[52,53] así como de tubérculos (camote y jícama), flores[54] y unas 400 especies de hongos comestibles,[55,56] con un sabor y un valor nutrimental dignos de ser más estimados, e incluso con posibilidades de exportación si se deshidrataran.

POTENCIAL DESAPROVECHADO

Entonces, sin duda, somos una potencia alimentaria. Pero lo cierto es que no estamos sacando partido de ese potencial. Si no, ¿por qué tantos mexicanos están cambiando esos alimentos por otros que distan de ser mejores? ¿Por qué incluso importamos buena parte de los alimentos cuyo centro de origen o domesticación es México? No es sencillo dar respuesta a estas preguntas, pues involucran diversos factores.

Es posible identificar varios síntomas que revelan esta flaqueza de nuestro sistema alimentario. Para empezar, desde hace varios años los mexicanos, en especial los niños, comen cada vez menos frutas y verduras en general.[57] En particular, se observa que no solo son menos frecuentes en nuestro menú algunos alimentos que nos han acompañado a lo largo de la historia, como el maíz y los nopales, sino que otros rara vez se consumen o de plano se ausentaron de nuestras mesas, entre ellos los quelites y los frijoles.

Este último caso ejemplifica a la perfección lo que sucede con otros productos mexicanos. Hace 20 años, cada persona comía en promedio 15 kilos de frijoles al año, y hoy solo consumimos 11 kilogramos. Aun así, pese a haber disminuido su consumo, nuestra producción de frijoles no alcanza. En vista de ello, en 2021 las importaciones mexicanas de esta leguminosa crecieron una barbaridad, al pasar de 109 000 toneladas a 158 000.[58]

Las raíces de esta distorsión son muy profundas y se hunden hasta los tiempos de la dominación española, pero se extienden a nuestros días con la dependencia de Estados Unidos. Más allá de los intereses comerciales y políticos en juego, que implican mecanismos para privilegiar sus productos sobre los nuestros, los alimentos siempre son un vehículo imprescindible de colonización, a fin de transmitir e imponer costumbres, valores, normas sociales y pautas de consumo como parte de una visión del mundo.[59]

Tanto ayer como hoy, los procesos de dominación influyen en las decisiones que tomamos acerca de nuestra dieta diaria, moldeadas por los alimentos que históricamente nos dieron identidad cultural. Una identidad que a diario es sometida a prueba, empezando por el lenguaje.

IDENTIDAD EN CONFLICTO

No hace mucho, alguien nos pidió hablar sobre alimentación en un programa vía internet con el fin de "desnopalizar" a su público. Sin duda, tal expresión traslucía el profundo racismo que hemos introyectado, en este caso un racismo alimentario que se emparenta con una serie de dichos que reflejan una identidad en conflicto: "Traes el nopal en la cara", "no comas frijoles ni tortillas porque se te olvida el inglés", "nunca falta un prietito en el arroz", "panza de pulquero", "me importa un bledo" y otras por el estilo. Casi todas aluden a especies nativas o domesticadas en México: maíz, frijol, nopal, maguey y amaranto.

Estas frases revelan no solo que ya dejamos de valorarlos como ingredientes de nuestras cocinas y parte de nuestra identidad cultural, sino que están tan devaluados a nuestros ojos como quienes los producen y comen: el campesino, el indígena. Entrañan también un malinchismo alimentario, pues implican que es mejor toda la comida que viene de otros países.

Como dice la especialista en cocina tradicional mexicana Cristina Barros,[60] esta desvalorización la arrastramos a partir de la dominación española, desde que los europeos menospreciaron cuanto encontraron en estas tierras. La colonización supuso el desprecio y la discriminación tanto de los pueblos originarios como de sus dioses, su cultura, sus conocimientos y, por supuesto, sus alimentos.

De todos ellos, quizá los quelites han sido los más ninguneados. Aún hoy en día, la mayoría de la población continúa pensando que los quelites son comida de pobres e ignorantes. La historia más triste es la del amaranto (que cuando está tierno es el quelite, al que conocemos como quintonil). Los españoles lo llamaban "bledo", palabra que tiene una acepción despreciativa: "Cosa insignificante, de poco o ningún valor". De ahí el "me importa un bledo". Fue, por largo tiempo, más que desprestigiado, perseguido, estigmatizado e incluso satanizado.[61]

De acuerdo con Luis Alberto Vargas, los antiguos mexicanos le conferían al amaranto una función alimentaria y simbólica tan importante como la del maíz y el frijol: era la carne de los dioses y los hombres. Al parecer, el aspecto ritual fue su perdición: en la fiesta del Teocualo, dedicada a Huitzilopochtli, con las semillas de amaranto maceradas y amasadas con sangre humana se moldeaban figuras de dioses, que los mexicas consumían "para incorporar al dios en el cuerpo humano".[62]

La similitud del rito con la eucaristía les pareció a los religiosos españoles muy posiblemente "una imitación intolerable de la comunión católica". El caso es que en los siglos XVI y XVII algunos religiosos tacharon de práctica idolátrica y demoniaca el consumo de figuras hechas con la masa de amaranto. De ahí a que la Inquisición prohibiera o limitara consumir esta planta había un solo paso. De no haber sido porque sus semillas encontraron refugio en algunas comunidades relativamente aisladas, tal vez no habría llegado a nosotros ni como la palanqueta que llamamos alegría.

Respecto a su consumo como quintonil, aún hoy casi todos los quelites, incluido el del amaranto, son víctimas de prejuicios racistas y clasistas, salvo entre quienes hoy impulsan las cocinas tradicionales mexicanas y los mercados de la nostalgia entre los chicanos. Buena parte de los mexicanos continúa pensando que es comida de pobres e ignorantes, de campesinos e indios (como si les diera pena que los asocien con el mundo rural, "atrasado").

Por culpa de ideas como esas, aún hoy demasiada gente sigue privándose de esta rica fuente de vitaminas, minerales, omega-3, antioxidantes, fibra, entre otros nutrimentos, aparte de las propiedades medicinales que algunos tienen. Si el consumo de frijoles se vino a pique, qué podía esperarse de estas humildes hierbas. De seguir así, en unos años podríamos perder este tesoro.[63]

AGRONEGOCIOS Y CHATARRIZACIÓN

Desde la Colonia, otras fuerzas operaban en el campo mexicano para desplazar a nuestras especies. A medida que aumentaban las necesidades de la creciente población española y se estrechaban los lazos comerciales del imperio con el Viejo Mundo, buena parte de las tierras comunales indígenas se transformó en grandes plantaciones o haciendas, cuya producción se enfocó a los productos que demandaban los mercados europeos, sobre todo ganado vacuno, azúcar y café. Esta tendencia se agudizó en el Porfiriato, con los enormes latifundios dedicados a estos y otros productos de exportación.[64]

Desde entonces y hasta hoy, con la pausa nacionalista que supuso la Revolución y la revaloración de nuestros alimentos, esas mismas fuerzas siguen operando, pero multiplicadas, a través de grandes corporaciones de agronegocios. Nuevos cultivos de exportación (frutos rojos, soya, aguacate y aceite de palma) desplazan los cultivos milperos.[65]

En la discriminación de especies comestibles nativas destaca el descomunal impacto que ha tenido desde la década de 1950 la Revolución Verde, un modelo agrícola que impulsa la uniformidad de variedades de un solo cultivo en extensiones gigantescas. La presión de los consorcios biotecnológicos por adueñarse de nuestras semillas supone hoy una nueva revolución verde.

El proceso de desarraigo y erosión de nuestra identidad alimentaria se agudizó en la década de 1980, cuando la comida industrializada se fue deslizando, casi sin darnos cuenta, en nuestra vida. Reiteramos: no es exagerado afirmar que bastaron cuatro décadas para sufrir cambios más radicales en nuestra alimentación que desde la Conquista.[66]

En esta nueva etapa de colonización, el paladar de incontables mexicanos sucumbió a los encantos de esos productos disfrazados de alimentos, cada vez más artificiales, que hoy desempeñan en esta obra el papel de antagonistas o villanos.

A juzgar por el liderato en el consumo de comestibles ultraprocesados en América Latina (que entraña una auténtica adicción), fuimos arrastrados como país por el supuesto prestigio que otorga el comerlos, convencidos por las estrategias mercadotécnicas y de publicidad de que son modernos, higiénicos, elegantes, divertidos, ricos y más nutritivos que los alimentos frescos. Nos creímos que los fabrican empresas responsables que jamás nos dañarán. Aceptamos que no hay nada como la comida chatarra y la carne, mejores que los alimentos de nuestros padres y abuelos. Y, a juzgar por la dimensión de las epidemias de obesidad y diabetes, les compramos también la idea de que son saludables (cuando precisamente es esa basura de comida la que nos está enfermando).

¿De qué nos estamos perdiendo mientras nos atiborramos de refrescos, galletas, pastelillos, helados, carne, hamburguesas, papas fritas, comida instantánea...? Justamente, nos perdemos de lo que dejamos de comer por ingerir esta chatarra:[67] lo que comían nuestros antepasados, en especial los alimentos mexicanos. Si antes cambiamos oro y plata por cuentas de vidrio, más de 500 años después abandonamos los saludables alimentos que teníamos (nuestros verdaderos tesoros) a cambio de comida que nos enferma: los ultraprocesados, incluyendo la comida rápida y los refrescos. Qué triste e indignante paradoja: nuestros alimentos conquistaron el mundo e irradiaron sus bondades, y a nosotros nos está conquistando la basura de comida que producen las corporaciones.[68]

Para valorar y utilizar como se merecen los tesoros culinarios de los que hablamos, tenemos primero que reconocerlos. Hay que darnos cuenta y asumir que somos una potencia alimentaria. Es hora de aprovechar este despertar, de sacudirnos el lastre que nos ha dejado el ninguneo y la discriminación de todo cuanto somos y aportamos al mundo, de desmantelar el racismo alimentario. De reivindicar los ingredientes primordiales de nuestras cocinas tradicionales y fomentar su consumo. De tomar mejores decisiones para comer con identidad, salud y conciencia ambiental y social. De apoyarnos en ellos para lograr autosuficiencia, seguridad y soberanía alimentarias. De hacer de la agricultura una forma justa, digna y sustentable de vivir para quienes nos dan de comer tres veces al día. De valorar y apoyar el trabajo y los conocimientos de nuestros campesinos.

Descolonizar el sistema alimentario de la tierra a la mesa, incluyendo los paladares, va más allá de lo que esto representa en el sistema socioeconómico. Implica modificar nuestras ideas sobre los alimentos, el lenguaje e incluso los gustos y preferencias alimentarios: "re-nopalizar", no "des-nopalizar".

No idealizamos los alimentos originados o domesticados en México, aunque consideramos que los 10 que aquí abordamos forman parte de los mejores del mundo. Merecen que, como mexicanos, reconozcamos y revaloricemos sus contribuciones: están desperdigados por el planeta entero en muchísimas culturas, derramando sus colores, sabores y nutrientes en los mercados, las cocinas y las mesas, dándoles variedad a las dietas y los paladares, contribuyendo a la salud de quienes los disfrutan y vigorizando las economías de muchos países con su producción y su transformación.

Notas

[1]John C. Super y Luis Alberto Vargas, *Historia de la alimentación en México y Centroamérica*, 1982. En The Cambridge World History of Food, V.D.1. Consultado en www.cambridge.org/us/books/kiple/default.htm.

[2]Martha Elena García y Guillermo Bermúdez, *Alimentos sustentables a la carta, de la tierra a la mesa*, Conabio / Calmil, México, 2017. Consultado en https://bioteca.biodiversidad.gob.mx/janium/Documentos/12626.pdf.

[3]Organización Panamericana de la Salud, *Alimentos y bebidas ultraprocesados en América Latina: ventas, fuentes, perfiles de nutrientes e implicaciones*, OPS, Washington, D. C., 2019. Consultado en https://iris.paho.org/bitstream/handle/10665.2/51523/9789275320327_spa.pdf?sequence=1&isAllowed=y.

[4]Michael Pollan, *El detective en el supermercado. Come bien sin dejarte engañar por la ciencia y la publicidad*, Ediciones Temas de Hoy, Madrid, 2009.

[5]Organización Panamericana de la Salud, *op. cit.* Consultado en https://iris.paho.org/bitstream/handle/10665.2/7698/9789275318645_esp.pdf.

[6]Alianza por la Salud Alimentaria, *Planeta-Ultraprocesado*, 2022. Consultado en https://alianzasalud.org.mx/wp-content/uploads/2022/05/PLANETA-ULTRA-PROCESADO.pdf.

[7]Mario Luis Fuentes, "Hambre y pobreza", México Social, 16 de octubre de 2012. Consultado en https://www.mexicosocial.org/hambre-y-pobreza.

[8]Ensanut, Encuesta Nacional de Salud y Nutrición 2018-19: Resultados nacionales, 2020. Consultado en https://ensanut.insp.mx/encuestas/ensanut2018/doctos/informes/ensanut_2018_informe_final.pdf.

[9]Coneval, Medición de la Pobreza, 2022. Consultado en https://www.coneval.org.mx/Medicion/Paginas/PobrezaInicio.aspx.

[10]INEGI, Características de las defunciones registradas en México en 2019. Consultado en https://www.inegi.org.mx/contenidos/saladeprensa/boletines/2020/EstSociodemo/DefuncionesRegistradas2019.pdf.

[11]Ivette Lira, "El TLCAN trajo carretadas de comida sin nutrientes, alta en azúcares y grasas, sin calidad", 4 de febrero de 2017. Consultado en https://www.sinembargo.mx/04-02-2017/3142171.

[12]Adolfo Chávez V., "La alimentación y los problemas nutricionales", en Federico Ortiz Quesada (ed.), *Vida y muerte del mexicano*, Folios Ediciones (colección El Hombre y su Salud), México, 1982.

[13]Jorge Vargas Meza *et al.*, "Enfermedades crónicas y consumo de productos ultraprocesados y bebidas azucaradas en personas adultas oaxaqueñas", El Poder del Consumidor / Espiral por la Vida, México, 2024. Consultado en https://issuu.com/elpoderdelconsumidor/docs/enfermedades_cr_nicas_y_consumo_de_productos_ultra.

[14]El Poder del Consumidor, "Las principales causas de muerte en México derivan de una mala alimentación", 29 de octubre de 2020. Consultado en https://elpoderdelconsumidor.org/2020/10/las-principales-causas-de-muerte-en-mexico-derivan-de-una-mala-alimentacion/.

[15]Michael Pollan, *El dilema del omnívoro. En busca de la comida perfecta*, Debate, Penguin Random House Mondadori, México, 2017, pp. 9-24.

[16]Guillermo Bonfil, *México profundo. Una civilización negada*, Grijalbo / Conaculta, México, 1990.

[17]*Ibidem.*

[18]Michael Pollan, *Saber comer*, Grijalbo, Penguin Random House Mondadori, México, 2017, pp. 9-24.

[19]Salvador Novo, *Historia gastronómica de la Ciudad de México*, Porrúa, México, 1972, p. 30.

[20]Amando de Miguel, *Sobre gustos y sabores. Los españoles y la comida*, Alianza Editorial, Madrid, 2004, p. 91.

[21]Lola Escudero, "Comer en España (y parte de Europa) antes del descubrimiento de América", *Geografía Infinita*, 12 de noviembre de 2019. Consultado en https://www.geografiainfinita.com/2019/11/comer-en-espana-y-parte-de-europa-antes-del-descubrimiento-de-america/.

[22]Martha Elena García y Guillermo Bermúdez, *op. cit.*

[23]Janet Long, *Conquista y comida*, UNAM-IIH, México, 2019, pp. 11-13.

[24]Luis Alberto Vargas, "Recursos culinarios mexicanos que merecen ser mejor conocidos en el mundo", ponencia presentada en la Primera Conferencia Norte-Sur de Degrowth-Descrecimiento, Ciudad de México, 4 de septiembre de 2018.

[25]*Ibidem.*

[26]Varios autores, "Jitomate, fruto ancestral del porvenir", *La Jornada del Campo*, núm. 165, 19 de junio de 2021.

[27]Luis Alberto Vargas, *op. cit.*

[28]Janet Long, *op. cit.*, pp. 11-13.

[29]Elena Piedrafita, "Los alimentos de América, una difícil adaptación", en Manuel García Guatas y Juan Barbacil (coords.), *Los alimentos que llegaron de América*, Academia Aragonesa de Gastronomía, España, 2014.

[30]Luz María Espinosa Cortés, Fabiola Rueda Arróniz y Rosa María Andrade, *Cronología de hambrunas en México 4000 a.C.-1985 d.C.* (serie Historia del Hambre en México, anexo 2), Instituto Nacional de la Nutrición, México, 1987.

[31]Eloy Jiménez Martínez, "En torno a la población de México-Tenochtitlan en 1519", *Anuario de Historia Regional y de las Fronteras*, 27-1 (2022), pp. 125-152. Consultado en https://doi.org/10.18273/revanu.v27n1-2022004.

[32]Martha Elena García y Guillermo Bermúdez, *op. cit.*, p. 23.

[33]John C. Super y Luis Alberto Vargas, *op. cit.*

[34]Javier Caballero, "Exploración de recursos genéticos potenciales", en H. Palomino y E. Pimienta (eds.), *Memorias del Seminario sobre Investigación Genética Básica en el Conocimiento y Evaluación de los Recursos Genéticos*, Jardín Botánico de la UNAM, Somefi, México, 1985, pp. 28-40.

[35]*Ibidem.*

[36]Hernán Amat Olazával, "Los orígenes de la agricultura: nuevos paradigmas", *Investigaciones Sociales*, 18(33), 53-86. Consultado en https://doi.org/10.15381/is.v18i33.10979.

[37]J. Esquinas, "Una contribución importante para la construcción de un planeta sostenible y sin hambre", 2003. Consultado en www.fao.og/tc/tca/esp/refito_rsostenibles.asp#nota1#nota1.

[38]Dulce Olvera, "Sin nuestro maíz no hay país, está claro. Pero EU usa T-MEC para imponer transgénico", *Sinembargo*, 12 de diciembre de 2022. Consultado en https://www.sinembargo.mx/12-12-2022/4295351.

[39]Eckart Boege, *El patrimonio biocultural de los pueblos indígenas de México. Hacia la conservación* in situ *de la biodiversidad y agrodiversidad en los territorios indígenas*, INAH / CDI, México, 2008, p. 159. Consultado en https://idegeo.centrogeo.org.mx/uploaded/documents/El_patrimonio_biocultural-Eckart_Boege.pdf.

[40]Antonio Turrent, comunicación personal, 2006, en Eckart Boege, *op. cit.*, p. 170. Consultado en https://patrimoniobiocultural.com/archivos/publicaciones/libros/El_patrimonio_biocultural.pdf.

[41]Conabio, "México como centro de origen de plantas cultivadas", Coordinación de Análisis de Riesgo y Bioseguridad, 2006. Consultado en febrero en ww.conabio.gob.mx/conocimiento/bioseguridad/doctos/Doc_CdeOCdeDG.pdf. En Eckart Boege, *op. cit*, p. 236.

[42]Eckart Boege, *op. cit.*

[43]*Ibidem.*

[44]*Ibidem.*

[45]Ehécatl Cabrera, "Milpa, policultivo biodiverso amenazado por los oligopolios", conferencia de Cristina Barros, 21 de junio de 2019, publicado en el blog del seminario Cultura y Representaciones Sociales, UNAM-IIH. Consultado en https://www.iis.unam.mx/blog/milpa-policultivo-biodiverso-amenazado-por-los-oligopolios/.

[46]Conabio y Agricultura estrenan la serie audiovisual "Las milpas de México", Conabio, comunicado, 15 de abril de 2021. Consultado en www.gob.mx/conabio/prensa/conabio-y-agricultura-estrenan-la-serie-audiovisual-las-milpas-de-mexico?idiom=es#:~:text=En%20M%C3%A9xico%20se%20han%20reportado,que%20perviva%20esta%20riqueza%20alimentaria.

[47]Cristina Barros, "La cocina mexicana como patrimonio de la humanidad; el país y la milpa como figuras centrales", en "Platillos del maíz; cultura gastronómica ancestral y contemporánea", conferencia número 14, Ciclo autosuficiencia alimentaria e innovación tecnológica con prácticas sustentables, Sader, 6 de octubre de 2020. Consultado en https://youtu.be/mf0RMctBnUw.

[48]Luis Alberto Vargas, *op. cit.*

[49]Carlos Alberto Núñez Colín, *Las frutas nativas de México*, Universidad de Guanajuato. Consultado en https://www3.ugto.mx/eugreka/contribuciones/323-las-frutas-nativas-de-mexico#:~:text=En%20este%20sentido%2C%20como%20ejemplo,mexicanas%20frutales%20no%20son%20explotadas.

[50]Luis Alberto Vargas, *op. cit.*

[51]Amanda Gálvez Mariscal, "Un proyecto mulidisciplinario", Quilitl, *La Jornada del Campo*, núm. 122, 18 de noviembre de 2017. Consultado en https://www.jornada.com.mx/2017/11/18/cam-proyecto.html.

[52]José Urrejola, "México: el país líder de la revolución insectívora", *Deutsche Welle*. Consultado en https://www.dw.com/es/m%C3%A9xico-el-pa%C3%ADs-l%C3%ADder-de-la-revoluci%C3%B3n-insect%C3%ADvora/a-50855360.

[53]Julieta Ramos-Elorduy Blásquez, "La etnoentomología en la alimentación, la medicina y el reciclaje". Consultado en https://www.biodiversidad.gob.mx/publicaciones/librosDig/pdf/Artropodos%20IV_4.pdf.

[54] Cristina Mapes y Francisco Basurto, "Biodiversidad y plantas comestibles de México", en Carmen Morales *et al.* (coords.), *Comida mexicana. Riqueza biológica, contextos y evolución histórica,* Secretaría de Cultura / Instituto Nacional de Antropología e Historia, México, 2018, p. 59.

[55] Instituto de Biología, *Hongos comestibles y tóxicos de México*, UNAM, México, 2021. Consultado en https://www.hongoscomestiblesytoxicos.ib.unam.mx/hongos.html.

[56] Instituto Nacional de Investigaciones Forestales, Agrícolas y Pecuarias, "Hongos comestibles silvestres, diversidad y tradición", comunicado, 23 de agosto de 2021. Consultado en https://www.gob.mx/inifap/prensa/hongos-comestibles-silvestres-diversidad-y-tradicion?idiom=es#:~:text=La%20mic%C3%B3loga%20Marisela%20Zamora%20coment%C3%B3,especies%20de%20hongos%20silvestres%20comestibles.

[57] Ixtlilxóchitl López, "Cae 30% consumo de frutas y verduras en los últimos 30 años, alerta experta de la UNAM", *Proceso*, 20 de marzo de 2019. Consultado en https://www.proceso.com.mx/nacional/2019/3/20/cae-30-consumo-de-frutas-verduras-en-los-ultimos-30-anos-alerta-experta-de-la-unam-222003.html.

[58] Braulio Carbajal, "Importaciones de frijol se disparan 140% en 7 meses", *La Jornada*, 29 de septiembre de 2021. Consultado en https://www.jornada.com.mx/notas/2021/09/29/economia/importaciones-de-frijol-se-disparan-140-en-7-meses/.

[59] Linda Álvarez, "Colonialismo en la alimentación", Food Empowerment Project. Consultado en https://foodispower.org/es/alternativas-alimentos/colonialismo-en-la-alimentacion/.

[60] Cristina Barros, "La sabia alimentación campesina, reconocida por la ciencia", Quilitl, *La Jornada del Campo*, núm. 122, 18 de noviembre de 2017, pp. 6-7. Consultado en https://www.jornada.com.mx/2017/11/18/cam-proyecto.html.

[61] Edelmira Linares y Robert Bye, "Especies autóctonas casi olvidadas", Quilitl, *La Jornada del Campo*, núm. 122, pp. 12-13, 18 de noviembre de 2017. Consultado en https://www.jornada.com.mx/2017/11/18/cam-proyecto.html.

[62] Luis Alberto Vargas, "Verdades y verdades a medias sobre los amarantos", *La Jornada del Campo*, núm. 113, 18 de febrero de 2017. Consultado en http://saludprimalmexico.com/amaraintos-el-que-no-se-marchita-el-que-no-muere/.

[63] Conabio, "¿Qué nos aportan los quelites?", *Biodiversidad Mexicana*, Conabio. Consultado en https://www.biodiversidad.gob.mx/diversidad/alimentos/que-nos-aportan/N_quelites.

[64] Linda Álvarez, *op. cit.*

[65] Braulio Carbajal y Juan Carlos G. Partida, "Frutos rojos desplazan al maíz en el campo mexicano", *La Jornada*, 3 de julio de 2022. Consultado en https://www.jornada.com.mx/notas/2022/07/03/economia/berries-el-fruto-que-gana-terreno-en-los-campos-mexicanos/.

[66] Martha Elena García y Guillermo Bermúdez, *op. cit.*, pp. 42-43.

[67] Alejandro Calvillo, "¿Por qué comenzamos a comer basura?", *La Jornada del Campo*, núm. 157, 17 de octubre de 2020, p. 9. Consultado en https://www.jornada.com.mx/2020/10/17/delcampo/articulos/comer-basura.html.

[68] Guillermo Bermúdez y Martha Elena García, "Descolonizar de la tierra a la mesa… y hasta el paladar", *La Jornada del Campo*, núm. 157, 17 de octubre de 2020, p. 8. Consultado en https://www.jornada.com.mx/2020/10/17/delcampo/articulos/descolonizar-tierra.html.

2
De conquistado a conquistador: el maíz

¿De verdad los mexicanos continuamos siendo los hombres de maíz? ¿Hasta qué punto? ¿Seguimos siéndolo a pesar de nuestro creciente y desmedido consumo de comida chatarra y de refrescos en las últimas cuatro décadas, que nos condujo a la actual epidemia de sobrepeso y obesidad?[1, 2] ¿No somos hoy más bien hombres de jarabe de maíz de alta fructosa? Incluso, hay quienes dicen que como resultado del hiperconsumo impulsado por el neoliberalismo, los verdaderos hombres de maíz ya son los vecinos del norte.

Ante todo, ¿de qué maíz hablamos? ¿Del que inventaron nuestros pueblos originarios y nos ha acompañado por miles de años? ¿O del maíz amarillo, de mala calidad y en buena parte transgénico, que se usa para engordar ganado y como ingrediente de la comida chatarra?

Responder a estas preguntas nos llevó a asomarnos a las andanzas de un personaje camaleónico, que, como veremos, ha pasado de domesticado a domesticador y de conquistado a conquistador. Todo un viraje en el tiempo.

Pensemos para empezar en las tortillas que acostumbramos a comer, símbolo por excelencia del maíz, porque no todas son iguales. Una cosa es la tortilla que se hace con harina de maíz industrializada, y otra muy distinta la de maíz nixtamalizado que usan las cocineras tradicionales, empleada en las tortillerías artesanales; esas maravillas que, como cuenta Cristina Barros, tienen alrededor de 1 200 años entre nosotros,[3] pero que lamentablemente ya son de difícil acceso para la mayoría.

Aún en nuestros días, hay una leyenda urbana según la cual se come mejor en los pueblos. Hace tres décadas, cuando nos convertimos en chilangos tránsfugas para huir del tránsito y la contaminación de la Ciudad de México, que nos preocupaba en especial por nuestro bebé, comprobamos que en los pueblos efectivamente se comía mejor, si por esto entendemos encontrar buenas tortillas, de entrada, además de alimentos frescos, poco o nada procesados, que son cultivados o criados de manera natural, sin agroquímicos, a veces casi acabados de cortar y cocinados de forma tradicional.

En Comala, Colima (a donde no fuimos a buscar a Pedro Páramo, pero vivimos el realismo mágico), no era raro a principios de los años noventa que en la pollería nos dijeran que volviéramos en una hora para ver si ya habían matado y desplumado los pollos. Ahí conseguíamos quesos recién hechos, café acabado de tostar de una finca cercana, verduras cortadas por la mañana y, claro, tortillas hechas a mano en comal, muy diferentes a las que abundan en la Ciudad de México, duras y quebradizas como cartón apenas un día después de comprarlas.

A mediados de esa década, la crisis del "error de diciembre" y los azares de la vida nos llevaron a Metepec, un municipio devorado por la expansión urbana de Toluca que crecía sin freno por los vientos corporativos de Santa Fe. También era un pueblo, pero muy diferente a Comala; su cercanía con la capital del país lo había convertido en una ciudad dormitorio.

Nos costó darnos cuenta de lo mucho que el paisaje alimentario estaba cambiando y la inquietante rapidez con que ocurría. Además de quesos que creíamos frescos y pollo que suponíamos criado en los alrededores, aún conseguíamos en un par de tianguis del lugar tortillas hechas a mano, quesadillas, sopes y gorditas, ya fuera con "la amiguita" Fide o con Santita, quienes (luego supimos) venían con sus delicias desde los nada cercanos pueblos donde viven. Fide, por ejemplo, hacía más de una hora de camino desde Xonacatlán, donde no hay quién le compre sus productos al precio que los vende en Metepec. Más perturbador aun resultó saber que Santita hace sus tortillas con maíz de Sinaloa, a cientos de kilómetros de distancia (pero que aporta el 24% de la producción nacional de maíz blanco), pese a que en el Estado de México se siembra maíz.

En los albores del nuevo milenio, nos movimos a un poblado semirrural cercano conocido por su maíz cacahuazintle, que se usa para hacer tamales y pozole; de hecho, en la zona existe una pequeña empresa que lo empaqueta precocido en bolsas para venderlo en tiendas y supermercados locales. Para que se den idea del aire a campo que se respiraba en la comunidad en ese entonces, cuando llegamos aquí teníamos por vecina a una milpa, que pocos años más tarde cedió paso a un autolavado y una casa.

Como las sabrosas tortillas de Santita ya nos quedaban a media hora de camino, creímos que sería sencillo conseguirlas en el pueblo donde vivíamos. Nos extrañó que esto no resultara nada fácil, al darnos cuenta de que la gran mayoría de las tortillerías que hay en la localidad usan harina de maíz industrializado.

Tras mucho preguntar, dimos al fin con doña Vicky. Ella tiene varios años haciendo y vendiendo tortillas en su casa, en un callejón empinado con un tramo sin pavimentar donde apenas cabe un carro. Durante varios años fuimos fans de sus tortillas de maíz nixtamalizado, hechas de manera artesanal, casi todo a mano. Iba tan bien su pequeño negocio, que doña Vicky decidió comprar una tortilladora mecanizada para ampliar sus pedidos y entregas en las tiendas del pueblo.

A partir de ese momento, algo cambió en el sabor y la textura de sus tortillas, a pesar de que las seguía haciendo de maíz nixtamalizado. No solo eran más amarillas, lo que revelaba que le ponía más cal a la masa para aumentar su durabilidad, sino que ya no se inflaban igual de bonito, con esa magia que parece emerger de las entrañas de una tortilla bien hecha.

No resultó sencillo encontrar otras de nuestro agrado. Es increíble que en el pueblo maicero donde vivimos hoy ya sea complicado conseguir tortillas que no se hagan con harina de maíz. Al fin alguien nos recomendó a doña Fer, quien intercala la elaboración de tortillas azules y blancas. Cuando se le acaban, solo tenemos como alternativa unas ricas tortillas azules asadas al comal en un local muy humilde y oscuro, donde también se venden quesadillas y refrescos.

Sin duda, cada vez resulta más difícil hacerse de tortillas de buena calidad en cualquier parte. Si esto sucede en el pueblo semirrural donde vivimos, inevitablemente se agudiza en las zonas metropolitanas de la Ciudad de México, Monterrey, Guadalajara, Puebla o Toluca, y en ciudades de mediano tamaño. Hace poco ignorábamos que hasta en comunidades campesinas e indígenas la buena tortilla se va convirtiendo en un alimento escaso y más caro, en vista de las crecientes dificultades que implica todo el proceso, desde el cultivo del maíz y la nixtamalización hasta el comal. Algo inconcebible hasta hace unos años y sobre lo que volveremos en estas páginas, luego de un breve viaje en el tiempo.

LA PLANTA QUE NOS INVENTÓ

¿Cuántas veces te has preguntado de dónde viene el maíz de esos suculentos tacos con que sueles calmar el hambre o el antojo, o el de las memelas, los tlacoyos, los tamales o el pozole ante los que no puedes resistirte? ¿Cómo es que aterrizó en tu plato el grano necesario para elaborarlos? Pero no nos referimos solo a cómo llegó desde el campo a la tortillería o a la taquería, al restaurante, la fonda o el puesto callejero, ni a las manos de la mujer que aplaude la masa para las quesadillas en el puesto de la esquina. Vámonos más atrás, a la época en que los antiguos pueblos que habitaban lo que hoy es México tenían al maíz como invitado principal en su mesa. Y aun antes, a la época en que prácticamente "crearon" este cereal, al menos en la forma en que hoy lo conocemos.

El viaje en el tiempo del personaje protagónico de esta historia se inició hace miles de años. En especial en las junglas de asfalto, donde perdimos el contacto con el mundo natural, tal vez muchos creen que el maíz siempre ha existido como lo conocemos. Pero no, hubo un tiempo en que el maíz no existía. Lo "inventaron" los antiguos mexicanos. Ignorar esto, de entrada, ha impedido que valoremos como se merecen al cereal que hoy se produce más en el mundo y a sus creadores.

El maíz que ahora conocemos es resultado de un larguísimo proceso de domesticación y diversificación que tuvo lugar en estas tierras, tan largo que los detalles se pierden en el tiempo. ¿Qué sucedió con exactitud? ¿Cuándo, dónde y cómo se originó y domesticó el maíz? ¿Quiénes lo hicieron posible? Hasta la fecha, la mayoría de los pormenores sigue siendo un misterio. Lo que sabemos es una especie de rompecabezas que se ha ido armando con aportaciones de la arqueología, la botánica, la biología molecular, la lingüística, la antropología y otras ciencias que aún no han podido despejar todas las incógnitas.

No obstante, hay avances muy importantes. Como en una novela detectivesca en la que se buscan rastros de ADN de un desaparecido, se descubrió que en los cromosomas de varias razas de maíz se escondía el germoplasma original de su único y legítimo ancestro, el teocintle, un pasto silvestre que solo crece en México. ¿Cómo estar seguros de que el aparentemente insignificante teocintle, que da unas mazorquitas de apenas unos cuantos granos formados en dos hileras, se transformó en el maíz actual? Pues porque las huellas genéticas del teocintle no se hallaron en un solo escenario ni en un solo momento, sino que había rastros de que la transformación camaleónica del maíz tuvo su origen en cinco regiones diferentes entre el centro de México y Guatemala, donde se fue domesticando y diversificando durante miles de años.[4]

Entonces, aunque se han propuesto otras explicaciones, la teoría más admitida hasta hoy es que el teocintle es el ancestro del maíz que ahora se cultiva, y que sin la participación activa de nuestros pueblos originarios en su domesticación esta planta jamás habría conseguido tan asombrosa metamorfosis. Fue "arrancada del estado silvestre para volverse dependiente del cuidado humano", sintetizó el antropólogo Arturo Warman.[5] Se trata de un caso extraordinario de serendipia, es decir, un increíble logro civilizatorio al que nuestros antepasados llegaron de un modo un tanto inesperado y casual, en el curso de su búsqueda de algo que no sabían exactamente a dónde los llevaría.

Por lo tanto, Mesoamérica es el centro de origen del maíz porque aquí surgió el teocintle, la planta precursora de este cereal. Y luego, en distintos puntos de nuestra geografía, cuando los pueblos originarios empezaron a experimentar con ella, cultivándola por separado, principió su domesticación hace alrededor de 8 000 años. Este proceso se prolongó unos 5 000 años, pues se estima que solo hasta el año 3000 antes de nuestra era puede decirse que ya había logrado domesticarse al maíz.[6]

Un episodio crucial en esta pesquisa detectivesca fue el hallazgo de unas mazorcas de tan solo dos centímetros de longitud que datan de poco más de 5 000 años, en las excavaciones llevadas a cabo en 1960 en unas cuevas cercanas a Tehuacán, Puebla. Sin embargo, la evidencia más antigua disponible hasta ahora, de hace 6 250 años, proviene de una cueva cercana a Mitla, en Oaxaca.[7,8]

Solo entonces, el *invento* mesoamericano comenzó a compartirse con otros pueblos y otras culturas, hacia todos los puntos cardinales del continente americano, desde el sur de lo que hoy es Estados Unidos a la costa occidental de América del Sur, adonde no pudo haberse originado ni domesticado, simplemente porque allá nunca ha crecido el teocintle, su ancestro genético. A lo largo de este proceso, fue diversificándose en todas partes de Mesoamérica.

Como resultado de la adaptación a los distintos climas, alturas, humedad y suelos de cada región, a la fecha se han identificado en México 59 razas de maíz nativas, distribuidas por todos los ecosistemas de nuestro territorio, de la costa a la montaña. Los hay de los más variados colores, formas, tamaños y sabores, al gusto de cada cultura que lo ha cultivado y perpetuado hasta la fecha.

No exageró el poeta López Velarde cuando delineó el horizonte: nuestra superficie es el maíz.

DE LA MILPA A LA COCINA

Desde aquellos tiempos, la agricultura de los pueblos originarios reflejaba su conexión íntima con la naturaleza y el respeto profundo a los frutos de la tierra. Con una capacidad de observación sobresaliente y una sabiduría que no deja de asombrar, aprendieron los secretos de la biodiversidad y a imitar en sus parcelas cómo funciona la naturaleza.

A diferencia de otras civilizaciones, los mesoamericanos no nos pusimos simplemente a sembrar una sola planta, sino "a hacer milpa", nos ilustra Armando Bartra, especialista en sociología y desarrollo rural. Gracias a la milpa, contamos no solo con un sistema agrícola sumamente productivo y variado, sino con un modelo cultural que ofrece una diversidad entrelazada. Es decir, no se trataba de producir mucho de una sola especie de cereal, como lo hicieron con el trigo y el arroz en el Cercano Oriente y en Asia. Aquí la estrategia era "producir en cantidades moderadas una amplia gama de cultivos y especies para enfrentar la diversidad geográfica, biótica y los ciclos anuales climáticos, con frecuencia erráticos". Eso garantizaba que se satisficieran las necesidades básicas de la población.[9, 10]

A semejanza de cómo el maíz crece más fuerte cuando a su lado se siembra frijol (que encuentra en la caña por donde trepar), cobijado por la calabaza (que ayuda a conservar la humedad del suelo) y protegido por el chile (como repelente natural de plagas), las comunidades campesinas e indígenas del país tejen en torno a la milpa relaciones de convivencia y apoyo mutuo, conocimientos, creencias y prácticas solidarias en la trama de la vida social. Aun con los profundos cambios que han experimentado el campo mexicano y nuestra alimentación desde mediados del siglo XX, buena parte de los sistemas agrícolas tradicionales sigue viva en esos reductos.

Es en el escenario de la milpa, justamente, donde se genera la diversidad del maíz y se mantienen los recursos genéticos, gracias a prácticas ancestrales que hoy podrían llamarse agroecológicas y biotecnológicas. Son nuestros campesinos e indígenas quienes seleccionan las semillas y guardan parte de ellas en cada cosecha para sembrarlas en el siguiente ciclo, pero también las intercambian dentro o fuera de su comunidad, e incluso compran algunas (se estima que casi ocho de cada 10 semillas que usan son nativas). De esta forma, experimentan en sus laboratorios vivos. Sin duda, estamos en deuda con ellos por haber preservado y cuidado la riqueza genética de nuestros maíces ancestrales.[11]

Con la domesticación del maíz, los pueblos originarios tomaron el cultivo de este cereal como eje vital de su desarrollo y dieron forma a civilizaciones con su propia visión del mundo. En ese sentido, así como el maíz es un invento nuestro, nosotros somos un invento suyo, lo cultivamos y él nos cultiva: somos las mujeres y los hombres de maíz. Es parte de nuestra identidad. "El maíz es una planta humana, cultural en el sentido más profundo del término, porque no existe sin la intervención inteligente y oportuna de la mano, no es capaz de reproducirse por sí misma", afirmó el antropólogo Guillermo Bonfil Batalla.[12]

No es tarea sencilla retratar al camaleónico y multifacético maíz, imposible de encasillar. Aparte de su importancia agrícola, alimentaria y económica, si lo vemos como a un personaje, el maíz es un protagonista envuelto en mitos, leyendas y creencias relacionadas con su cultivo, que ha representado episodios épicos. Fue venerado como dios, y aún se le dedica un conjunto de ceremonias dentro del ciclo agrícola anual, aunque en las últimas décadas vive un drama.[13]

De él se aprovecha todo, ya sea como alimento y bebida o como combustible, forraje, medicina, artesanía, envoltura; desde su raíz, hojas y espigas, hasta el olote, pasando por la caña y los frutos en sus distintas etapas de maduración, tiernos como elotes o secos como grano para moler o cocer.

Por supuesto, es en la cocina donde, de la mano de prodigiosas cocineras tradicionales, despliega toda su magia para representar multitud de papeles: crudo cuando está tierno para ensaladas, en trozos (para guisados como el mole de olla o el puchero), desgranado (en sopas, pozoles, guisados, budines y pasteles, entre otros) o molido como pinole, en forma de germinado (para bebidas como el pozol, el tejate, el tesgüino y una inmensa gama de atoles). Hasta en la calle, como esquites, elotes hervidos o asados, o en el cine en la función estelar de las palomitas.

Pese a tan destacados papeles, todas esas maneras de comer maíz no brillan igual en el escenario de la cocina que cuando hace su aparición el grano seco de maíz nixtamalizado y, convertido en masa polimorfa, se esculpe en múltiples formas. De entrada, resalta la versatilidad increíble de la tortilla, que al cocerse al comal e inflarse parece tener vida propia. A un tiempo envoltura, plato o cuchara que se come, al fusionarse con otros alimentos las tortillas abrieron camino a una gran variedad de tacos y tostadas, enfrijoladas, entomatadas y enchiladas, quesadillas y molotes, chilaquiles y totopos. A ellos se suman muchos otros derivados del nixtamal: tlacoyos y peneques, memelas y huaraches, sopes y pellizcadas, chalupas y jarochitas, panuchos y salbutes, tlayudas y gorditas, más las fantásticas variaciones cromáticas y de sabores de los tamales... Un cuento de nunca acabar.

Pareciera no tener límites la creatividad de nuestras cocineras regionales, si pensamos que en los recetarios se han registrado cuando menos 600 platillos distintos que tienen al maíz como ingrediente central o secundario.[14]

LA TORTILLA NUESTRA DE CADA DÍA

Es posible decir, sin temor a equivocarnos, que los mexicanos en general no podemos vivir sin maíz, y menos sin las tortillas nuestras de cada día. Sin tomar en cuenta el maíz que comen los pollos, cerdos y reses que nos comemos, ni comida chatarra y refrescos, cada mexicano que vive en el campo consume, en promedio, unos 300 gramos diarios de maíz (es decir, 110 kilos al año). Y aunque quienes viven en las ciudades lo hacen en mucho menor proporción, 180 gramos diarios (66 kilos al año) es una cantidad nada despreciable.[15]

Por eso mismo, no hay duda de que, como explicó Héctor Bourges, uno de los más reconocidos nutriólogos del país, "la tortilla es en la dieta media nacional la principal fuente de energía (la mitad o más), proteínas, fibra, hierro y de la mayoría de los nutrimentos". También contribuye de modo importante a cubrir nuestros requerimientos de calcio y de vitaminas imprescindibles.

Por supuesto, por muy bueno que sea el maíz (y cualquier otro alimento), no solo de tortilla vive el hombre. La clave está en acompañarlo adecuadamente, combinándolo con otros alimentos. En la variedad está el gusto y una buena alimentación. Aunque aún haya quien lo dude, tan solo unos frijolitos con salsa de jitomate y chile para acompañar las tortillas dan una proteína de muy buena calidad, y si a eso se le agregan unos quelites o unas calabacitas con queso en salsa de tomate, tendremos una dieta más equilibrada. Pero el maíz por sí solo aporta un nada despreciable 37 % de proteínas.[16, 17, 18, 19]

Una precisión importantísima: hablamos de la tortilla de nixtamal. En pocas palabras, el nixtamal es el resultado de cocer los granos de maíz en agua con un material alcalino como cal, ceniza o conchas marinas. Tras reposar varias horas, los granos se muelen hasta obtener la masa fina para hacer unas tortillas que se puedan enrollar sin quebrarse, luego de cocerlas en un comal.

La biotecnología de la nixtamalización, desarrollada probablemente hace unos 3000 años, es una de las contribuciones alimentarias más notables de Mesoamérica al mundo. Quizá, sugiere Luis Alberto Vargas, la intención inicial era suavizar la cubierta del grano, "pero sus resultados secundarios fueron tanto o más importantes". Si no se nixtamaliza, el maíz presenta inconvenientes: no solo carece de aminoácidos esenciales, sino que "es deficiente en niacina [vitamina B3], esencial para la absorción de las vitaminas".[20]

Hoy la bioquímica ha confirmado los beneficios de dicha biotecnología. La nixtamalización permite que la vitamina B3 se haga disponible para el cuerpo humano (lo que reduce el peligro de la pelagra, una condición que puede ser mortal) y mejora la biodisponibilidad de algunos aminoácidos, como la lisina y el triptófano. Más aún, aumenta el contenido de calcio de la tortilla 10 veces más que el de las semillas en su estado natural. Además de facilitar la digestión del maíz, intensifica su valor proteínico y las concentraciones de fósforo, hierro (lo que disminuye el riesgo de anemia) y almidón, que sirve como fuente de fibra dietética. Incluso, la masa nixtamalizada incrementa la vida útil de las tortillas y otros alimentos hechos con ella, sin necesidad de conservadores sintéticos.[21, 22]

Lamentablemente, las virtudes de las tortillas se opacan cuando, en vez de ser del grano correctamente nixtamalizado, son resultado de la producción industrial de harina de maíz, que ya alcanza alrededor del 30% del consumo humano directo del cereal. Estas tortillas no solo carecen del mismo sabor, suavidad y flexibilidad de las originales, sino que pierden hasta el 50% del calcio, aparte de vitamina B3 y otros nutrimentos debido a una deficiente o nula nixtamalización.

Incluso, algunas se han convertido en tortillas ultraprocesadas porque los fabricantes de esta harina suelen agregarles hasta 64 aditivos químicos, entre conservadores, colorantes, blanqueadores y estabilizantes para tratar de imitar la apariencia de las tortillas artesanales, y que pueden tener efectos nocivos en la salud a largo plazo. Además, le mezclan maíz transgénico, que se cultiva con glifosato (herbicida catalogado por la Organización Mundial de la Salud como probable cancerígeno, el cual ha merecido miles de demandas contra Bayer-Monsanto). No es mera suposición. Un estudio realizado en 2017 reveló que nueve de cada 10 tortillas hechas con harina de maíz contenían restos de la semilla transgénica y el herbicida.[23, 24]

Con esta harina se fabrican, en primerísimo lugar, las tortillas frías envasadas que venden los supermercados y tiendas de conveniencia. No se quedan atrás las 55 000 tortillerías mecanizadas en México que emplean harina industrializada, según datos de 2019 (afortunadamente la misma cantidad de tortillerías usa maíces tradicionales, al igual que quienes aún hacen tortillas artesanales).

Del mismo modo que ocurre en la industria alimentaria, los consorcios que controlan el mercado de la harina de maíz (Maseca y Minsa), con la anuencia de los gobiernos que lo han autorizado y tolerado, aún se resisten a informar a los consumidores sobre la deficiente calidad de este producto y de las tortillas que con este se elaboran.

En 2022 los cabilderos de esta industria y sus cómplices en el gobierno bloquearon el proyecto para reformar la norma oficial que regula la distribución, los usos y límites de la nixtamalización, aditivos y denominación, entre otras cosas, de los productos de maíz. Aseguran conservar el proceso tradicional de nixtamalización, pero eso es falso. No basta con que en el proyecto de la NOM aceptaran incluir en la definición de nixtamalización que el maíz con la cal debe ser sometido a un periodo de reposo. Aunque es un avance respecto a la norma de 2003, esa definición es engañosa porque las grandes empresas dejan reposar solo dos horas, en tanto que en la nixtamalización tradicional este proceso dura 16 horas.

El tiempo de reposo es clave para que el maíz despliegue sus beneficios "para que el grano se abra, absorba los minerales de la cal, el calcio y haga simbiosis uno con otro".[25] Al ablandarse la piel del maíz (el pericarpio), se puede triturar en los molinos, mientras que en el proceso industrial esta fina capa se retira porque dos horas de reposo no bastan para reblandecer esta capa. Por ello, usar la palabra "nixtamalizada" en productos que utilizan harinas de maíz "implica un engaño para los consumidores", considera la organización El Poder del Consumidor. Además, agrega, al no especificar qué aditivos emplea en el proceso industrial, "el consumidor no conoce la verdadera naturaleza ni los riesgos y efectos de las mezclas para la salud".[26]

Más que tristeza, debe provocar indignación que las tortillas de maíz ultraprocesadas estén desplazando a las nixtamalizadas. Es innegable, como aseguran algunos especialistas, que aquellas simplifican y abaratan la comercialización y el proceso tradicional, que se volvió complicado y costoso en las ciudades, lo cual impacta en el bolsillo de las mayorías y las aleja de la buena tortilla. Dicho esto, echemos una mirada crítica al contexto socioeconómico y cultural para cuestionar estos argumentos reduccionistas.

Evidentemente, la sociedad mexicana se ha formado una "doble imagen" sobre las tortillas de maíz, como bien dice Héctor Bourges. Por un lado, se les reconoce como un "elemento fundamental [identitario, incluso] de la dieta de los mexicanos". Por el otro, al igual que con los frijoles, hay quienes las tachan como un "alimento para pobres". Tal descalificación, entre clasista y racista, tiene dos efectos: en primer lugar, hay una tendencia a dejar de comerlas (lo vemos aun en nuestra propia familia), pues se asume que es comida para "pobres" e "indios" y se da por hecho su baja calidad; y, en segundo lugar, quienes se dedican a hacer o vender tortillas solo como negocio consideran que, como son para "pobres", no importa si son de mala calidad.

De ahí se desprende, explica el nutriólogo Bourges, la idea de que todas las tortillas, malas o buenas, necesariamente "deben ser baratas". Coincidimos con él, pero tenemos reservas cuando agrega que "pocos están dispuestos a cubrir el costo" de las buenas tortillas, porque a veces no se trata de disposición, sino de insuficientes ingresos, de falta de información y de políticas públicas.

De seguro Bourges no se refiere a la tortilla gourmet, parte de la "nueva" cocina mexicana puesta de moda por chefs elitistas, en restaurantes de lujo de Estados Unidos, Europa y la zona hotelera de Quintana Roo, a precios desmesurados. La tendencia de vender como gourmet este alimento tradicional (y en general a las cocinas tradicionales mexicanas) representa un grave riesgo para el consumo popular, advierte la antropóloga cultural Alyshia Gálvez. Es preocupante e insólito lo que expone en *Comer con el* TLC: "Una convergencia de tendencias económicas y decisiones políticas [...] han puesto fuera del alcance del ciudadano mexicano promedio formas de comer ancestrales, al tiempo que ponían en circulación en el mundo alimentos mexicanos tradicionales como bienes de alto valor y elevado estatus a ser reinterpretados y 'elevados' por chefs de élite".[27]

Sin duda, la dieta y la cocina de la milpa han enfrentado innumerables amenazas a lo largo de la historia, "pero solo las recientes alteraciones posteriores al TLC han amenazado realmente su viabilidad". En efecto, las dificultades de los campesinos mexicanos para producir maíces nativos se agudizaron desde 2009, cuando se liberalizaron las importaciones agropecuarias en el Tratado de Libre Comercio de América del Norte (TLCAN). Un acto suicida, además de insensato, en vista de la imposibilidad de nuestra agricultura (a la que se le habían retirado los subsidios y la red de apoyos que representaba el sistema Conasupo) de competir con la agroindustria tan subsidiada y supertecnificada de Estados Unidos.[28] Cuando decían querer "modernizar" el campo, quienes negociaron este acuerdo comercial por parte de México lo que en realidad se proponían era desaparecer al campesinado y la milpa, por tacharlos de lastre para el progreso. Querían un campo casi sin campesinos, como en Estados Unidos.

Empujados por el neoliberalismo, muchos han emigrado, y algunos de los que se quedaron en México no han tenido mejor opción que exportar su maíz a restaurantes de lujo de Estados Unidos, aunque ellos dejen de comerlos. Resultaría una tragedia que las semillas ancestrales y las tortillas nixtamalizadas quedaran fuera del alcance de sus herederos. Doble tragedia ante el incremento en el consumo de comida chatarra de los mexicanos dentro y fuera del país.

Héctor Bourges suena resignado ante la situación y las tendencias actuales: "Los procesos de globalización [...] y de urbanización acelerada en las últimas décadas han alterado las costumbres alimentarias de la población y modificado su estilo de vida, por lo que cabe esperar cierta disminución del consumo per cápita de tortillas de nixtamal y mayor empleo de la harina".

Aunque el neoliberalismo agudizó los cambios en nuestros patrones de alimentación, las alteraciones se originaron décadas atrás (mediados del siglo XX), cuando el Estado permitió que los vientos de la industrialización arrastraran al maíz, tanto en el campo con la agricultura tecnificada de la Revolución Verde, como en el procesamiento de alimentos, incluida la harina de maíz mal nixtamalizado y con aditivos químicos. Con ello favoreció a un par de empresas (Maseca y Minsa), permitiéndoles fijar el precio y la calidad de su producto.

Queremos pensar que la situación mejorará cuando el Estado privilegie al maíz-alimento mediante políticas públicas que beneficien a productores de maíces nativos y tortillas artesanales de pequeña y mediana escala, así como a tortillerías mecanizadas y molinos de nixtamalización que usan estos maíces. Además de proteger el bolsillo de los consumidores, debe cuidar de su salud mediante una regulación estricta de la fabricación de la harina de maíz, a través de la regulación de la correcta nixtamalización, sin aditivos.

VIAJERO INCOMPRENDIDO Y DESPRECIADO

Sin duda, por todo lo que nos ha dado, los mexicanos podemos y debemos estar orgullosos de nuestro maíz. No obstante, para entender a fondo al protagonista de esta historia, es imposible soslayar su importancia en nuestra economía y la del mundo entero, más allá de su valor cultural y social.

Luego de ser un alimento sagrado, al ser transformado en simple mercancía por el sistema económico, el maíz entró en el plano terrenal de los intereses comerciales, un cambio que ha tenido elevados costos. Este es el origen de las grandes amenazas que enfrenta desde hace siglos, agudizadas en la actualidad. Si no identificamos a sus poderosos enemigos, ¿cómo podremos defender este tesoro para no perderlo? Para saber cómo llegó a la encrucijada donde está hoy, echémonos otro leve clavado en su historia, ahora para conocer la forma en que el maíz inició su viaje por el mundo.

Ya reflexionamos en la primera parte de este libro sobre el hecho de que los españoles, deslumbrados por el oro y la plata de estos confines del mundo desconocidos hasta entonces por ellos, no se percataron de otras riquezas que tenían ante sus ojos en el mercado de Tlatelolco, en las chinampas y milpas que cruzaban, en la mesa de Moctezuma… El colmo es que el más preciado de estos tesoros para nosotros, los hombres de maíz, fue el más despreciado por ellos, los hombres de trigo. Claro, ni Nostradamus podría haber adivinado entonces hasta qué alturas escalaría el maíz en el mundo.

No deja de ser un enigma esta paradoja: por qué le hicieron el feo al maíz mientras otros alimentos indígenas de América (cacao, jitomate, guajolote, frijoles, cacahuates, chiles, calabazas, papa y demás) fueron sumándose (más tarde que temprano, pero seguro) a la dieta de los europeos, como bien dice el antropólogo Stanley Brandes.[29] ¿Cómo se explica este desaire? Hilemos en torno a las reflexiones de Brandes, tejiéndolas con las nuestras y con las de otros autores como José A. Armillas Vicente, Juan Antonio Frago Gracia y Elena Piedrafita Pérez, así como Francisco Hernández, Cristina Barros y Marco Buenrostro.[30, 31]

Buena parte de la explicación la podemos encontrar en el contexto en que se produjo la invasión de los españoles a este lado del mundo. Una Europa recién salida de la Edad Media, apenas sacudiéndose del más negro oscurantismo, atada a rancias ideas y prejuicios. Esa España de 1492, con monarcas fanáticos del catolicismo inquisitorial, que mientras impulsaba el equivalente a lo que hoy es la carrera espacial, no solo expulsaba de la península a los árabes, sino desterraba a los judíos.

Primero que nada, es muy revelador que ya desde su primer viaje en 1492 Colón se refiriera al maíz en su diario de viaje como "panizo", un cereal "menor" muy poco estimado —al igual que el mijo, el trigo sarraceno y el sorgo— destinado a alimentar familias campesinas o en caso de hambrunas o de carestía de los cereales "más *nobles*: trigo, cebada y centeno".

Por supuesto, Colón no se contentó en mayo de 1493 con describirles a los reyes católicos esa "hierba con una mazorca tan gruesa como el brazo de un hombre", con granos "fijados por naturaleza de un modo asombroso".[32] También les llevó algunas mazorcas y otros alimentos "exóticos", básicamente, para apantallarlos y convencerlos de seguir financiando su aventura comercial.

Ya para su tercer viaje (1498-1500), Colón retomó una voz caribeña para nombrar la planta a la que antes había denominado panizo: "*mahiz*, que es una simiente que haze una espiga como una maçorca, de que llevé yo allá, y ay ya mucho en Castilla". Por supuesto que en esto último exageró; aunque sin duda ya se habían reproducido las mazorcas que él llevó en sus viajes anteriores, en España faltaban todavía unos años para que proliferara su cultivo.

Como es natural, a principios del siglo XVI el maíz comenzó por esparcirse primero en varias partes de España, como Castilla y Valencia, Andalucía y Sevilla, Galicia y Cataluña, e incluso ya en Portugal se tenían noticias de él en 1520. Se dice que al "trigo de Indias" los agricultores le encontraron semejanza con los cereales que cultivaban (mijo, panizo, sorgo, centeno...). Quizá en un inicio lo sembraron por curiosidad, exotismo y presunción, más que para comerlo.

Tal vez por eso en 1571 el protomédico Francisco Hernández, enviado por Felipe II a documentar la riqueza herbolaria de los nuevos dominios del imperio español, percibía extrañado el rechazo incipiente a beneficiarse del maíz. Dijo no entender "cómo los españoles, imitadores diligentísimos de lo extranjero y que también saben aprovechar los inventos ajenos, no adoptaron todavía a sus usos ni han llevado a sus tierras y cultivado este género de grano".

Al igual que el médico sevillano Nicolás Monardes en 1574, quien sostuvo que "el *maíz* es de tanta sustancia como nuestro trigo", Hernández alababa al maíz como un alimento "sobremanera saludable tanto para los sanos como para los enfermos". Al igual que antes los cronistas y conquistadores, se había percatado de que este cereal era capaz de sostener a una población tan numerosa como la de Tenochtitlan; por ello, escribió, el maíz permitiría a los españoles "tal vez librarse del hambre y de los innumerables males que de ella derivan". Incluso describió la técnica para hacer nixtamal mediante el tequesquite.

Al igual que otros alimentos de los antiguos mexicanos, no pasó mucho antes de que el maíz traspasara las fronteras ibéricas y se esparciera por el Mediterráneo, comenzando por el suroeste francés, luego el norte de Italia y de ahí hasta los Balcanes, África y Asia. Los retratos de Rodolfo II de Austria que Giuseppe Arcimboldo pintó en 1590-1591, cada uno con una "exótica" mazorca, revelan la curiosidad que el maíz despertaba en Europa a todos los niveles.

Cien años después de los viajes de Colón, aunque no sin resistencias, en España el cultivo de maíz estaba desplazando a algunos cereales tradicionales por su elevada productividad, su fácil adaptación a casi cualquier suelo y su resistencia a la sequía, sobre todo donde producir trigo era más complicado.

Otra cosa muy distinta es cómo se aprovechaba el maíz, tema en torno al cual las opiniones se polarizaron ya a finales del siglo XVI. Mientras se transformaba en el alimento que ayudaba a espantar el hambre de pueblos enteros en Egipto, el África subsahariana y luego parte de Asia, en la mayoría de Europa Occidental al maíz se le concedió importancia solo como comida para animales.

Aquí la opinión dominante se sintetiza en un dislate del naturalista inglés John Gerarde en 1597: "Nutre muy poco y [...] resulta de difícil y mala digestión, alimento más adecuado para los cerdos que para los hombres". ¿Cómo fue que este disparate en torno al lugar que debía tener el maíz se asentó en la mente de los europeos y se contagió a otras culturas dizque superiores hasta nuestros días?

Hay quienes consideran que nuestros alimentos llegaron ya desprestigiados a España. Vistos desde el cristal de su esquema mental, para los conquistadores y primeros colonos eran lo que comía una sociedad inferior, unos salvajes que vivían en la Edad de Piedra, algo que comerían solo en caso de necesidad cuando en los nuevos dominios faltaran los víveres europeos. Así, nuestros alimentos debieron remar contra opiniones envueltas en prejuicios de raza, clase y religión.

Aunque muchos lograron superar esa prueba y hacerse un lugar en las dietas europeas, compitiendo con el prestigio de los productos europeos, por diversas razones no ocurrió lo mismo con el principal alimento identitario de nuestras culturas. Como si una vez derrotados y humillados los hombres de maíz, tuviera que someterse y humillarse también al propio maíz ante los hombres de trigo.

Todo parece haber confabulado contra nuestro personaje, víctima de una campaña de desprestigio difundida por sus adversarios. Muy pronto, el maíz arrastró tras de sí la sombra de la confusión sobre su origen, que lo vinculaba con el Cercano Oriente. En el siglo XVI le llamaron "trigo de Turquía" en España, "trigo marroquí" en Portugal y "trigo sarraceno" en Francia, mientras que los italianos le llamaron "grano turco" y los catalanes, "trigo moro". Parecía un intento de asociarlo con el mundo árabe, que España y toda Europa tenían entonces por escoria humana.

Además de las barreras étnicas y religiosas, el maíz también cargó como una losa los componentes sociales y culturales de los patrones alimentarios europeos, tan distintos y arraigados. Los prejuicios se interpusieron como obstáculos infranqueables, impidiendo que el camaleónico maíz conquistara el paladar de los europeos. Por una parte, los españoles tuvieron una omisión gravísima al no seguir el sabio refrán que dice "a donde fueres, haz lo que vieres", pues no adoptaron ni difundieron en el resto de Europa el proceso de nixtamalización, sin duda tachándolo de primitivo, pese a haber sido documentados sus beneficios por Francisco Hernández. Fue un error monumental apropiarse solo del maíz, pero mayor aún lo fue menospreciar la tecnología que lo potencia (por eso Luis Alberto Vargas le llamó "el viajero sin equipaje"). Eso costó muy caro tanto en el gusto como en la salud.

Por otra parte, los españoles también ignoraron otro dicho según el cual "en la variedad está el gusto". Al equiparar de manera equívoca al maíz con el trigo, en vez de tortillas con masa nixtamalizada quisieron hornear pan de harina de maíz como se hace con otros cereales, lo cual no funcionó, por supuesto: los panes que elaboraban así resultaban duros y nunca alcanzaban la calidad que acostumbraban los europeos. Quienes comían pan de maíz no era por gusto, sino porque no les quedaba más remedio. Eran comunidades muy humildes ("ínfima gente", les llamó el toledano Covarrubias en 1611) de regiones empobrecidas que no podían comer otra cosa. El maíz los rescató de la hambruna.

En el terreno de las comparaciones absurdas en el que lo encasillaron, el maíz no podía competir con el trigo, que era simbólicamente casi tan sagrado para los europeos como el maíz para nosotros.

Finalmente, la trama para desacreditar y estigmatizar a nuestra semilla se había redondeado: primero, se le vinculó con los "bárbaros" aztecas y más tarde con los repudiados pueblos islámicos; luego se le descalificó porque no servía para hacer buen pan y, para rematar, se le ninguneó porque no merecía estar más que en la mesa de los indigentes.

Por estas razones, en Europa solo algunas regiones sumidas en la pobreza agradecieron la llegada del maíz y lo adoptaron como su alimento básico (el único al que tenían acceso): la parte noroccidental de la península ibérica y el norte de Italia. Según los especialistas, las comunidades campesinas más necesitadas de Galicia, Asturias y sus vecinos en Portugal subsistieron durante siglos gracias a las sopas o gachas y al pan de maíz conocido como "boroña" (también llamado "borona", "boroa", "burona" o "broa"). En cuanto a Lombardía y el Piamonte, adoptaron con entusiasmo la polenta, al grado de que en la actualidad se le considera uno de los platos típicos en la región.

Incluso en estas regiones, la historia tuvo un triste epílogo: muchas de estas pobres gentes que aliviaban el hambre solo con maíz sin nixtamalizar padecieron pelagra, por la deficiencia de vitamina B3. Esta enfermedad —descrita por vez primera en 1763 por el médico español Gaspar Casal— también asoló otras áreas de Francia, Europa Central, Rumania, Turquía, Grecia y algunas zonas del sur de Rusia, Egipto y más tarde África central y meridional, donde la dieta dependía en exceso del maíz.[33]

Llama la atención el caso de Rumania, donde todo indica que le agarraron gusto a este cereal. Su cocina tradicional incluye diversos platillos a base de maíz, de los cuales la mamaliga, una especie de suflé, es ya un clásico de los rumanos. Por algo en 2021 Rumania era el sexto exportador de este grano en el mundo.

Este conjunto de posibles explicaciones del rechazo de Europa al maíz permite entender la suerte que corrió en el Viejo Mundo desde la Conquista. Nos es más difícil de comprender, como sugiere Stanley Brandes, que más de cinco siglos después la mayoría de los europeos occidentales (y también de los estadounidenses) siga creyendo que el maíz es un alimento para animales; que el desprecio y rechazo que le prodigan se hayan arraigado y continúen hasta la fecha, al extremo "de adquirir el carácter de un verdadero tabú".[34]

Tras de todo eso, ahora resulta que en Estados Unidos y Europa se ha dado en años recientes un creciente prestigio a la otrora aborrecida cocina mexicana a base de maíz, debido al impulso de una serie de engreídos chefs españoles, franceses, ingleses, estadounidenses y belgas que hoy quieren explotar en sus restaurantes elitistas los tesoros que no vieron en su momento los conquistadores y colonizadores, vendiéndolos como comida gourmet.[35] Para el pirata gastronómico René Redzepi, por ejemplo, las causas del rechazo se reducen a que no supimos contar bien la historia de la tortilla para cotizarla mejor y llevarla a las alturas de la pasta italiana.[36] No queremos ni necesitamos esa clase de "ayuda" de ese tipo de chefs.

A estas alturas, mientras no nos afecten, Europa y Estados Unidos pueden quedarse con sus prejuicios, tabúes y su narrativa mercadotécnica. A nosotros lo que nos interesa es que seamos los mexicanos quienes valoremos (o en su caso revaloremos) nuestras riquezas y nos preocupemos de defenderlas de viejos y nuevos "descubridores" y conquistadores.

EL IMPERIO DEL MAÍZ-MERCANCÍA

El maíz encabeza el elenco de personajes de esta historia no solo por su íntima conexión con los mexicanos, sino porque ha sabido conquistar más superficie terrestre que cualquier otra planta domesticada, domesticando en el camino a muchos pueblos y economías.[37] Ello fue posible no solo gracias a su excepcional productividad y adaptabilidad, sino a su versatilidad para transformarse en múltiples productos. Sus propias características "lo convertían también en un excelente medio para acumular capital", sostiene Michael Pollan.

En la esfera internacional, el maíz ha obtenido un éxito rotundo en los negocios, pues los 1 111 millones de toneladas a que llegó su producción total en 2019-2020 lo convierten en el cereal que más se produce en el mundo, dejando muy atrás al trigo (765 millones de ton) y al arroz (496 millones de ton).[38]

Ante este escenario, no suena lógico que, pese a ser país de origen y domesticación del maíz, México aporte solo el 2 % de la producción mundial del grano, en un lejano séptimo lugar respecto a Estados Unidos, el mayor productor, consumidor y exportador mundial. No obstante, aclaremos que la inmensa mayoría de la producción mundial es de maíz amarillo, ya que se trata de una materia prima privilegiada, como veremos más adelante. Únicamente en América Latina, África austral y Asia meridional se produce maíz blanco, que se usa como alimento humano.[39]

¿Debemos sentirnos orgullosos los mexicanos de los triunfos del maíz amarillo? Definitivamente no. Todo lo contrario, pues en esta historia el maíz-mercancía y los poderosos intereses que lo impulsan son antagonistas que ponen en riesgo el futuro del maíz-alimento, con costos incalculables en salud, medio ambiente, cultura y soberanía en México.

De quienes debemos sentirnos muy orgullosos y agradecidos por contar con la tortilla nuestra de cada día, son de las 59 razas nativas de maíz mexicano y los más de tres millones de productores en pequeña y mediana escala. Ellos han hecho eso posible, trabajando casi siempre en condiciones precarias, en parcelas de a lo sumo cinco hectáreas, casi siempre de temporal, que soportan heladas, sequías e inundaciones potenciadas por el cambio climático y la falta de apoyos del gobierno. Ellos aportan más o menos la mitad de la producción de maíz en México, destinado básicamente al autoconsumo.[40, 41]

La otra mitad proviene de los productores de mediana y gran escala, que practican la agricultura tecnificada y aprovechan las pocas tierras de riego en el país (solo el 14 % de la superficie cultivable), quienes acaparaban apoyos y subsidios en una producción que se orienta al mercado. Para ellos, como para el resto de la economía mundial, el maíz es ante todo una mercancía, una materia prima, un *commodity*.

Contra viento y marea, a pesar de fenómenos como la disminución de la superficie cultivada y la migración, en conjunto la producción de maíz ha aumentado, pero únicamente en 28 %, "al pasar de

18.2 millones de toneladas en 1994 a 23.3 millones (cifra que se prevé para 2024)",[42] aun cuando en 2016 y 2021 alcanzó los 28 millones de toneladas.[43]

Nunca perdamos de vista que casi nueve de cada 10 kilos del maíz producido en México son para tortillas y todo tipo de platillos, ni que son de maíz blanco y de las multicolores variedades nativas. Menos aún, que con la producción actual de este maíz basta para cubrir nuestras necesidades y antojos (cuando menos hasta el momento de escribir este libro). Solo la décima parte de la producción es de maíz amarillo, usado sobre todo como alimento animal, que es insuficiente para cubrir la demanda nacional.

El déficit de este maíz es de tal magnitud que México, pese a su creciente producción, se convirtió desde 2017 en su mayor importador en el mundo. Esto significa que de las 46.6 millones de toneladas anuales de maíz (de todos colores) usadas en el país en total en 2024, "uno de cada dos kilogramos de maíz que se consume en México es comprado en el exterior, principalmente de Estados Unidos".[44] En esa pesadilla en que se ha convertido el TLC-T-MEC para el campo mexicano, desde 2001 a 2024, las importaciones de maíz se han disparado 468 por ciento.[45]

Estos datos resultan preocupantes porque muestran la tremenda dependencia en este rubro y el fracaso de las políticas agrícolas del Estado mexicano —incluido el periodo de la 4T— para impulsar la producción nacional de maíz. No obstante, también se utilizan para crear la falsa narrativa de que un país tan maicero como México es incapaz de satisfacer sus propias necesidades alimentarias. Esos datos son engañosos, plantea la investigadora y periodista Silvia Ribeiro.[46] ¿Cómo explicar la contradicción aparente? ¿A quiénes les interesa convencernos de importar o producir maíz como sea, de la calidad que sea y a cualquier costo?

En primerísimo lugar, casi todo el maíz que importamos es amarillo, que no es para consumo humano (solo una mínima parte de las importaciones son de maíz blanco). Se trata de un grano de pésima calidad, en su mayoría transgénico, producido con glifosato y otros agrotóxicos, utilizado como materia prima en varias industrias. Entonces, no es que los mexicanos importemos maíz para no morir de hambre, como se nos quiere hacer creer.

Quienes impulsan las importaciones no son los productores nacionales de pequeña y mediana escala de ganado para engordar a sus puerquitos, vacas y reses, pollos y gallinas de rancho. Tampoco son los productores estadounidenses de maíz de la misma escala los que impulsan las exportaciones a nuestro país. El que está presionando para que México importe cada año cantidades crecientes de maíz es un puñado de corporaciones transnacionales: Sygenta, Bayer-Monsanto, BASF y Corteva, más otras como Dupont.[47] Las cuatro primeras controlan prácticamente la mitad del mercado mundial de las semillas y tres cuartas partes del de los agrotóxicos: son, evidentemente, parte de la industria biotecnológica, interesadísima en apoderarse de nuestros maíces mediante engaños, como el de la supuesta superioridad de los transgénicos para acabar con el hambre.

Claro que estas corporaciones van de la mano con la industria agrícola estadounidense, sobre todo la pequeña minoría de enormes granjas que controlan más de la tercera parte de las tierras cultivables en Estados Unidos, y se quedan con más de seis de cada 10 dólares de las ganancias del sector.

Estos fueron los poderosos intereses que presionaron al gobierno y a los legisladores estadounidenses para obligar a México a derogar el decreto presidencial de 2023,[48] que determinó eliminar progresivamente la importación de maíz transgénico para tortillas y masa desde marzo de 2024 y su sustitución gradual en la alimentación animal (no así el empleado como forraje e insumo industrial), y que solicitaron un panel de controversia comercial en el contexto del T-MEC.[49]

El revés contra México en el panel de controversias sobre maíz transgénico en el marco del T-MEC, solicitado por Estados Unidos, y pretextando que el decreto afectaba el comercio y sus exportaciones de maíz, en realidad busca dejar un precedente, como explica Silvia Ribeiro: Estados Unidos no tolerará disposiciones legales que establezcan que los organismos genéticamente modificados y los agrotóxicos dañan la salud y el ambiente, ni está dispuesto a admitir evidencia científica alguna (por más sólida que sea) de que no son inocuos, ni a verse forzado a demostrar que son productos sanos y saludables. Además, es un mensaje de que "México no puede legislar en forma precautoria en productos que son claves para las transnacionales, ni en su propio país".[50]

Evidentemente, aquí no parará esta disputa que trasciende el plano comercial. Por una parte, proseguirá la defensa del maíz desde las comunidades indígenas y campesinas y de las organizaciones sociales que las han acompañado. Por la otra, en las fechas en que escribíamos estas líneas para actualizar hasta donde podíamos este tema, estaba por discutirse en el Congreso una iniciativa legislativa que pretendía establecer la prohibición de sembrar maíz transgénico.

Sin embargo, diversos colectivos cuestionamos esa iniciativa propuesta por la Secretaría de Agricultura y Desarrollo Rural por considerarla un retroceso, pues se desviaba del decreto y de la propuesta original, que expresamente establecía que el maíz para consumo humano estaría libre de transgénicos y de cualquier otra modificación genética. Es una historia cuyo desenlace está por verse y se vislumbra complejo.

Las corporaciones transnacionales involucradas en este asunto se valen de todos los medios, incluyendo no solo el cabildeo de alto nivel en el ámbito político (por ejemplo, con el extitular de la Secretaría de Agricultura y Desarrollo Rural, Víctor Villalobos; el exconsejero jurídico del Ejecutivo federal, Julio Scherer; y el otrora jefe de la Oficina de la Presidencia, Alfonso Romo; así como en el Congreso mexicano), sino también la cooptación de periodistas y científicos, a través de sobornos y el financiamiento de estudios a modo, aparte de la estrategia jurídica mediante una cascada de amparos.[51]

Otro eslabón de esa cadena de intereses y presiones es la cría y procesamiento industrial de ganado, pues buena parte del maíz importado se usa para engordar cerdos, pollos, reses y vacas en grandes instalaciones confinadas. Se trata de una industria controlada también por consorcios transnacionales globales, de la talla de "JBS (empresa de

Brasil-EU, que compró Pilgrims y gran parte de Tyson), Cargill (de Canadá) y WH (de China)".[52] Su creciente presencia en México ha ido "desplazando a los productores nacionales pequeños y medianos para controlar la mayoría de cada sector", revela Ana de Ita, especialista en políticas públicas.

Finalmente, entre las industrias que emplean maíz amarillo destaca la de alimentos y bebidas endulzadas. No teníamos idea de la increíble cantidad de productos que incluyen entre sus ingredientes al maíz en distintas formas. Puede entenderse que en refrescos, jugos de frutas, yogures y otros, se sustituyera el azúcar de caña por el jarabe de maíz de alta fructosa, más barato, pero ¿qué hace este edulcorante en cervezas o frutas en conserva? ¿Y en galletas, panecillos, botanas o caramelos? ¿A quién se le ocurrió meter al maíz en sopas o caldos de carne, en harinas para pasteles y hot cakes? ¿O en salsas picantes, mayonesas, mostazas, cátsup, aderezos para ensalada…? ¿Cómo se coló en los hot dogs, la mortadela y miles de productos más? ¿Y qué decir del maíz en combustibles, pastas de dientes y cosméticos, pañales desechables, adhesivos, bolsas de basura y productos de limpieza para el hogar, cerillos y pilas, cera vegetal para abrillantar las manzanas y pepinos?

Dice Michael Pollan que el maíz está presente en más de 11 000 productos disponibles en cualquier supermercado promedio de Estados Unidos.[53] ¿Por qué diablos todas esas cosas tienen maíz entre sus ingredientes? En busca de respuestas, Pollan recorrió los extraños caminos que ha seguido el maíz en ese país, aparentemente inconexos, y al final se dio cuenta de que todos ellos conducen a la sobreproducción del grano.

Las raíces de este enredo se remontan al desarrollo del primer maíz híbrido en Estados Unidos, allá por la década de 1930, a partir del cual "el *Zea maiz* entró en la era industrial". Sin embargo, solo cuando en los años cincuenta se popularizó el uso de los fertilizantes químicos a base de nitrógeno, inventados en 1947, las cosechas de maíz se fueron a la estratosfera. Desde entonces, la Revolución Verde impulsó un paquete tecnológico integrado por semillas híbridas, fertilizantes sintéticos, más un arsenal de plaguicidas, tractores y riego.

De todos los cultivos, el maíz resultó el más atractivo para los agricultores en términos de rendimientos (y de nuevos mercados, como la ganadería), tanto así que cada vez le dedicaron más y más superficie. Sospechosamente, las políticas agrícolas estadounidenses empujaron esa tendencia. Como era de esperarse, al inundar el mercado de maíz, su precio empezó a bajar. Con una extraña lógica, los granjeros decidieron sembrar más y más maíz para compensar sus pérdidas.

La "plaga de maíz barato", como le llama Pollan, se desató durante el gobierno de Richard Nixon, cuando se hicieron a un lado las políticas públicas que procuraban limitar la producción y mantener estables los precios. A partir de ahí, además del "subsidio biológico en forma de nitrógeno sintético" (producido con combustibles fósiles), el maíz comenzó a recibir también un subsidio económico. Supuestamente, los agricultores estadounidenses ya no deberían preocuparse de que cayeran los precios y tuvieran que vender su maíz al precio que fuera, porque el gobierno les echaría la mano con subsidios (que equivalían a hasta la mitad de sus ingresos). Para el gobierno de Estados Unidos, subvencionar el maíz barato representaba alrededor de 5 000 millones de dólares al año en 2006.

Desde los años ochenta, a partir del neoliberalismo, la globalización y los tratados de libre comercio, el cultivo de maíz nacional ha sido una carrera cuesta arriba porque las leyes agrícolas (cabildeadas por las corporaciones) han abaratado aún más el precio para que "el grano estadounidense fuese más competitivo en los mercados internacionales". Lo único que les queda a los granjeros para nivelar su economía es producir cada vez más, aunque eso signifique una sucesiva caída del precio, dentro de la "espiral de la sobreproducción". La situación incluso empeoró cuando esta basura de maíz fue sustituida por algo peor: el maíz transgénico.

Pollan no duda en afirmar que la plaga de maíz barato empobrece no solo a los granjeros, sino también a los países que lo importan

(México en primer lugar). Para desgracia nuestra, en el TLC y el T-MEC aceptamos no solo comprar ese grano chatarra, sino consentimos en dejar de subsidiar a nuestros productores en pequeña y mediana escala.

No contentos con eso, conforme a un estudio del Institute for Agriculture and Trade Policy, Estados Unidos exportó maíz "a precios inferiores a los costos de producción desde el nacimiento del TLC", en 1994. Tan solo entre 2014 y 2020, este grano "entró a México 10% por debajo de su precio real". Esta práctica ilegal (conocida como *dumping*) disparó 142% nuestras importaciones de maíz estadounidense entre 2014 y 2022. Lo anterior explica, junto con los bajos precios internacionales de 1997 a 2006 y de 2014 a 2018, que las importaciones se hayan ido hasta las nubes, pero también que "la producción nacional no crezca al mismo ritmo de la demanda". ¿Quién podría competir con un maíz no solo subsidiado, sino vendido por debajo de su costo de producción real?[54]

En el último eslabón de la cadena alimentaria del maíz, las andanzas de Pollan lo condujeron a comprender que más allá del granjero que recibe su cheque, al final los beneficiarios reales del subsidio a la sobreproducción, los verdaderos ganones, son Cargill y Coca-Cola. Nosotros estamos convencidos de que también lo son todas las corporaciones interesadas en que continuemos importando cantidades crecientes de maíz amarillo, ya mencionadas líneas atrás.

¿LOS VERDADEROS HOMBRES DE MAÍZ?

La verdad, nuestro país está metido en un auténtico lío. Durante años, el gobierno mexicano favoreció con todo tipo de facilidades la entrada de poderosas empresas, que "se instalaron en México aprovechando las ventajas que les dieron las bajas regulaciones ambientales, laborales y de salud",[55] resume Silvia Ribeiro. Fue un cheque en blanco de impunidad a los daños que provocan sus actividades y productos.

Para esas empresas nada valen nuestra salud ni el bienestar de las comunidades. Todo tiene signo de pesos: el agua y el suelo, los bosques y selvas, nuestras plantas y animales… Poco importa si se agotan, contaminan o destruyen. Con fiereza, defienden sus privilegios, como ahora que las corporaciones presionan al gobierno para que importemos más y más maíz. Vociferan que "México no tiene suficiencia alimentaria", a sabiendas de que no hay producción nacional que sacie su voracidad. En otras palabras, pregonan que no somos capaces de producir ni siquiera el maíz que necesitamos.

En el guion de esta trama, eso desencadena una serie de efectos perversos. Por una parte, sin importar lo más mínimo las epidemias de obesidad y diabetes, así se quiere justificar que no tenemos más remedio que continuar entre los mayores consumidores de comida basura y refrescos en el mundo. Por la otra, se refuerza la idea de que, para cubrir la demanda de maíz en México, dentro de esa camisa de fuerza que es el T-MEC, no queda sino seguir importando el grano transgénico que nos ha impuesto Estados Unidos (o sembrarlo aquí). Como si no pudieran producir y vendernos maíz blanco.

Finalmente, aunque el decreto presidencial que prohibía la importación de maíz transgénico para masa y tortillas era un logro (sin duda parcial), resultaba tragicómico el permiso para usarlo como forraje y materia prima de comestibles ultraprocesados. De entrada, buena parte de las carnes producidas con ese maíz no llegarán al plato de los mexicanos, sino al de un chino, japonés o estadounidense, pues la producción de corporaciones como WH, principal productor mundial de cerdos, es sobre todo para exportación.

Para seguirle, al menos parte de las carnes (más leche y huevos) que sí aterrizan en la mesa de mexicanos como tú o nosotros ya se produce con maíz transgénico, glifosato y demás agrotóxicos empleados en su cultivo, como parte de la cadena alimentaria. Es decir, el citado decreto nos salvaba de comer tortillas o tamales de maíz transgénico, pero no de ingerirlo en un taco de carnitas, en bisteces a la mexicana, en unos huevos rancheros o una pechuga de pollo empanizada, ni en multitud de productos chatarra y refrescos.

Curiosamente, por la misma razón, los estadounidenses ya nos disputan (de seguro muy a su pesar y sin saberlo) el título de hombres de maíz. A nuestro favor está el hecho de que la mayoría de nosotros nos alimentamos con maíces naturales, que nos ofrecen un enorme legado genético, histórico y cultural, de una elevada calidad nutricional. Puesto que somos lo que comemos, nuestro elevado consumo diario de este prodigioso grano nos ha hecho ser de verdad de maíz, porque "la propia sustancia del cuerpo de los mexicanos es en gran medida una manifestación de esta planta", afirma Michael Pollan.[56]

La mera verdad, nosotros siempre pensamos que eso era algo simbólico, metafórico. No creíamos que esa afirmación fuera científicamente demostrable, como sostiene el autor de *El dilema del omnívoro.* Debíamos haber sabido que, así como basta un mechón de una momia para deducir de qué se alimentaba, los científicos pueden identificar el sello inconfundible de las plantas que comemos (y de las que consumen los animales que consumimos) en los isótopos de carbono 13 estables presentes en nuestros tejidos o los de cualquier lector.

En contraste con nosotros, nuestros vecinos del norte se creen hombres de trigo, porque cada uno de ellos come al año en promedio 51 kilos de harina de este cereal, y solo cinco kilos de harina de maíz. "Pero el carbono 13 no miente —concluye Michael Pollan—, y los investigadores que han comparado los isótopos que hay en la carne o el pelo de los estadounidenses con los que se encuentran en los mismos tejidos de los mexicanos nos dicen que somos nosotros los del norte los auténticos hombres de maíz". ¡Órale!

A él mismo le cuesta trabajo verse, al igual que a cualquier estadounidense, como un hombre de maíz, porque casi nadie suele considerar toda la cadena alimentaria. Sin duda, se requiere mucha "imaginación para ver una mazorca de maíz en una botella de Coca Cola o en una Big-Mac", y en la leche, los huevos y todo tipo de carnes, o en los miles de comestibles ultraprocesados y bebidas endulzadas que incluyen moléculas del camaleónico maíz entre sus ingredientes.

No sabemos qué tanto varió tal situación desde que Pollan llegó a esa conclusión en 2006, cuando en México la mayoría de los pollos, reses y cerdos no se alimentaban de maíz amarillo, sino que eran de libre pastoreo. Cuando la obesidad, la diabetes y demás enfermedades relacionadas con la comida chatarra aún no alcanzaban las actuales proporciones epidémicas.

Por supuesto, a diferencia de nosotros, ellos nunca podrían enorgullecerse de ser hombres de maíz. Porque, además, ¿quién podría sentirse orgulloso de ser gente de maíz transgénico, cultivado con agrotóxicos, comida de animales (esta sí) o materia prima de refrescos?

Entonces, por supuesto, nosotros somos los auténticos hombres y mujeres del maíz verdadero, del bueno y noble. Por eso debemos estar orgullosísimos.

Aunque no es lo más importante, qué bueno que las cocinas mexicanas, comandadas por el maíz y la tortilla, estén empezando a conocerse mejor en el mundo y a valorarse como se merecen. Pero no nos agrada ni tantito que ese reconocimiento vaya de la mano de restaurantes elitistas y de chefs que se piratean nuestros ingredientes, recetas y técnicas tradicionales, pues existe el riesgo de que nuestro alimento emblemático se encarezca al grado de que ya no esté al alcance de la mayoría de los mexicanos. Tal como ha ocurrido con el cacao, la vainilla y el aguacate, como veremos más adelante.

Nunca tuvimos la posibilidad de impedir que convirtieran al maíz en comida de animales, ingrediente barato de comestibles ultraprocesados y refrescos o combustible. Lo que hoy sí está en nuestras manos es defender de los nuevos enemigos a esta prodigiosa semilla, su increíble variedad dentro de nuestras cocinas tradicionales regionales, e impulsar su consumo de la mano de la nixtamalización. Sin embargo, no podremos proteger este patrimonio biocultural si no defendemos simultáneamente a las comunidades campesinas e indígenas que lo han hecho posible con sus saberes y su trabajo. Nada más cierto que sin maíz (y sin hombres y mujeres de maíz) no hay país.

La incalculable importancia de este alimento tan entrañable para los mexicanos debe pasar por su protección y conservación, no solo en términos de salud y nutrición, cultural y culinaria, sino en el ámbito agrícola, ecológico, socioeconómico y político. Como ciudadanos, debemos presionar al Estado para corregir todo cuanto se ha hecho mal en nuestro sistema alimentario, pero en lo que esto sucede no podemos quedarnos cruzados de brazos. Hay que meter las manos en nuestra comida.[57] A estas alturas, es suicida dejar algo tan importante como nuestra alimentación en manos de los agronegocios y las industrias.

Nosotros, así como lo ha hecho la sociedad organizada, pensamos que los ciudadanos debemos dar la batalla para defender nuestro maíz —la tortilla nuestra de cada día— y demás alimentos tradicionales frente a las corporaciones, la globalización y el neoliberalismo. Al defenderlos, nos defendemos a nosotros mismos, los hombres y mujeres de maíz. Porque, como dijo Gabriela Mistral, “México se acaba donde el maíz se muere”.

Notas

[1]Juan Ángel Rivera Dommarco *et al.* (eds.), *La obesidad en México. Estado de la política pública y recomendaciones para su prevención y control*, Instituto Nacional de Salud Pública, México, 2018. Consultado en https://www.insp.mx/images/stories/2019/Docs/190213_LaObesidadenMexico.pdf.

[2]Redacción Cenidsp SGyV/GM, "Obesidad, principal problema de salud en México", con información de la DGCS, Secretaría de Salud, Comunicado 095. Consultado en https://www.insp.mx/avisos/obesidad-principal-problema-de-salud-en-mexico.

[3]Cristina Barros, "La cocina mexicana como patrimonio de la humanidad; el país y la milpa como figuras centrales", en "Platillos del maíz; cultura gastronómica ancestral y contemporánea", conferencia número 14, Ciclo autosuficiencia alimentaria e innovación tecnológica con prácticas sustentables, Sader, 6 de octubre de 2020. Consultado en https://youtu.be/mf0RMctBnUw.

[4]T. A. Kato, C. Mapes, L. M. Mera, J. A. Serratos y R. A. Bye, *Origen y diversificación del maíz: una revisión analítica* UNAM / Conabio, México, 2009.

[5]Arturo Warman, *La historia de un bastardo*. En "Mitos del maíz", *Artes de México*, núm. 79, 2006, pp. 45-53.

[6]Jean-Philippe Vielle-Calzada, Miguel Vallebueno, Jaime Padilla-Calzada, César Álvarez-Mejía, Javier Martínez, Angel García Cook, Rafael Montiel, "Paleogenómica en la cueva de San Marcos y su contribución al entendimiento del origen del maíz", *Arqueología*, 49, septiembre-diciembre de 2014, pp. 7-20.

[7]Arturo Warman, *op. cit.*

[8]"Descifran genomas intactos de maíz milenario localizados en Tehuacán, Puebla", *La Jornada en la Ciencia*, 22 de noviembre de 2016. Consultado en https://ciencias.jornada.com.mx/2016/11/22/descifran-genomas-intactos-de-maiz-milenario-localizados-en-tehuacan-puebla-5182.html.

[9]Eckart Boege, *El patrimonio biocultural de los pueblos indígenas de México. Hacia la conservación* in situ *de la biodiversidad y agrodiversidad en los territorios indígenas*, INAH / CDI, México, 2008.

[10]Adelita San Vicente Tello, "Maíz en México, biodiversidad y cultura", "El maíz en México y Estados Unidos-Sader", 27 de abril de 2023. Consultado en www.youtube.com/watch?v=h6rbZSqa1Nw y www.youtube.com/live/h6rbZSqa1Nw?feature=share.

[11]Kato *et al.*, *op. cit.*

[12]Guillermo Bonfil Batalla, "El maíz", *El Gallo Ilustrado*, suplemento de *El Día*, 17 de octubre de 1982. Consultado en www.jornada.com.mx/2010/03/20/ojarasca155.pdf.

[13]Eckart-Boege, *op. cit.*

[14]Conabio, "La cocina tradicional mexicana". Consultado en www.biodiversidad.gob.mx/diversidad/alimentos/cocina-tradicionalmx. Actualizado el 15 de junio de 2021.

[15]Héctor Bourges R., "El maíz: su importancia en la alimentación de la población mexicana", 2013. En Elena R. Álvarez Buylla y Alma Piñeiro Nelson (coords.), *El maíz*

en peligro ante los transgénicos. Un análisis integral sobre el caso de México, UNAM / UCCS / Universidad Veracruzana, México, 2013, pp. 231-247.

[16] Conabio, "Qué nos aportan los maíces". Consultado en www.biodiversidad.gob.mx/diversidad/alimentos/que-nos-aportan/N_maices. Actualizado el 13 de diciembre de 2022.

[17] Rocío Fernández Suárez, Luis A. Morales Chávez y Amanda Gálvez Mariscal, "Importancia de los maíces nativos de México en la dieta nacional. Una revisión indispensable", *Revista Fitotecnia Mexicana*, vol. 36, sup. 3-A, 275-283, 2013. Consultado en https://revfitotecnia.mx/index.php/RFM/article/view/286/260.

[18] El Poder del Consumidor, "El poder de… El maíz", 16 de agosto de 2016. Consultado en https://elpoderdelconsumidor.org/2017/08/poder-el-maiz.

[19] Luis Alberto Vargas Guadarrama, "El maíz, viajero sin equipaje", *Anales de Antropología*, 48(1), 123-137, 2014. Consultado en https://doi.org/10.1016/S0185-1225(14)70492-8.

[20] R. O. Cravioto, "Nutritive Value of the Mexican Tortilla", *Science*, vol. 12, núm. 2639, 1945, pp. 91-93. En Janet Long Towell, "Tecnología alimentaria prehispánica", *Estudios de Cultura Náhuatl*, 39, diciembre de 2008. Consultado en https://nahuatl.historicas.unam.mx/index.php/ecn/article/view/15291.

[21] Héctor Bourges R., *op. cit.*

[22] Alianza por la Salud Alimentaria, "¡Salvemos nuestra tortilla! Organizaciones de la sociedad civil llaman a participar en la consulta pública", 4 de abril de 2022. Consultado en https://alianzasalud.org.mx/2022/04/salvemos-nuestra-tortilla-organizaciones-de-la-sociedad-civil-llaman-a-participar-en-la-consulta-publica/.

[23] Fundación UNAM, "90% del maíz de las tortillas en México es transgénico: académica de la UNAM", 3 de octubre de 2017. Consultado en www.fundacionunam.org.mx/unam-al-dia/90-del-maiz-de-las-tortillas-en-mexico-es-transgenico-academica-de-la-unam/.

[24] Alejandro Calvillo, "¿Taco con o sin glifosato? Usted elige", *Sinembargo*, 31 de mayo de 2023. Consultado en www.sinembargo.mx/31-05-2023/4367000.

[25] Alianza por la Salud Alimentaria, "La norma oficial sobre el maíz se perfila para seguir favoreciendo a Maseca y Minsa sobre productores locales", 5 de octubre de 2022. Consultado en https://alianzasalud.org.mx/2022/10/la-norma-oficial-sobre-el-maiz-se-perfila-para-seguir-favoreciendo-a-maseca-y-minsa-sobre-productores-locales/.

[26] *Ibidem.*

[27] Alyshia Gálvez, *Comer con el* TLC. *Comercio, políticas alimentarias y la destrucción de México*, Fondo de Cultura Económica / Ítaca, 2022.

[28] Nelly Azucena Torres Márquez, *Renegociación del* TLCAN, *caso de estudio: impacto en las importaciones de maíz*, tesis de maestría, Colegio de Posgraduados, Campus de Montecillos, Estado de México. Consultado en http://colposdigital.colpos.mx:8080/jspui/bitstream/10521/2931/1/Torres_Marquez_NA_MC__Economia_2018.pdf.

[29] Stanley Brandes, "El misterio del maíz", en Janet Long (coord.), *Conquista y comida: consecuencias del encuentro de dos mundos*, UNAM-IIH, México, 2018. Consultado en https://historicas.unam.mx/publicaciones/publicadigital/libros/323/323_06_18_misteriomaiz.pdf.

[30] Juan Antonio Frago Gracia, "De los nombres de las cosas de comer traídas de América hasta la Independencia", en Manuel García Guatas y Juan Barbacil (coords.),

Los alimentos que llegaron de América, Academia Aragonesa de Gastronomía, España, 2014.

[31] Cristina Barros y Marco Buenrostro (selección y estudio preliminar), *La alimentación de los antiguos mexicanos en la* Historia natural *de Francisco Hernández*, UNAM, México, 2007.

[32] Michael Pollan, *El dilema del omnívoro. En busca de la comida perfecta*, Debate, Penguin Random House Mondadori, México, 2017.

[33] IMSS, "Diagnóstico y tratamiento de la pelagra en edad pediátrica. Evidencias y recomendaciones, Catálogo Maestro de Guías de Práctica Clínica: IMSS-430-10", 2017. Consultado en www.imss.gob.mx/sites/all/statics/guiasclinicas/430GER.pdf.

[34] Stanley Brandes, *op. cit.*

[35] *El Economista*, "Maíz, el alimento que conquista el mundo", 23 de julio de 2019. Consultado en www.eleconomista.com.mx/el-empresario/Maiz-el-alimento-que-conquista-el-mundo-20190723-0178.html.

[36] Alyshia Gálvez, *op. cit.*

[37] Michael Pollan, *op. cit.*

[38] Alfredo Pureco Ornelas, "Historia y economía política del maíz en México, Presentación en Seminario Cocinas de México", INAH, 6 de octubre de 2020. (Con datos del Departamento de Agricultura de Estados Unidos).

[39] OCDE-FAO, "Perspectivas Agrícolas 2020-2029". Consultado en www.oecd-ilibrary.org/sites/ecf42a00-es/index.html?itemId=/content/component/ecf42a00-es#:~:text=El%20ma%C3%ADz%20es%20una%20de,el%20mundo%20es%20Estados%20Unidos.

[40] Secretaría de Agricultura y Desarrollo Rural, "Maíz, cultivo de México", 10 de marzo de 2023.

[41] Adelita San Vicente Tello, *op. cit.*

[42] Braulio Carbajal, "El campo mexicano, el perdedor en tratado con EU y Canadá", *La Jornada*, 26 de diciembre de 2024. Consultado en https://www.jornada.com.mx/noticia/2024/12/26/politica/el-campo-mexicano-el-perdedor-en-tratado-con-eu-y-canada-5239.

[43] Secretaría de Agricultura y Desarrollo Rural, *op. cit.*

[44] Braulio Carbajal, *op. cit.*

[45] *Ibidem.*

[46] Silvia Ribeiro, "¿Quién gana con las importaciones de maíz?", *La Jornada*, 26 de febrero de 2023. Consultado en www.jornada.com.mx/notas/2022/02/26/politica/quien-gana-con-las-importaciones-de-maiz/.

[47] Grain, "¿Quién gana con la UPOV?", 29 de noviembre de 2022. Consultado en https://grain.org/es/article/6923-quien-gana-con-la-upov.

[48] *Diario Oficial de la Federación*, Decreto por el que se establecen diversas acciones en materia de glifosato y maíz genéticamente modificado, 13 de febrero de 2023. Consultado en https://www.dof.gob.mx/nota_detalle.php?codigo=5679405&fecha=13/02/2023#gsc.tab=0.

[49] Jim Goodman, "¿Qué dicen los granjeros de Estados Unidos?", video-conferencia, Sader, "El maíz en México y Estados Unidos, Sader", 27 de abril de 2023. Consultado en www.youtube.com/live/h6rbZSqa1Nw?feature=share.

[50] Silvia Ribeiro, "T-MEC: cuando la trampa es la regla", *La Jornada*. Consultado en https://www.jornada.com.mx/2024/12/28/opinion/014a1eco.

[51] El Poder del Consumidor y Bertha Foundation, "Bajo el control corporativo sobre los sistemas alimentarios en México. Caso 1 Producción: La agenda detrás del glifosato y los maíces transgénicos". Consultado en https://bajolamira.org/wp-content/uploads/2023/07/Documento_BajoLaMira_Caso1.pdf.

[52] Ana de Ita, "Autosuficiencia alimentaria para las trasnacionales", *La Jornada*, 19 de julio de 2020. Consultado en https://tinyurl.com/25bh78ex.

[53] Michael Pollan, *op. cit.*

[54] Braulio Carbajal, "Productores mexicanos de maíz perdieron 3,800 mdd por dumping de EU", *La Jornada*, 30 de junio de 2023, p. 19. Consultado en https://www.jornada.com.mx/2023/06/30/economia/019n1eco.

[55] Silvia Ribeiro, "¿Quién gana con las importaciones de maíz?", *La Jornada*, 26 de febrero de 2022. Consultado en https://www.jornada.com.mx/notas/2022/02/26/politica/quien-gana-con-las-importaciones-de-maiz/.

[56] Michael Pollan, *op. cit.*

[57] Martha Elena García y Guillermo Bermúdez, *Alimentos sustentables a la carta: de la tierra a la mesa*, Conabio / Calmil, México, 2017.

3
Farol de la calle y oscuridad de la casa: el frijol

Es curioso (y al mismo tiempo preocupante) que cada vez menos familias jóvenes en México (sobre todo de clase media y alta en las ciudades) incluyan las tortillas en su dieta diaria, aunque coman tacos, quesadillas y otros antojitos de vez en cuando. De igual modo, en los restaurantes las nuevas generaciones piden molletes, sopes o frijoles charros, y esporádicamente abren una lata o un sobre de frijoles refritos para acompañar unos chilaquiles u otro platillo. Pero ¿poner a cocer frijoles de olla, freírlos en casa o preparar unas enfrijoladas? Jamás, porque el protagonista de este capítulo rara vez está invitado a la mesa de esos hogares ni forma parte de su alimentación habitual.

No dejan de asombrarnos las variadas suertes que han corrido los personajes de estas historias en las diferentes latitudes, luego de emprender el viaje por el mundo tras la invasión de los europeos. Ya vimos que algunos alimentos sagrados en México, como el maíz, se volvieron casi un tabú en la Europa Occidental como resultado de la incomprensión, los prejuicios y el racismo. En contraste, otros como el cacao y el chile fueron bien acogidos en casi todo el mundo, pues aquí, allá y acullá irradian su sabor, adaptándose al carácter de las diferentes cocinas.

La historia de los frijoles tiene mucho de singular. Como veremos en las siguientes páginas, a lo largo de los siglos esta leguminosa se enredó en el maíz y en nuestras culturas originarias hasta llegar a ser parte consustancial de los campos de cultivo y de las mesas de los mexicanos. Cuando surcó los mares, no pasó mucho tiempo antes de convertirse en uno de los alimentos de nuestra tierra que mejor aceptación tuvo por parte de los paladares a escala mundial, y de incorporarse exitosamente a las cocinas de muchos países, amoldándose a distintos gustos.

Sin embargo, pese a todos los beneficios y bondades que ofrece esta planta, de unos años para acá, justo aquí, en el país de donde los frijoles son originarios y donde también fueron domesticados, tanto su consumo como su producción están disminuyendo de forma por demás irracional.

¿Cómo llegamos a este absurdo? ¿Qué explicaciones tiene? ¿Es viable y deseable revertir esta tendencia? Antes de explorar posibles respuestas, van algunos datos duros.

Sin darnos cuenta, ya transcurrieron 40 años desde que los mexicanos empezamos a comer cada vez menos frijoles, una caída en picada de cerca de la mitad de lo que antes consumíamos. No es una simple apreciación, pues lo confirman las frías estadísticas: el consumo por persona se desplomó de 18 kilos y medio en los años sesenta, a nueve kilos en 2021.[1, 2] ¿Con qué los sustituimos?

En vez de comer esta leguminosa y otros alimentos que formaban parte de la dieta tradicional de los mexicanos, y que nos mantuvieron saludables durante siglos, como ya lo mencionamos, nuestro país se convirtió en el mayor consumidor de comestibles ultraprocesados en América Latina y el cuarto a escala mundial entre los 80 países estudiados por la Organización Panamericana de la Salud: en promedio, cada persona consume 214 kilos al año de comida chatarra, entre bebidas azucaradas, bocadillos, botanas, comida rápida, cereales y dulces;[3] el doble que hace tres décadas.[4]

Es decir, como sociedad llevamos a cabo una peligrosa transición, al hacer nuestra la dieta occidental,* la única que ha demostrado ser dañina

---

*Se conoce como dieta occidental al patrón de alimentación estadounidense que, por efecto del proceso de globalización, se ha adoptado en diversos países. La dieta estadounidense se caracteriza por el elevado consumo de comestibles ultraprocesados

para la salud[5,6] y fuente de las epidemias de obesidad y diabetes, además de otros padecimientos, como la hipertensión arterial, las enfermedades del corazón y distintos tipos de cáncer. Esta nueva versión del intercambio de oro por espejitos simboliza una especie de suicidio colectivo.

En contraste, el consumo de frijol en el mundo creció casi al mismo ritmo que la producción entre 2012 y 2018.[7] Para algunos incluso representa un excelente nicho de mercado. Entonces, ¿qué está pasando en México?

Como es entendible, si los productores ven que los consumidores dejan de comprar alguno de los productos que cultivan (o que los compran a un precio demasiado bajo porque alguien lo vende tan barato que no hay margen para competir), pues cada vez lo sembrarán menos.[8] Eso es lo que ocurre con el frijol, al igual que con el maíz y los jitomates ancestrales, por más que sean aún la base de la alimentación de la mayoría de los mexicanos. Ah, pero eso sí: somos una potencia agroexportadora de cerveza, tequila y frutos rojos.

El frijol se cultiva en casi todo México (si bien ocho entidades, lideradas por Zacatecas, producen las tres cuartas partes del total nacional), y la producción frijolera representa la segunda actividad agrícola más importante del país por la cantidad de mano de obra que ocupa.[9] No obstante, en los pasados 20 años, en lugar de correr parejos al incremento de la población, no solo no han aumentado el área de siembra y de cosecha del frijol, y obviamente tampoco la producción, sino que es evidente una tendencia decreciente, más que preocupante. Ha habido años, como 2011, en que la producción se derrumbó casi a la mitad.[10]

---

y bebidas con exceso de azúcares añadidos, cereales refinados, sal, grasas saturadas y trans, así como carnes rojas, embutidos, alimentos fritos y lácteos altos en grasa. En contraste, es baja en fibra, frutas, verduras y otros alimentos de origen vegetal. Se ha asociado con enfermedades como la obesidad, enfermedades cardiovasculares, diabetes tipo 2 y ciertos tipos de cáncer. Véase Vicente Javier Clemente-Suárez *et al.*, "Global Impacts of Western Diet and Its Effects on Metabolism and Health: A Narrative Review", Biblioteca Nacional de Medicina, Institutos Nacionales de Salud, 14 de junio de 2023, 15(12): 2749. doi: 10.3390/nu15122749.

Hace 10 años, en 2015, algunos pronosticaban que, de continuar la tendencia descendente observada de 2000 a 2012, se reducirían en 2025 tanto el área de siembra y cosecha (casi a la mitad) como la producción de frijol (de tres a cuatro veces menos que en 2012), que cubriría apenas el 50% del consumo.[11]

A finales de 2023 todo indicaba que estas negras predicciones no se cumplirían tal cual, pero las tendencias no dejaban de ser sombrías: lo que producíamos ese año no cubría la demanda nacional ni siquiera porque se ha reducido el consumo por persona. En consecuencia, las importaciones se dispararon 10% de 2013 a 2019 (123 000 toneladas anuales en promedio), aunque ya desde la década de 1990 nuestra producción frijolera dejó de satisfacer la demanda interna.[12]

Mientras escribíamos este capítulo, se publicó que, a causa de una sequía sin precedentes, la cosecha de frijol de 2023 se derrumbaría a la mitad de lo producido un año atrás, "el peor nivel en 30 años". Eso nos obligaría a aumentar nuestras importaciones para cubrir la demanda interna y "podría llevar a los consumidores a buscar productos sustitutos o reducir el consumo de frijol".[13] Pese a los presagios, la cosecha se cerró en 2024 con un importante repunte.[14]

Sin embargo, sería engañoso echarle toda la culpa al clima o a la falta de apoyos para la tecnificación, como dicen algunos productores en gran escala.[15] Detrás de la caída del área de siembra, el cultivo y el consumo hay otras causas. Al igual que en el caso del maíz, el frijol es otro de los damnificados del TLC (hoy T-MEC) y de las políticas neoliberales en la economía. En vista de que su precio está sujeto al libre mercado y las fronteras están abiertas a la importación, estamos inundados del frijol que importamos de Estados Unidos. Todo ello hace que producirlo resulte poco rentable.[16]

Recordemos que a nuestros productores, en especial los de pequeña y mediana escalas, se les obligó a competir en condiciones totalmente desventajosas (reiteramos, con el ánimo perverso de que tuviéramos un campo sin campesinos). No solo se decretó la desaparición de esa red de apoyo que representaba la Compañía Nacional de Subsistencias Populares (Conasupo), sino que se eliminaron los precios de garantía. Sin considerar el factor tecnológico y el predominio de la agricultura intensiva estadounidense, resultó criminal que en las negociaciones del TLCAN se satanizaran los subsidios a nuestros productores de pequeña y mediana escala, y en cambio se admitieran los que se conceden en abundancia a los productores de los vecinos del norte. Y para rematar, se ha violado infamemente la cuota de importaciones libres de arancel que se estableció en el tratado, y así es como nos hemos inundado de frijoles gringos, producidos casi siempre con agrotóxicos y probablemente hasta transgénicos.[17]

Sin exagerar, las consecuencias son desastrosas para productores (pérdida de empleo, abandono de tierra, pobreza rural y migración). Como afirman quienes se han metido en este tema, tan solo por estas razones se justifica y urge proteger, fomentar y apoyar el consumo y la producción de frijol en México con diversas medidas.

Bien dicen que la esperanza, efectivamente, muere al último. En la última lectura del capítulo y el proceso de correcciones, el nuevo gobierno de Claudia Sheinbaum anunció un programa de apoyo (créditos, semillas de alta calidad, maquinaria, apoyo técnico e incremento del precio de garantía) para incrementar la producción de frijoles un 30% en seis años, a fin de lograr la autosuficiencia.[18, 19] Esperamos que no quede en promesas.

VIAJE A LA SEMILLA

"Y qué más da si nos olvidamos de los frijoles, sobre todo si tenemos al alcance mejores proteínas en las carnes de distinto tipo o en las lentejas, la soya o la quinoa", dirán algunos. Aunque, ¿de verdad debemos borrar de la memoria y de nuestra alimentación a nuestros humildes frijolitos?

Pero si es un alimento de tercera categoría, como insisten aquellos, ¿por qué se cultivan frijoles en alrededor de 150 países, encabezados por Estados Unidos y Francia?[20] ¿Por qué millones de personas de todos los continentes los comen habitualmente (empezando por

Brasil e India —juntos concentran el 43% del consumo global— y seguidos por Estados Unidos, Alemania, Reino Unido, Francia, Italia y Japón),[21] aunque sea preparados de modo distinto y con otros nombres: alubias, judías, fabes, fabas, frejoles, habichuelas, porotos, caraotas, chícharos, frisoles, frijones o pochas? Y hasta postres típicos, como en Japón. ¿Por qué, en resumidas cuentas, se han hecho un lugar en la mesa habitual de millones de personas en prácticamente todo el mundo, contribuyendo con una buena dosis de nutrientes a su salud?

Lo cierto es que los frijoles emprendieron su viaje por el mundo hace ya más de 500 años y han echado raíces profundas en muchas culturas. Aun así, con todo ese baño de mundo que lleva a cuestas, en algunas partes se han cubierto de un halo de invisibilidad. O podría decirse en sentido figurado que el personaje de esta historia ha adoptado diversos heterónimos o identidades ficticias para atribuirles algunas de sus obras culinarias.

Los frijoles fueron de los primeros alimentos mexicanos (y en general americanos) en ser aceptados en Europa sin mayor dilación, así en el campo como en la mesa. Aunque cada uno de ellos tiene su propia historia, al menos a varios de ellos los incorporaron a su dieta habitual, en buena medida porque se parecían a otros alimentos que ya comían. En algunos casos, como veremos, incluso terminaron por reemplazarlos.

De las muchas plantas que se llevaron los conquistadores, nos cuenta la historiadora Elena Piedrafita, el frijol fue la primera que se sintió como en casa en los huertos peninsulares. Y no solo en los campos de cultivo, sino hasta en los recetarios. Ahí tienen el caso de la fabada asturiana y otros platillos en donde los frijoles (convertidos en alubias o judías)[**]

[**] "El origen etimológico de judía no está claro [...]. Lo poco que sabemos es que los musulmanes llamaban a varios vegetales 'de los judíos', como el 'cardo judío' o *šawka yahudiyya*, pero esto no parece tener un origen despectivo, sino meramente descriptivo, cuyo origen desconocemos. La palabra judía, como tal, se documenta por primera vez en 1570, cuando hacía tiempo que los judíos habían abandonado la península", Mikel López Iturriaga, "Aló Comidista: '¿Llamar judías a las alubias es ofensivo?'", *El País*, 5 de marzo de 2020. Consultado en https://elpais.com/gastronomia/el-comidista/2020/02/27/articulo/1582816179_327672.html.

pronto desplazaron a las habas con las que se preparaban tradicionalmente.[22]

Lo curioso es que esos platos conservaron el nombre, pero no el ingrediente. Y no solo en español, sino también en italiano (la *pasta e fagioli* —diminutivo de *fabi* o haba— se hace con frijoles comunes, no con habas), y en francés (las *fèves au lard* —habas con manteca— se preparan con frijoles al horno).[23]

Así, sin hacer ruido, discretos, los frijoles llegaron para quedarse en estas y otras cocinas europeas y de ahí saltaron a los demás continentes, sustituyendo a las habas o fabas, tan conocidas desde la antigüedad y muy apreciadas en las mesas medievales y monásticas. En muchos casos, sin mayores pretensiones, compartieron el menú con ingredientes como las lentejas y los garbanzos.

Faba o habichuela, alubia, judía, frijón, frisuelo, fresol o frisol, *fève* y *fabi* (como se referían a él en distintas regiones de España) y de ahí frijol (como terminaríamos llamándole en México y otros países de nuestro continente), lo cierto es que había confusión de nombres. Esto lo atribuye Elena Piedrafita a que pocos estudios se dedicaron al frijol.

La carencia de una identidad claramente definida en esas tierras, donde le endilgaron o adjudicaron nombres ajenos, lleva a esta historiadora a hablar de la "invisibilidad" del frijol, que atribuye a su "humilde condición" y al hecho de que los platillos que se preparan con frijoles son los mismos que antiguamente se hacían con habas; "hasta tal punto ha tenido éxito su integración en la cocina europea".[24] Es sintomático que la penetración de alimentos indígenas como el jitomate, el chile y el frijol no fueran para los españoles una expresión de mestizaje alimentario.

Sin embargo, pese a que para 1590-1591 la legumbre americana ya se cultivaba en España,[25] los frijoles seguían envueltos no solo en su vaina, sino en el velo de cierto anonimato. Como apunta Piedrafita, en los siglos XVI y XVII únicamente se refiere a ellos Diego Granado Maldonado en su renombrado recetario titulado *Libro del arte de cozina*, de 1599. Cosa por cierto nada menor, si se toma en cuenta que el tal Diego Granado fue cocinero de Felipe III y Felipe IV.

La docena de ocasiones que cita a los frijoles nos habla de que "el éxito del producto le permitió aparecer incluso en una obra que compendia recetas cortesanas".[26] ¿Pues no que eran tan humildes?

La historiadora que venimos siguiendo refiere también que el agrado de la familia real por los frijolitos perduró cuando menos hasta el siglo XVIII, "y eso a pesar de los cambios en el gusto gastronómico vivido tras la implantación de la dinastía borbónica". En fin, que los "humildes" frijoles no respetaban fronteras ni clases sociales, y suponemos que tampoco credos, pues lo mismo se incluyen en los recetarios de distintas órdenes religiosas, que "entre los platos de todas las clases sociales: nobleza, burguesía o campesinos".[27]

Hoy en día, nadie puede negar que esta semilla de origen mexicano, diversificada en sus ires y venires tras su introducción a Europa, Asia y África, ha contribuido de forma importante a la alimentación de millones de personas en todo el mundo.

Mucho le deben en particular las comunidades de escasos ingresos de América Latina y África. En Uganda, por ejemplo, se consumen de 100 a 150 gramos diarios por persona de leguminosas básicas, lo que representa de dos a tres veces más que en México.[28] ¿Qué sería de toda esa gente sin las proteínas, vitaminas, minerales y fibras que provienen del frijol?

Tal vez no revolucionaron los sistemas agrícolas ni las cocinas del Viejo Mundo, como otras de nuestras semillas: los chiles, los jitomates o el cacao, según afirman algunos especialistas,[29] y más allá de las habas tampoco desplazaron a otras leguminosas como las lentejas y los garbanzos, pero sin duda ampliaron sistemas agrícolas y alimentarios bien establecidos. De seguro los humildes frijolitos no tenían mentalidad de conquistadores.

TAN MEXICANO COMO EL CHILE

Muy posiblemente, en otras partes no sepan de dónde son originarios; sin embargo, aquí sí que estamos obligados a saberlo. Al menos como primer paso para apreciarlos como se lo merecen y revalorar su importancia, por más insignificantes que les parezcan a algunos. Porque debemos estar orgullosos de que los frijoles sean de origen mexicano por los cuatro costados. Son uno de nuestros alimentos emblemáticos que nos han dado sustento e identidad cultural, sean negros o pálidos, rojos, pintos, morados o amarillos, grandes o chicos, porque nosotros no discriminamos a ninguno por su color, su forma o su tamaño: todos son frijoles.

Si había alguna duda de que son mexicanos de nacimiento, esta quedó aclarada a principios de la década de 2010.

Por décadas, estuvo a debate en dónde se originó el frijol común. Hasta antes de 2012, gran parte de los científicos creía que existían suficientes pruebas como para pensar que esta legumbre se había dispersado desde el norte de Perú y Ecuador tanto hacia Colombia, América Central y México, como hacia el sur de Perú, Bolivia y Argentina.

En buena medida para dar por terminada esa discusión y salir de dudas, un grupo de investigadores de Italia, Dinamarca y Estados Unidos llevó a cabo un estudio de biología molecular en el que se analizó una amplia colección de las formas silvestres del frijol común que existen desde el norte de México hasta el noroeste de Argentina (es tan común que hasta su nombre científico parece clasista, al calificarlo de vulgar: *Phaseolus vulgaris*).[30]

Lo que descubrieron es que todos los frijoles tienen el mismo ancestro común en Mesoamérica, independientemente de que los pueblos originarios del centro de México y el norte de América Central y de la región andina de Perú y Ecuador los hayan domesticado en distintos momentos.

Encontraron pruebas contundentes de que el frijol se originó en México. El frijol que parece originario de Perú y Ecuador, concluyeron, en realidad es "una población reliquia que solamente representa una fracción de la diversidad genética" de las semillas ancestrales de esta leguminosa que, de algún modo, viajaron en tiempos remotos desde el centro de nuestro país.

Tal vez la gente se preguntará: ¿y qué importancia tiene conocer el centro de origen y domesticación de una semilla como esta (y en general de todas ellas), más allá de reconocer la riqueza de nuestra tierra y el mérito de los pueblos antiguos que la habitaron? Saberlo, ni más ni menos, es un conocimiento vital para identificar las áreas de donde proviene la fuente primigenia de una especie (en este caso el frijol común), la cual posee los genes más útiles cuando se quiere reproducir ciertas características mediante el mejoramiento genético. Hablamos no solo de tamaños, sabores, colores o productividad, sino de resistencia a la sequía, a la humedad o a las heladas ante la amenaza del cambio climático.

A la misma conclusión llegó también en 2012 un equipo de investigadores mexicanos que aportó evidencias definitivas (desde su punto de vista) sobre el origen, domesticación y diversidad del frijol mediante nuevas herramientas biotecnológicas y genómicas, aparte de los estudios multidisciplinarios realizados. Precisaron que el frijol común se originó en la región que abarca desde Jalisco hasta Oaxaca, y concordaron en que se domesticó en los dos sitios del continente americano que ya mencionamos aquí, entre los 5000 y 2000 años antes de nuestra era.[31]

Pocas noticias nos llegan sobre la gran preocupación en Europa por esto último, y lo que están haciendo para conservar sus variedades vegetales y tener acceso a nuestras semillas ancestrales y su germoplasma, a fin de desarrollar con ellas plantas resistentes a las inclemencias del clima. Por ello, están trabajando en proyectos regionales mediante técnicas de edición genética.

Es bueno aclarar en el caso de esta semilla que, mucho antes de ser domesticada, los grupos nómadas que andaban en busca de alimentos ya recolectaban y comían diferentes variedades de frijoles silvestres. Como cuenta Marco Buenrostro, especialista en cocina tradicional mexicana, estos se encontraban entre los alimentos que se comían en el área de Tehuacán, Puebla, unos 5000 años antes de nuestra era, junto con un frijol ya domesticado resistente a sequías prolongadas, además de aguacate, maíz, calabaza, amaranto, zapotes blanco y negro y algunos chiles silvestres.[32]

En nuestro país tenemos un verdadero tesoro en las aproximadamente 58 especies de frijoles silvestres (31 de ellas solo es posible hallarlas de forma natural en México), de las 150 existentes en el mundo (70 en toda América).[33] Entre ellas, por supuesto, están los frijoles silvestres que dieron origen a las cinco especies domesticadas de este género: frijol común (*Phaseolus vulgaris*), lima, comba o ib (*P. lunatus*), ayocote o botil (*P. coccineus*), tepari o escumite (*P. acutifolius*) y acalete o gordo (*P. dumosus*).[34]

Afirmamos que es un tesoro porque, al ser centro de origen y domesticación de estas cinco especies, en diferentes regiones nuestros campesinos han podido desarrollar, adaptar a las condiciones locales y ofrecernos una amplia gama de variedades cultivadas o razas criollas (unas 70, según algunos).[35, 36] Más aún, como ocurre con otras de nuestras semillas ancestrales, son como la caja de seguridad a la que podríamos recurrir en el futuro ante el cambio climático.

Pero no solo del cambio climático hay que cuidar nuestras semillas. También debemos protegerlas de la voracidad de las empresas que andan en los agronegocios y de sus cómplices en los gobiernos. Solo un caso: en los Tuxtlas, Veracruz, se ha registrado que el 70% de las especies cultivadas en cuatro ejidos de territorios indígenas se perdieron a causa de políticas públicas supuestamente para el mejoramiento de las semillas locales; en realidad, se buscaba sustituirlas por las que comercializan las transnacionales, junto con agrotóxicos (fertilizantes, insecticidas y herbicidas) incompatibles con policultivos como la milpa. Otro ejemplo: en la región lacustre de Pátzcuaro, Michoacán, 15 de las 20 variedades del frijol común que existían se habían perdido ya en 1990 (quizá a la fecha haya menos todavía).[37]

No deja de maravillarnos cómo la ciencia ha validado cuán profundo era (y es) el conocimiento de nuestros pueblos originarios sobre la naturaleza. Al igual que ocurrió con la nixtamalización, solo el desarrollo de la ciencia moderna permitió descubrir a los ojos de los occidentales la sabiduría (auténtica ciencia empírica) que existe detrás de la asociación entre el maíz y el frijol, así en las milpas como en nuestras cocinas tradicionales.[38]

Caminando juntos desde tiempos inmemoriales, de la mano de nuestros campesinos e indígenas, este par de personajes se ha adaptado a una gran variedad de climas y condiciones para prosperar. Esta adaptación y mejoramiento de esa comunidad de especies reunidas en el ámbito de la milpa responden a dos o tres razones principales que no están a la vista.

Si bien es evidente cómo el frijol se hermana con el maíz, enroscándose a su caña para ascender en busca de los rayos solares, bajo el suelo la leguminosa corresponde con creces al apoyo que le brinda el cereal. Ahí tiene lugar esa especie de magia natural, donde a través de sus raíces el frijol le aporta al maíz el nitrógeno que necesita para crecer fuerte y vigoroso.[39]

Al igual que las demás leguminosas, los frijoles tienen la prodigiosa capacidad de asociarse a bacterias del suelo que hacen posible capturar el nitrógeno del aire, llevarlo a sus raíces y de ahí fijarlo al suelo, que así se fertiliza y contribuye al crecimiento del maíz. De hecho, se calcula que este proceso incorpora de 60 a 120 kilogramos de nitrógeno por hectárea, sin los daños ambientales que implica el uso de fertilizantes sintéticos a base de nitrógeno.[40] Incluso, algunos afirman que ayuda a restablecer suelos erosionados.[41]

COCINA, SALUD, NUTRICIÓN

La mutua colaboración (especie de tequio o trabajo comunitario) entre el frijol y el maíz en el escenario de la milpa no solo se reproduce en la cocina, a través de platillos antológicos que incluyen estos dos ingredientes, sino en nuestra nutrición.[42]

En la cocina, esta inseparable dupla tiene múltiples manifestaciones, comenzando por el elemental acompañamiento de los frijoles de la olla con tortillas calientitas. Nadie como Cristina Barros, reconocida especialista en comida tradicional mexicana, para darnos un rápido recorrido por los resultados de este tequio, salpicado por algunos agregados nuestros.[43]

Enteros, los frijoles acompañan como personaje un tanto secundario a muy diversos platillos, desde los chilaquiles hasta múltiples guisados, pero pueden ser los protagonistas cuando se trata de un plato de frijolitos de la olla acompañados de una buena salsa y tortillas, más unos nopalitos, cilantro y cebolla, queso Cotija, aceite de oliva… Aunque tampoco cantan mal las rancheras como coprotagonistas cuando se visten de charros ni desentonan cuando se disfrazan de árabes en los moros con cristianos, acompañando al arroz, ni en el caso de los frijoles puercos del sureste.

Molidos, son un componente infaltable de las tostadas y se convierten en protagonistas cuando se trata de las enfrijoladas. En la familia García, por cierto, se preparan unas enfrijoladas de antología, muy poco conocidas (las llaman "chibarras"), con tortillas fritas rellenas de sardinas en aceite de oliva y bañadas de frijoles molidos con hierbas de olor. Las sirven con cebolla en rodajas, rociadas con el vinagre dulzón de los chipotles estilo poblano y espolvoreadas con queso.

Machacados y refritos, los frijoles pueden ser personajes secundarios en incontables platillos como guarnición, o coprotagonistas, por no decir coestelares, cuando se trata de los chiles poblanos rellenos de frijoles y en especial de los ayocotes que acompañan, por ejemplo, a los chipotles capeados rellenos de queso añejo que se comen en las navidades en Puebla. No tenemos por qué dudar cuando Cristina Barros afirma que los veracruzanos son las maestras y los maestros en sofreír los frijoles negros, pero nos consta que los poblanos no se quedan atrás en estas lides a la hora de hacer un bollito de frijoles ayocotes en el sartén.

En cuanto a los diversos tipos de tamales con frijoles molidos, su abanico es de lo más amplio. Están desde los tamales ceremoniales en forma de caracol; los michoacanos, de masa de maíz y pasta de frijol, llamados jahuacatas; los veracruzanos, rellenos con frijol muy tierno y chayotes; hasta los sencillos tamalitos de frijol de diversas partes del país, servidos a veces para acompañar un molito.

Además, también acompañan una amplia variedad de antojitos: sopes, tlacoyos, panuchos, gorditas tipo garnacha, memelas, gorditas tabasqueñas con frijol molido y el asiento del chicharrón, jarochitas y muchos más.

Diversas son también las sopas de o con frijol, comenzando por el caldito que a muchos nos dieron nuestras madres desde pequeños y, para seguirle, el de los frijolitos negros al que recurrimos cuando estamos reponiéndonos de un malestar estomacal para que "nos asiente la pancita", o para acompañar y enriquecer una sopa de pasta. Por supuesto, también existen variaciones en torno a las sopas de frijol molido, desde la más clásica hasta la sopa tarasca.

Cristina Barros tiene la boca llena de razones cuando dice que hacer frijoles es un arte. Si acaso podemos agregar que también es una ciencia, a juzgar por la alquimia del gusto o las transformaciones de los frijoles y sus ingredientes que provoca la química en la cocina. Sin entrar en detalles moleculares, es indudable que está condenado al fracaso o a sufrir consecuencias digestivas quien quiera cocer frijoles (algo en apariencia muy elemental) sin conocer algunos secretos (quizá simples, pero fruto de un conocimiento profundo de las cocineras tradicionales sobre esta leguminosa y cómo prepararla de la mejor forma).

Sin ir más lejos y obviando la explicación bioquímica (para no indigestar al sufrido lector), si los frijoles no se dejan remojando en agua al menos seis horas, pero idealmente 12, y luego no se desecha esa agua, muy posiblemente se padecerá de flatulencia por no tomar esta precaución. La probabilidad de que los gases hagan su aparición se reduce también poniendo a calentar como siempre la olla de los frijoles, para luego retirarla de la estufa cuando el agua empiece a hervir, dejar los frijoles remojando unas dos horas, cambiarles el agua y reiniciar el cocimiento. Estos procedimientos, además, suavizan el grano y facilitan que se cueza bien.[44]

También, como lo hemos comprobado en casa, hay que hacer caso a la recomendación de no echarles sal a los frijoles antes de ponerlos al fuego ni de que estén cocidos (salvo excepciones, dice Cristina Barros). Ignorar este consejo dará como resultado que los frijoles queden duros o "parados".

Las variaciones alcanzan niveles insospechados en torno al tema de los frijoles (incluyendo a los ejotes, que son frijoles inmaduros o tiernos), las formas de cocerlos, cocinarlos, refreírlos, agregarles condimentos y combinarlos. Mucho depende de la creatividad, la cultura y el gusto, pero también de los recursos disponibles en cada lugar.

Decíamos líneas atrás que la nutrición es el otro escenario donde se manifiestan los resultados de esta especie de trabajo comunitario (de tequio) entre el frijol y el maíz. De manera magistral, Marco Buenrostro hace patente que solo el desarrollo de la ciencia moderna permitió demostrar lo que ya sabían desde hace miles de años nuestros antepasados, pues ya habían experimentado en carne propia, en su saludable constitución física, los beneficios de combinar frijoles y maíz en la comida, que da como resultado una proteína de calidad similar a la de la carne.[45]

Como ya dijimos antes, el maíz es nuestro cereal desde el principio de los tiempos, y el manantial del que fluye la energía de nuestra dieta. En este dueto formidable, al frijol le corresponde interpretar el papel de "fuente principal de proteínas de origen vegetal que se conserva aún en nuestros días", señalan la biotecnóloga Amanda Gálvez y Gabriela Salinas, especialista en marketing.[46] Juntos, el frijol y el maíz llevaron a cabo la hazaña de formar una mancuerna fundamental para que los antiguos pueblos tuvieran una dieta bastante completa, complementada por pequeñas cantidades de proteína animal (porque aparte de los insectos, el guajolote, el perro y los animales de caza, solo eran para días de fiesta, a los que se sumarían luego el puerquito y el pollo).

¿Una explicación un poco más profunda, sin exagerar? Comer frijoles permite compensar la deficiencia del maíz en lisina y triptófano (los dos aminoácidos esenciales limitantes en las proteínas de este cereal), pues el frijol contiene suficiente cantidad de lisina.[47] En cuanto al triptófano, ya vimos en un capítulo anterior que este se hace disponible gracias a la nixtamalización.[48] De ahí que al comerlos juntos formen un dueto nutritivo de maravilla.

Solo la dieta occidental o estadounidense nos metió en la cabeza que nuestra alimentación debe girar en torno a la carne, como en el norte del país y en Estados Unidos. Los frijoles, si acaso, la acompañan como guarnición "sin importar que la combinación de proteínas que aportan el maíz y el frijol hace innecesario comer proteína animal, máxime si se combinan con un poco de queso o de pollo, como es tradicional en México", apuntan con mucho tino las arriba citadas.[49] Para el óptimo desarrollo de los niños, la Organización de las Naciones Unidas para la Agricultura y la Alimentación (FAO) sí recomienda incluir necesariamente en su alimentación leche u otra fuente de proteína de origen animal, aparte de la que aportan el maíz y el frijol.

Sin embargo, por su alto contenido de proteínas y otros nutrientes, el frijol y las legumbres en general son tan potentes por sí solas que, de acuerdo con la Biblioteca Nacional de Medicina de los Estados Unidos, se han convertido en una magnífica alternativa a la carne y los productos derivados de la leche. Por ello, los vegetarianos a menudo recurren a las legumbres para reemplazar la proteína animal.[50]

Por supuesto, la hermandad entre un cereal y una legumbre ha cimentado la alimentación de otras grandes culturas en el mundo: el trigo fraternizó con el garbanzo y la lenteja en Europa y el occidente de Asia, mientras que el arroz unió fuerzas con la soya en el Lejano Oriente. El dueto por excelencia de nuestras culturas mesoamericanas es el maíz y el frijol, como ya dijimos. Cada uno de estos binomios se ha mantenido firme como base de las diversas dietas tradicionales desde hace siglos hasta la actualidad, demostrando de manera irrefutable ser nutritivas y saludables.

El frijol no tiene nada que envidiar a las otras legumbres. Es el tercer cultivo más importante en el mundo en cuanto a su alto contenido proteínico (entre el 20 y el 25%), solo después de la soya y el cacahuate.[51] Por cada 100 gramos, tiene entre 14 y 33 gramos de proteína.[52] Al ser la legumbre de mayor consumo humano en México, aporta entre el 36 y el 40% de las proteínas que consumimos a diario.[53]

Además, el valor nutricional de los frijoles y demás legumbres se complementa con un paquete de vitaminas (del grupo B y ácido fólico) y minerales (magnesio, potasio, hierro, fósforo y zinc), así como un alto contenido de fibra.[54]

No obstante, este personaje posee otras cualidades poco conocidas que debemos revalorar. Entre los beneficios que aporta el consumo regular de frijoles, según la FAO, destaca la reducción de los problemas cardiacos. No solo disminuye el colesterol "malo" por su contenido de fibra (que contribuye a generar la sensación de saciedad), sino por su bajo índice de grasa. Por lo mismo, ayuda a combatir la obesidad.[55]

Además, los frijoles negros (ricos en potasio) pueden ayudar a regular la presión arterial, al favorecer la circulación y eliminar el exceso de sodio de la sangre.[56] Y esto es de la mayor importancia porque la hipertensión, como dice la Organización Mundial de la Salud, es el mayor factor de riesgo para sufrir una enfermedad cardiovascular, principal causa de muerte en el continente americano.[57] Ciertamente, en México este es uno de los padecimientos que se lleva más vidas, en buena parte debido a los comestibles ultraprocesados y las bebidas azucaradas.[58]

No debemos escatimarles a los humildes frijolitos sus aportaciones a nuestra salud, como la prevención del cáncer de colon, la anemia (al acompañarlos con salsa picante para facilitar la absorción del hierro) y el estreñimiento.[59] Algunos investigadores han comprobado que comer un plato diario de frijoles (sobre todo negritos o de tonos oscuros) reduce la incidencia de tumores cancerígenos.[60]

Sin embargo, una de las grandes (pero menos conocidas) aportaciones de los frijoles es que, en una dieta balanceada como la que ofrece la milpa, son un excelente alimento para quienes padecen diabetes, pues contienen fibra y pueden regular los niveles de azúcar en la sangre. De hecho, después de comerlos la glucosa en sangre no se eleva significativamente (es decir, como explican Amanda Gálvez y Gabriela Salinas, el frijol tiene un bajo índice glucémico). Es tan poderosa esta cualidad que "cuando se combina con tortilla y salsa de jitomate, el índice glucémico se mantiene bajo", incluso por debajo del que tiene la tortilla por sí sola. No les falta razón a estas investigadoras al afirmar que haber disminuido el consumo de tortillas y frijoles podría "explicar en buena parte por qué ha aumentado la diabetes en México".[61]

El resto de la explicación es que muchos mexicanos les han dado la espalda no solo a la tortilla y al frijol, sino a gran parte de los alimentos que nos legaron nuestros antepasados, como los quelites, el nopal o el amaranto, que en conjunto nos ofrecieron una dieta variada, nutritiva y sabrosa que nos mantuvo saludables por siglos.[62]

Al rechazarlos, México se convirtió en un paraíso de comida rápida, comestibles ultraprocesados y refrescos. Esta y no otra es la razón principal de los crecientes casos de diabetes, así como de hipertensión, enfermedades cardiovasculares y distintos tipos de cáncer; todos ellos padecimientos asociados con la epidemia de sobrepeso y obesidad.

Lo que en verdad resulta difícil de explicar, y aún más de comprender, es el conjunto de razones que nos han conducido hasta este punto. Para nosotros, lo que hay de fondo en estos fenómenos son las poderosas fuerzas e intereses económicos que bullen, impulsados por grandes corporaciones que invariablemente encuentran cómplices en gobiernos y élites locales. Sin duda, esas fuerzas han resquebrajado los sistemas alimentarios, la resistencia social y cultural y las formas tradicionales de ganarse la vida, de producir, preparar y consumir los alimentos.

A eso hay que sumarle una sociedad cambiante, la apabullante urbanización, los nuevos estilos de vida, la incorporación masiva de las mujeres al mundo laboral, la frecuente resistencia masculina a compartir las responsabilidades en las tareas domésticas... En este contexto, aun cuando gran número de nosotros todavía comemos (al menos parcialmente) la dieta de la milpa, cada vez más mexicanos buscan alimentos que simbólicamente los hagan ciudadanos de primer mundo, modernos; social, económica y étnicamente superiores.

Si de verdad queremos cambiar, tenemos que empezar por reconocer que comer menos tortillas, frijoles y demás, refleja hasta qué punto hemos hecho nuestro un conjunto de valores e ideas y hasta dónde el sistema malinchista, racista y clasista alcanza también nuestra comida.

Malinchista porque asumimos que, por definición y de forma automática, todo lo que nos llega del exterior es superior a lo nuestro y, si está hecho en México, es de poca calidad. Por extensión, hacemos nuestro todo lo moderno, lo nuevo, porque nos convencieron de que invariablemente es mejor que lo tradicional, que merece abandonarse.

Clasista y racista porque nos creímos el cuento de que el maíz, los frijoles, los quelites y de un jalón todos nuestros alimentos tradicionales son comida para pobres, para "indios", indignos de paladares "educados". Su mal entendida humildad hace suponer que son insípidos o sosos (cuando no desagradables al gusto) y de escaso valor nutricional, que hay mejores opciones.

Estas ideas prejuiciosas están tan metidas en la sociedad mexicana que incluso a quienes defienden las causas populares e indígenas se les cuelan despropósitos de este tipo. Como cuando un apasionado analista defensor del levantamiento zapatista dijo en la televisión: "Son tan pobres que solo comen frijoles", algo que indignó a la abuela de la escritora, lingüista y activista Yásnaya Elena A. Gil. ¿Cómo era posible que se atrevieran a decir que comer frijoles era algo indeseable? ¿Cómo, si ella estaba tan orgullosa de unos frijoles de colores que había conseguido y por los que hasta se peleaba la gente en el mercado?[63]

Quizá el sesudo analista, reflexionó Yásnaya, "se refería al hecho de 'solo' comer frijoles y no a un implicado desprecio a los frijoles en sí mismos". Su abuela no cedió: "A nadie le parece despreciable que esa gente solo desayune eso que llaman cereal con leche todos los días. ¿Por qué los frijoles sí?".

Comenta Yásnaya que "estas creencias absurdas siguen palpitando en muchas ideas en la actualidad". Las arrastramos desde la Conquista, pasando por el Porfiriato, época en la cual un miembro prominente del grupo de los Científicos, Francisco Bulnes, "sostenía que la población europea era racialmente superior debido a que su dieta estaba basada en el trigo y la población indígena se encontraba en una situación de atraso debido al maíz y al frijol". Ideas que llegaron hasta nuestros días, como si no hubieran ocurrido en el país ni Independencia ni Revolución ni levantamiento zapatista.

Por supuesto, en nuestro día a día y casi en cualquier espacio, no hay garantía de que estos prejuicios y convicciones no afloren desde nuestro más profundo inconsciente colectivo, como si fueran lo más natural. Pero si en alguna parte han calado más profundo es en los dichos y refranes.

Más que revelador para nosotros fue el capítulo de "Conquista y comida" que el escritor Herón Pérez Martínez le dedicó a la comida en el *Refranero mexicano.* Al igual que hoy debatimos en torno al supuesto descubrimiento, en este refranero se aprecia más que un encuentro entre la comida mexicana y la española, "un claro enfrentamiento". Si se leen entre líneas los refranes, generalmente los alimentos europeos salen ganando (y por desgracia también en la conciencia popular).[64]

Ello es muy claro en el caso de los frijoles, que siempre pierden en las comparaciones. Según Herón Pérez, para el refranero está más que claro que, en términos de calidad, "los frijoles ocupan [...] uno de los lugares más bajos en una escala en la que la carne, sobre todo la de pollo, y el jamón ocupan el lugar superior, como marcas de las comidas de ricos".

El desdén discriminatorio se trasluce a leguas: "Al que come bien frijoles es pecado darle carne" (porque los pobres solo comen frijoles, como diría el analista prozapatista) y "Si comes frijoles no eructes jamón" (para quienes quieren aparentar ser de otra clase social).

A lo largo del refranero hay esparcidos platillos y alimentos que forman parte de la dieta tradicional mexicana, la cual no solo es popular sino (como era de esperarse) para "gente pobre": "Pa' frijoles mejor en mi casa", "¡Frijoles ni en mi casa!", "No comas frijoles porque se te olvida el inglés".

Poco antes, ya vimos que apartarnos de nuestra dieta tradicional y sus ingredientes nos pasó la factura a la salud, pero no son menos peligrosos los daños a nuestra identidad. Es como un cáncer que la carcome. En nuestros platos diarios encontramos cada vez menos alimentos que nos han acompañado por milenios, "porque ya perdimos la capacidad de valorarlos, porque no sabemos ni tenemos el tiempo para prepararlos", escribió la latinomericanista Tihui Campos en el artículo sobre racismo alimentario que le pedimos para un número del suplemento *La Jornada del Campo*, que coordinamos en plena pandemia de covid-19.[65]

Es una tristeza, pero en vez de estar orgullosos y agradecidos de comer tesoros ancestrales como los frijoles, "nos da pena que nos asocien a lo rural, a lo rudimentario, a lo indígena, a lo afromexicano, o no queremos que se burlen de nosotros por consumirlos y recrearnos en nuestra memoria alimentaria", reflexionó. Sin duda, la pérdida de identidad alimentaria, esa sensación de vergüenza por "comer aquello de lo que nuestra memoria colectiva y familiar nos dotó", es como un cáncer que se propaga desde hace siglos por nuestras culturas.

Ese mal se agudizó desde la década de 1980, conforme nos dejamos llevar por la chatarrización de la oferta alimentaria neoliberal y la (neo)coca-colonización, condimentada por una modernidad mal entendida, tan indigesta y perniciosa para la salud de los mexicanos y para esta expresión de nuestra identidad.

Aunque sin duda ha hecho mella entre los mexicanos, la resistencia cultural que borbotea desde el México profundo nos ha mantenido a flote, porque si algo sabemos hacer bien, diría Tihui, "es comer con la memoria, con la identidad y el territorio". Estamos aún a tiempo de demoler ese racismo alimentario que nos impide valorar a los frijoles negros (sin discriminar a los blancos ni pintitos) como uno de los alimentos del futuro por "su gran versatilidad, resistencia y excelente contenido nutricional", conforme al World Wildlife Fund.[66]

Los frijoles son uno de los personajes centrales de esta historia porque representan una de nuestras columnas más sólidas para una alimentación pertinente y adecuada, una de las semillas esenciales que han cultivado los guardianes de nuestras semillas y que sabias mujeres han cocinado lentamente en los fogones de la cultura gastronómica de México, además de asegurarnos la permanencia de nuestra identidad alimentaria.

Porque somos hombres y mujeres de maíz, pero también de frijol, nunca más debemos retirarlos de nuestras mesas. En vez de eso, hay que reservarles un sitio de honor.

Notas

[1]UNAM, "Mexicanos estigmatizan leguminosas; se reduce ingesta de frijol", DGCS-Boletín núm. 108, 8 de febrero de 2022. Consultado en https://www.dgcs.unam.mx/boletin/bdboletin/2022_108.html.

[2]Secretaría de Agricultura y Desarrollo Rural, Panorama Agroalimentario 2021, Servicio de Información Agroalimentaria y Pesquera. Consultado en www.gob.mx/cms/uploads/attachment/file/682952/Publicaci_n_Panorama_2021_bolet_n_.pdf.

[3]"Alimentos y bebidas ultraprocesados en América Latina: tendencias, efecto sobre la obesidad e implicaciones para las políticas públicas", OPS, Washington, D. C., 2015. Consultado en https://iris.paho.org/bitstream/handle/10665.2/7698/9789275318645_esp.pdf.

[4]Alianza por la Salud Alimentaria, "Planeta-Ultraprocesado", 2022. Consultado en https://alianzasalud.org.mx/wp-content/uploads/2022/05/PLANETA-ULTRAPROCESADO.pdf.

[5]Michael Pollan, *El dilema del omnívoro. En busca de la comida perfecta*, Debate, Penguin Random House Mondadori, México, 2017.

[6]Michael Pollan, *Saber comer*, Grijalbo, Penguin Random House Mondadori, México, 2017.

[7]Cámara de Diputados, Centro de Estudios para el Desarrollo Rural Sustentable y la Soberanía Alimentaria, "Mercado del frijol: situación y prospectiva", México, 2020. Consultado en http://www.cedrssa.gob.mx/files/b/13/53Mercado%20del%20frijol.pdf.

[8]Miguel Lara Flores, "El cultivo del frijol en México", *Revista Digital Universitaria* [en línea], 1 de febrero de 2015, vol. 16, núm. 2. Consultado en www.revista.unam.mx/vol.16/num2/art09/index.html.

[9]Cámara de Diputados, Centro de Estudios de las Finanzas Públicas, "Impacto de las importaciones de maíz blanco y de frijol originarias de EUA en el mercado interno de México", 2004. Consultado en https://www.cefp.gob.mx/intr/edocumentos/pdf/cefp/cefp0542004.pdf.

[10]Cámara de Diputados, Centro de Estudios para el Desarrollo Rural Sustentable y la Soberanía Alimentaria, "Mercado del frijol", *op. cit.*

[11]Miguel Lara Flores, *op. cit.*

[12]Cámara de Diputados, Centro de Estudios de las Finanzas Públicas, "Impacto de las importaciones", *op. cit.*

[13]Braulio Carbajal, "Cae la producción de frijol a su peor nivel en 30 años por sequía", *La Jornada*, 16 de noviembre de 2023. Consultado en https://www.jornada.com.mx/2023/11/16/economia/017n1eco.

[14]Braulio Carbajal, "Tras un catastrófico año, repuntó producción de frijol", *La Jornada*, 12 de enero de 2025. Consultado en https://www.jornada.com.mx/2025/01/12/economia/014n2eco.

[15]Braulio Carbajal, "Importación de frijol creció 107% en el primer trimestre", *La Jornada*, 2 de mayo de 2021. Consultado en www.jornada.com.mx/2021/05/02/economia/015n2eco.

[16]Mercedes Borja-Bravo y José Alberto García-Salazar, "Políticas para disminuir las importaciones de frijol (*Phaseolus vulgaris L.*) en México: un análisis por tipo de variedad", *Agrociencia*, vol. 42, núm. 8, Texcoco, noviembre/diciembre de 2008. Consultado en www.scielo.org.mx/scielo.php?script=sci_arttext&pid=S1405-31952008000800009.

[17]*Ibidem.*

[18]Associated Press, "Claudia Sheinbaum anuncia nuevo plan alimentario que podría regresar a México a la década de 1980", 22 de octubre de 2024. Consultado en https://www.independentespanol.com/noticias/america-latina/mexico/claudia-sheinbaum-plan-alimentacion-mexico-maiz-frijoles-b2633837.html.

[19]Presidencia de la República, "En Zacatecas, presidenta Claudia Sheinbaum impulsa producción de frijol con Programas de apoyo al campo", comunicado, 10 de noviembre de 2024. Consultado en https://www.gob.mx/presidencia/prensa/en-zacatecas-presidenta-claudia-sheinbaum-impulsa-produccion-de-frijol-con-programas-de-apoyo-al-campo.

[20]Atlas Big, Principales países productores de hilo y frijoles. Consultado en https://www.atlasbig.com/es-mx/paises-por-produccion-de-hilo-y-frijol.

[21]Cámara de Diputados, Centro de Estudios para el Desarrollo Rural Sustentable y la Soberanía Alimentaria, "Mercado del frijol", *op. cit.*

[22]Elena Piedrafita Pérez, "Los alimentos de América, una difícil adaptación", en Manuel García Guatas y Juan Barbacil (coords.), *Los alimentos que llegaron de América*, Academia Aragonesa de Gastronomía, España, 2014.

[23]*Ibidem.*

[24]*Ibidem.*

[25]Según Lawrence Kaplan y Lucille N. Kaplan, la primera referencia al cultivo de frijoles se remonta a 1542, en un libro publicado en Basilea, en el que se ilustra una planta de frijol común.

[26]*Ibidem.*

[27]*Ibidem.*

[28]Lawrence Kaplan y Lucille N. Kaplan, "Leguminosas alimenticias de grano: su origen en el Nuevo Mundo, su adopción en el viejo", en Janet Long (coord.), *Conquista y comida: consecuencias del encuentro de dos mundos*, 3ª ed., UNAM-IIH, México, 2018. Consultado en http://www.historicas.unam.mx/publicaciones/publicadigital/libros/323/con quista_comida.html.

[29]*Ibidem.*

[30]BBC Mundo, "El frijol se originó en Mesoamérica", 7 de marzo de 2012. Consultado en https://www.bbc.com/mundo/noticias/2012/03/120307_frijol_mesoamericano_am.

[31]Víctor M. Hernández-López *et al.*, "Origen, domesticación y diversificación del frijol común", *Avances y Perspectivas*, vol. 36, núm. 2, Chapingo, abril/junio de 2013. Consultado en https://www.scielo.org.mx/scielo.php?script=sci_arttext&pid=S0187-73802013000200002.

[32]Marco Buenrostro, "El frijol y la milpa", *La Jornada del Campo*, núm. 61, 20 de octubre de 2012. Consultado en https://www.jornada.com.mx/2012/10/20/cam-milpa.html.

[33]Servicio de Información Agroalimentaria y Pesquera, *Atlas Agroalimentario 2012-2018*, 1ª ed., 2018.

[34]Alfonso Delgado Salinas, Susana Gama López, "Diversidad y distribución de los frijoles silvestres en México", *Revista Digital Universitaria*, 1 de febrero de 2015, vol. 16, núm. 2. Consultado en www.revista.unam.mx/vol.16/num2/art10/#.

[35]Eckart Boege, "El patrimonio biocultural de los pueblos indígenas de México". Consultado en https://patrimoniobiocultural.com/archivos/publicaciones/libros/El_patrimonio_biocultural.pdf.

[36]Conabio, "La evolución bajo domesticación". Consultado en https://www.biodiversidad.gob.mx/diversidad/evolucion-bajo-domesticacion.

[37]Eckart Boege, *op. cit.*

[38]Conabio, *op. cit.*

[39]Marco Buenrostro, *op. cit.*

[40]Miguel Lara Flores, *op. cit.*

[41]Subsecretaría de Autosuficiencia Alimentaria, Secretaría de Agricultura, "Sistemas campesinos e indígenas, garantes de nuestra rica agrobiodiversidad", *La Jornada del Campo*, 17 de octubre de 2020, núm. 157.

[42]Marco Buenrostro, *op. cit.*

[43]Cristina Barros, "Frijol nuestro de cada día", *La Jornada del Campo*, núm. 61, 20 de octubre de 2012. Consultado en https://www.jornada.com.mx/2012/10/20/cam-milpa.html.

[44]MedlinePlus, "Tendencias en alimentos saludables - frijoles y legumbres", Biblioteca Nacional de Medicina de Estados Unidos. Consultado en https://medlineplus.gov/spanish/ency/patientinstructions/000726.htm.

[45]Marco Buenrostro, *op. cit.*

[46]Amanda Gálvez y Gabriela Salinas, "El papel del frijol en la salud nutrimental de la población mexicana", *Revista Digital Universitaria*, 1 de febrero de 2015, vol. 16, núm. 2. Consultado en https://www.revista.unam.mx/vol.16/num2/art12/#.

[47]Fernando Morales, "Frijol, una legumbre que da identidad a los pueblos de México", CIMMYT, 6 de febrero de 2023. Consultado en www.cimmyt.org/es/noticias/frijol-una-legumbre-que-da-identidad-a-los-pueblos-de-mexico/.

[48]L. A. Vargas Guadarrama, "El maíz, viajero sin equipaje", *Anales de Antropología*, 48(1), 123-137, 2014. Consultado en https://doi.org/10.1016/S0185-1225(14)70492-8.

[49]Amanda Gálvez y Gabriela Salinas, *op. cit.*

[50]MedlinePlus, *op. cit.*

[51]Miguel Lara Flores, *op. cit.*

[52]Amanda Gálvez y Gabriela Salinas, *op. cit.*

[53]Eckart Boege, *op. cit.*

[54]MedlinePlus, *op. cit.*

[55]Miguel Lara Flores, *op. cit.*

[56]Tatiana Zanin, "Frijol negro (caraotas): 9 beneficios y cómo prepararlas", *Tua Saúde*, diciembre de 2022. Consultado en https://www.tuasaude.com/es/frijol-negro/.

[57]Organización Panamericana de la Salud-Organización Mundial de la Salud, "Hipertensión", 2023. Consultado en www.paho.org/es/temas/hipertension#:~:text=La%20hipertensi%C3%B3n%20es%20el%20principal%20factor%20de%20riesgo%20para%20muertes,las%20muertes%20en%20la%20regi%C3%B3n.

[58]Amanda Gálvez y Gabriela Salinas, *op. cit.*

[59]*Ibidem.*

[60]Tatiana Zanin, *op. cit.*

[61]Amanda Gálvez y Gabriela Salinas, *op. cit.*

[62]Dulce Olvera, "Barros: La chatarra quitó de la mesa la comida mexicana y, por racismo, se dijo: 'es de pobres'", 13 de agosto de 2020. Consultado en www.sinembargo.mx/13-08-2020/3839195.

[63]Yásnaya Elena A. Gil, "*Xëjk*. Frijoles", *El País*, 15 de noviembre de 2020. Consultado en https://elpais.com/mexico/opinion/2020-11-15/xejk-frijoles.html?event_log=oklogin.

[64]Herón Pérez Martínez, "La comida en el refranero mexicano: un estudio contrastivo", en Janet Long, *Conquista y comida: consecuencias del encuentro de dos mundos*, UNAM, México, pp. 505-528.

[65]Griselda Tihui Campos Ortiz, "Racismo y culturas alimentarias en México", *La Jornada del Campo*, núm. 157, 17 de octubre de 2020.

[66]Másdemx, "Estos 4 alimentos del futuro son originarios de México", 7 de marzo de 2020. Consultado en https://masdemx.com/2020/03/alimentos-superalimentos-mexicanos-mexico-futuro/.

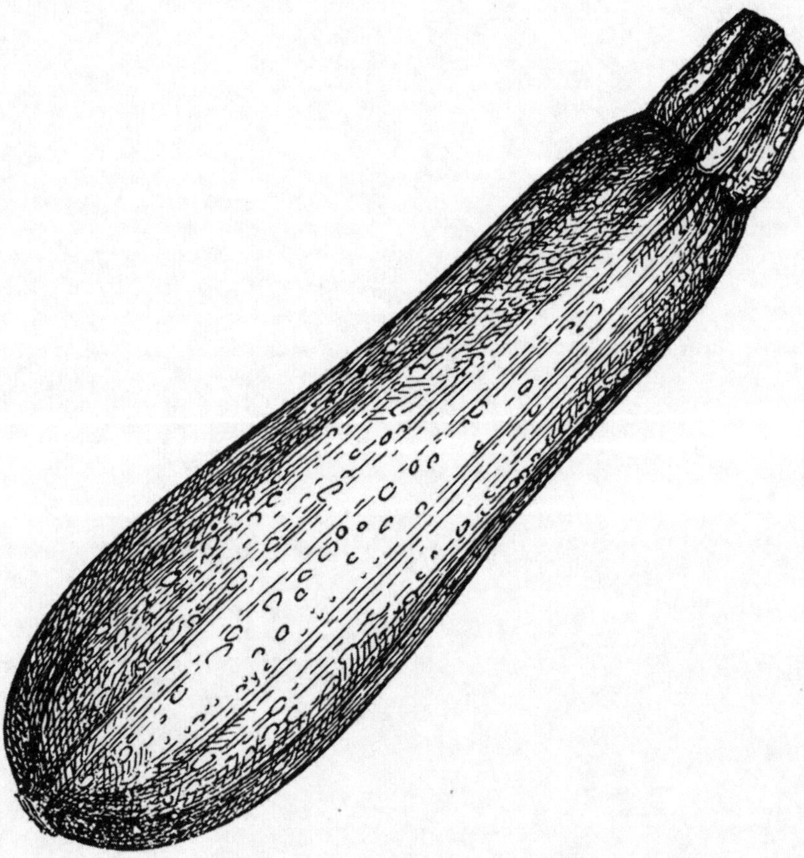

4

Señora de la milpa: la calabaza

En el territorio de la montaña y Costa Chica de Guerrero vive "la Gente de la Calabaza", una población de origen tlapaneca para la que cada palabra tiene una historia. Al decir de sus antepasados, el nombre del pueblo *Mbò matha yúwaá'* (lugar de la guía de la calabaza) nació cuando el Abuelo Sagrado encontró en el cerro una guía con muchas calabazas. Cortó una de ellas, la partió a la mitad y la probó: una parte era dulce y la otra amarga. Imaginó que esas calabazas podrían alimentar a sus hijos y a sus nietos, aunque debían equilibrarse ambos sabores, a fin de evitar que les hiciera daño, además de respetar y cuidar la guía.

Desde entonces, se asentó ahí la Gente de la Calabaza (Matha yúwaá'), para quien este fruto "es referente de identidad, resume características simbólicas del pensamiento y la vida cotidiana [...] es la memoria de los caminos, sostiene la luz de la lengua, [y] cada año se hacen rituales para respetar y recordar su importancia. A partir de ella se fundamenta la política que permite guiar a la comunidad".[1]

Anualmente todos los habitantes realizan el ritual de lavado de sus malas acciones, bañándose en el río cercano al cerro donde nació la guía de la calabaza, ofrendando flores con tal de obtener sabiduría y fortaleza para sus gobernantes.

Nosotros creemos que, más allá de las montañas de Guerrero, los mexicanos todos somos, sin duda, gente de la calabaza, así deberíamos reconocernos: gente de este sencillo y humilde fruto que, junto con el maíz, el frijol y el chile, propició el florecimiento de la vida a través de la milpa, sustento de nuestra existencia y diversidad biocultural.

Si bien la mayoría de los investigadores habla de la triada de la milpa, maíz, frijol y calabaza, para nosotros más que un trío es un cuarteto, pues el chile está presente en buena parte de la gran variedad de milpas que existen en nuestro país. En esta productiva agrupación resplandece como un sol de tierra la única protagonista femenina de este cuarteto: la calabaza, la señora de la milpa, desplegando por el suelo sus grandes y protectoras hojas.

Ese vínculo tan estrecho de respeto y cuidado a la madre tierra de los pueblos originarios de México engendró en su cosmovisión considerar al alimento como dador de vida. Así lo consignó Bernardino de Sahagún en el *Códice Florentino*: "Porque es nuestro existir, porque es nuestro vivir, porque él camina, porque él se mueve, porque él se alegra, porque él ríe, porque él vive: el alimento [...] Solo por el alimento se mantiene la tierra; por él está vivo el mundo, [por él] estamos llenando el mundo. Nuestra total esperanza es el alimento".[2]

Dentro de ese vasto legado de alimentos desarrollados por los antiguos mexicanos fue fundamental la calabaza, que hoy, gracias a la labor desempeñada fundamentalmente por las mujeres indígenas y campesinas, sigue nutriendo a cientos de generaciones del país y del mundo. Mujeres custodias de todos esos saberes y destrezas prácticas, transmitidas de generación en generación hasta la actualidad.

De acuerdo con los expertos, los hábitos alimentarios contribuyen a formar los rasgos característicos e identitarios entre los individuos, las colectividades y las regiones de una nación. De ahí que la cultura alimentaria y la identidad sean inseparables.

De hecho, estudios recientes sobre alimentación develan la relevancia de las mujeres y la cultura doméstica en la creación de identidades nacionales. Así ocurrió en México, como explica la etnobotánica Montserrat Gispert: "Al preservar y perfeccionar la cocina prehispánica, las mujeres indígenas conformaron también la nación mexicana, haciendo posible que después de más de cuatro siglos permaneciera en sus comunidades étnicas la 'cultura del maíz', fundamental en la civilización mesoamericana".[3]

Por desgracia, desconocemos las historias de cientos de generaciones de mujeres indígenas que, en el entorno de la *invención* de los alimentos, antes de la invasión de los españoles y después, fueron forjando nuestra identidad. Carecemos de testimonios sobre su arduo y silencioso trabajo de seleccionar las mejores semillas, de sembrar y recolectar sus cultivos, de desarrollar técnicas para prepararlos, servirlos y también para preservarlos.

De lo que sí hay constancia es del origen de la calabaza, la protagonista de este capítulo, miembro muy activo y versátil de la numerosa familia *Cucurbitaceae*, integrada por más de 900 parientes. Nos sorprendió descubrir entre su parentela al melón, nacido en África; al pepino, originario de la región de los Himalayas; y a la sandía, que si bien nació en la región indostaní (India, Nepal, Birmania, Tailandia y Pakistán), su domesticación ocurrió en África.[4] ¡Vaya clan tan disímbolo!

Al interior de esta prolífica familia, las calabazas pertenecen al género *Cucurbita*, un grupo de plantas nacidas en América hace millones de años, integrada por entre 12 y 15 especies, 13 de las cuales crecen en México de manera silvestre o cultivada, con seis eventos de domesticación, cuatro de los cuales ocurrieron en nuestro país, seguramente a manos de las mujeres de las poblaciones más antiguas.[5]

A causa de la perseverancia de esas mujeres recolectoras, afanadas en seleccionar y cultivar las semillas, cuidando su germinar, su sobrevivencia y reproducción, hoy degustamos los sabrosos y nutritivos frutos de las cuatro especies que nos legaron, además de otras subespecies.

Por cierto, el término *calabaza* —con el cual se identifica a este fruto en todo el mundo de habla hispana— fue introducido por los españoles, pues conocían una especie de calabaza de origen africano similar a las oriundas de América. Así fue como perdimos la denominación náhuatl de estas especies; solo el nombre de una de ellas se castellanizó: pasó de *tzilacayotli* a chilacayote.

Bajo la guía de la revista *Arqueología Mexicana* nos acercamos a ellas. La más famosa: *ayotli*, llamada así en náhuatl, mejor conocida como calabacita en México, zapallito en Argentina, calabacín en España y *zucchini* en Italia. Esta especie, *Cucurbita pepo*, fue la primera que se llevaron los españoles y muy pronto la incorporaron en sus cocinas. Desde entonces, la pequeña *ayotli*, con su apariencia esférica o alargada y ostentando sus vivificantes verdes, se ha desplazado a varios países, convirtiéndose en la calabaza cultivada con mayor distribución a escala mundial. Es tan pródiga que sus tallos, su fruto, su flor y sus semillas, además de alimentarnos, se emplean, junto con sus raíces, para curar enfermedades de la piel y estimular el apetito.

Los mexicanos la saboreamos en diversos platillos, acordes con los gustos culinarios de cada región. La preferimos tierna, porque cuando se almacena va perdiendo su sabor con el tiempo y su consistencia se torna correosa.

Le sigue la *tamalayotli*, conocida como calabaza de pellejo, de casco, tamala y cuaresmeña, además de otras denominaciones. Pertenece a la especie *Cucurbita moschata*, originaria de Perú en su estado silvestre, aunque se domesticó en México. Posee gran variedad de formas y tamaños, y su fruto no tiene desperdicio: nos comemos la pulpa madura en guisados o en dulce y aprovechamos sus abundantes pepitas enteras para botana, o molidas como ingrediente en algunos platillos. También fue una de las primeras en ser llevada a Europa, donde muy pronto empezaron a cultivarla. Como la consideraron nativa, la llamaron erróneamente calabaza de Castilla, una apropiación más totalmente indebida. En la actualidad, aparte de nuestro país, se cultiva en las zonas tropicales de todo el continente americano, además de Europa, África e India.

Luego está la *cozticayotli* o calabaza pipiana (*Cucurbita argyrosperma*), llamada rayada, pinta y guajolota. Es una variedad que únicamente se encuentra en la región de México y Centroamérica; a diferencia de las dos anteriores, su uso no se propagó más allá de los límites del continente americano. De esta especie en forma de pera, con cáscara rígida, de color verde oscuro y con manchas blancas o amarillas, también se aprovecha todo: las flores como verdura, los tallos jóvenes y los frutos tiernos, y cuando está madura su pulpa dulce puede variar de amarilla a anaranjada, aunque es ligeramente fibrosa. Sus semillas en general se usan para platos tan tradicionales como el pipián.

Finalmente, la última de las cuatro especies domesticadas en México es la *Cucurbita ficifolia* (*tzilacayotli* en náhuatl), conocida como chilacayote, chilacayota o chilaca. Posee un aspecto aglobado, liso y finamente decorado con una red verdiblanca o verdiamarilla. Cuando está tierno se consume como verdura, y ya maduro, como su pulpa es bastante fibrosa, se utiliza para dulces.[6]

Hay también una especie de origen sudamericano, *Cucurbita máxima*, de gran diversidad y numerosas variedades locales, muy adaptable a cualquier lugar y de la cual se producen algunas variedades comerciales en Sinaloa y Sonora.

La domesticación de estas especies se inició hace miles de años con los grupos nómadas, con lo que dio comienzo la agricultura en nuestro continente. Los arqueólogos consideran como probables centros de origen de la agricultura los lugares donde se han descubierto los restos más antiguos de plantas cultivadas. Hasta el momento, Europa carece de muestras de semillas para poder datar cuándo se inició ahí esta actividad. En cambio, la Media Luna en el Medio Oriente y la región comprendida entre México y Centroamérica, sobre todo la parte central de nuestro país, cuentan con evidencias ancestrales, de 11 y 10 000 años antes de nuestra era, respectivamente.

De ahí que la región de América sea uno de los centros de mayor importancia de domesticación de plantas en el mundo. Por la riqueza de su diversidad biocultural —cerca de 30 000 especies de plantas con flores y más de 50 grupos étnicos indígenas, interactuando de distintas maneras con más de 5 000 especies, incluso actualmente—, México puede considerarse "como un laboratorio viviente de domesticación de plantas. Y todo parece indicar que lo ha sido durante miles de años".[7]

Imaginemos el proceso de domesticación de las calabazas en esas cuevas milenarias donde se refugiaban los nómadas y resguardaban sus alimentos. En sus alrededores podemos ver sobre todo a las mujeres observando, probando y recolectando hojas, flores y frutos. Luego seleccionando sus semillas para empezar a cultivarlas. Y así, paulatinamente, siembra tras siembra, fueron eliminando el amargor de la cucurbitacina —el compuesto químico con el que se defienden las variedades silvestres para alejar a los herbívoros—, cambiando sus formas, aumentando su tamaño y el de sus semillas; y, al mismo tiempo, provocando que la planta dependiera cada vez más de sus manos para alcanzar su adecuado desarrollo.

La domesticación de las calabazas fue un proceso de aprendizaje muy largo; pasaron milenios hasta conseguir frutos como los actuales. En la década de los sesenta del siglo pasado los arqueólogos descubrieron en los Valles Centrales de Oaxaca, en Tehuacán, Puebla, y en Tamaulipas, restos de calabazas ancestrales. Las semillas y los fragmentos de frutos más antiguos, de cerca de 10 000 años antes de nuestra era, corresponden a *ayotli* (*Cucurbita pepo*), y se localizaron en la cueva Guilá Naquitz, en Oaxaca. "Estos datos permitieron determinar que las calabazas fueron las primeras plantas domesticadas en México, tal vez miles de años antes que el maíz y el frijol, que después conformaron juntos la milpa".[8]

En las cuevas de Puebla y Tamaulipas también se encontraron residuos de calabazas (*argyrosperma, moschata* y *ficifolia*), aunque con registros de domesticación más tardíos.

Las investigaciones sitúan a las calabazas primigenias en Baja California, en los desiertos del sur de California y Sonora, regiones de gran aridez, pero al adaptarse a condiciones más templadas avanzaron hacia el centro del país y después a regiones más húmedas y cálidas, como la costa del Golfo de México y la península de Yucatán. Por milenios las calabazas se han cultivado prácticamente en todas las regiones agrícolas del país y en las milpas. Gracias a ese manejo que aún pervive, existe una gran cantidad de razas y variedades nativas propiciada, además, entre otros factores, por la selección de quienes la siembran. Esta es la razón por la cual se reconoce a México como el centro de origen, domesticación y diversidad de las calabazas.

RESPLANDOR EN LA MILPA

La milpa, uno de los sistemas agrícolas más productivos y sustentables del mundo —concebido por los antiguos mexicanos como una estrategia de sobrevivencia e inspirada en replicar los procesos naturales—, es el corazón de miles de comunidades indígenas y campesinas desde tiempos remotos, y ha generado la vida de múltiples especies en las distintas regiones del territorio. Es en este escenario biodiverso donde la protagonista de este capítulo va a desarrollar sus potencialidades nutritivas, medicinales y protectoras.

En la milpa, cuyo eje central es el maíz, interactúan intercambiando nutrientes y optimizando el uso del espacio personajes como el trepador frijol, que, como ya dijimos, va fijando el nitrógeno en el suelo mientras asciende por las cañas de los maíces; le sigue el pungente chile, ahuyentador de plagas y, por último, la protagonista femenina: la señora de la milpa. La versátil calabaza cumple varias funciones: extiende sus grandes hojas para proteger la humedad del suelo y al cubrirlo mitiga su erosión e inhibe la proliferación de malezas.

Este elenco de personajes —maíz, frijol, chile, calabaza— se interrelaciona en las milpas de casi todas las regiones de México, aunque las poblaciones, variedades, razas e incluso las especies de estos vegetales cambian de acuerdo con las condiciones ambientales, costumbres, gustos culinarios, rituales y festividades de cada cultura. Es más, podemos decir que este cuarteto convive con muchas otras plantas alimenticias, medicinales y de ornato, cultivadas con base en las necesidades y preferencias familiares; por tanto, puede variar sus presentaciones de un ciclo agrícola al siguiente.

La milpa como centro de origen, sea en un escenario pequeño o de mediana escala, engendra diversidad agrícola, genética, cultural e incluso paisajística. Además de propiciar un manejo responsable del suelo, el agua y la vida silvestre, genera autosuficiencia y una productividad ecológicamente mayor. De ella pueden consumirse diferentes plantas, guías, flores, vainas, frutos tiernos y maduros, y en cada cosecha se obtienen las semillas, que garantizan alimento y trabajo para los futuros ciclos agrícolas. En síntesis, la milpa produce alimentos sanos, nutritivos y variados, y facilita el comercio justo.

Los antiguos mexicanos aprovechaban de manera integral a la señora de la milpa, uno de sus alimentos más importantes: comían sus guías, sin inhibir el desarrollo de sus frutos, aunque también sacrificaban algunos de ellos degustando sus flores; saboreaban su pulpa tierna o madura, además de sus semillas (las ricas pepitas).

A la dieta heredada por nuestros antepasados desde hace miles de años, basada en el cuarteto maíz-frijol-chile-calabaza, se integraban los quelites; en conjunto, estos alimentos proporcionaban los nutrimentos requeridos para una buena alimentación, conforme a lo constatado por estudios de investigadores nacionales y extranjeros. Según nos dice Cristina Barros, incluso causó sorpresa a los evangelizadores españoles el estado de salud de los antiguos mexicanos, al igual que sus respuestas —consignadas en las encuestas aplicadas en diferentes momentos de la etapa virreinal— a la pregunta de cuándo comían mejor, a la cual contestaban: antes de la llegada de los españoles.[9]

Llama la atención el contraste con lo que ocurría en otros lugares donde no se sembraba en milpa. Por ejemplo, en una compilación de estudios realizada por los antropólogos estadounidenses Mark Nathan Cohen y George J. Armelagos, se demuestra que "una mayoría de las poblaciones cuya subsistencia pasó a depender de la agricultura sufrió deficiencias nutricionales [...] De manera sorprendente, la evidencia del valle de México muestra que, si bien con el desarrollo de la agricultura hubo un incremento de las enfermedades infecciosas, la salud nutricional no declinó".[10]

Vaya que estamos en deuda con numerosas generaciones de miles de indígenas y campesinos, quienes a través de sus conocimientos sobre los recursos del medio, sus saberes y su trabajo, nos dotaron de una rica y variada diversidad biocultural, junto con una dieta de maíz, frijol, chile y calabaza, base de la alimentación que, reiteramos, nos mantuvo sanos por muchos siglos. De acuerdo con los especialistas, si estas plantas se combinan en los alimentos, multiplican su valor nutritivo, en lugar de entregar las aportaciones de cada uno por separado. Y si se complementan con los demás productos de la milpa como quelites, nopales, insectos, entre otros, más los productos del traspatio como el guajolote, esa variedad garantiza una alimentación nutricionalmente más balanceada.

En prácticamente todo el país se cultivan las variedades y razas nativas de calabazas en la milpa, además de en los huertos familiares y de traspatio. Por ello sus usos alimentarios se expresan en múltiples formas y platillos. Al igual que los antiguos mexicanos, aprovechamos casi todas las partes de estas plantas: sus brotes tiernos en caldos y guisados; sus flores, en quesadillas y sopas, o en unos suculentos tacos dorados bañados con salsa de chile poblano y epazote, y hasta rellenas de verduras, queso o carne (horneadas o capeadas, secas o en caldillo de jitomate o pipián); comemos la pulpa de los frutos tiernos asada o cocida e incluso cruda —cortada en tiritas como espagueti—, también en cremas, o la añadimos a caldos y a moles, como el de olla, tan popular, y a un sinfín de guisos más.

Por si fuera poco, las rellenamos con un rico surtido de ingredientes; con los frutos maduros elaboramos algunos platillos, aunque en su mayoría los usamos para atoles, aguas frescas, tamales, panes, dulces y pasteles. Sus semillas, ¡uy!, no tienen desperdicio; aparte de ser imprescindibles para un caudal de moles verdes y pipianes, las degustamos en jamoncillos, palanquetas, garapiñados y en la cubierta de las tortitas de Santa Clara, sin faltar las crujientes y saladas pepitas, una botana milenaria.

Así como la versatilidad de sabores de las diferentes especies da pie a distintas predilecciones de sus tallos y flores, también en la elaboración de dulces se prefieren algunas de ellas por las características de su fruto; por ejemplo, chilacayote para el de cabello de ángel, y *moschata* o calabaza de Castilla para la denominada calabaza en tacha o el dulce que en cada región del país podemos encontrar preparado de diferentes maneras y con distintos nombres.

Como vemos, por comidas con calabazas no paramos. ¿Pero qué nos ofrece la señora de la milpa en cuanto a sus valores nutricionales?

Por principio, de los brotes suaves o guías y los frutos tiernos y maduros obtenemos calcio, fósforo, tiamina, riboflavina, niacina y ácido ascórbico; de las flores, los carotenoides precursores de la vitamina A, cuyos efectos antioxidantes y antiinflamatorios protegen la vista y el sistema inmunitario. También de los frutos maduros, además de carotenoides, adquirimos fibra, carbohidratos, proteínas, grasas, vitamina A y C, hierro, potasio, magnesio y zinc. Todos ellos, asimismo, presentes en sus semillas, aunque el valor nutricional de estas es mayor, pues nos proveen entre un 30 y un 50% de ácidos grasos omega-3 (linoleico, oleico, palmítico y esteárico) y un 25% de proteínas.[11, 12]

Sin duda alguna, las calabazas nos aportan grandes beneficios nutricionales. Incluso, dicen los expertos que el contenido alimenticio de sus semillas y frutos, comparado con el de la leche y los huevos, es similar y en algunos casos mayor, aunque estos últimos siguen gozando de gran reputación.[13]

Cuando nos proponíamos cerrar la indagación acerca de las virtudes saludables de las legendarias calabazas, ¡oh, sorpresa!, nos encontramos con el uso de las semillas en la medicina tradicional como remedio contra parásitos, trastornos de riñón, de vejiga y de próstata. Al indagar más, descubrimos la existencia de evidencias actuales acerca de los efectos del aceite de las semillas, tanto para mejorar la distensión de la vejiga y reducir la presión sobre ella y la uretra, inhibir la formación de cristales y con ello disminuir el riesgo de cálculos vesicales y renales, como para prevenir el crecimiento y la reducción del tamaño de la próstata.

Asimismo, la calabaza aminora el riesgo de diabetes al disminuir la concentración de la glucosa en la sangre, detiene el avance de la hipertensión y el aumento del colesterol y también disminuye los niveles de cánceres de mama, gástrico, colorrectal y pulmonar. Incluso sustituir el aceite saturado por el de semilla de calabaza contribuye a la mejoría de enfermedades metabólicas y cardiovasculares.[14, 15]

Nuevamente atestiguamos la validez de los conocimientos de los antiguos mexicanos sobre las propiedades nutritivas y medicinales de las plantas, saberes acumulados mucho antes de la invasión española. Así lo hicimos cuando coordinamos la publicación del suplemento *La Jornada del Campo* para dar a conocer una investigación interdisciplinaria con especialistas de la Universidad Nacional Autónoma de México (UNAM) y de otras instituciones, encaminada a demostrar científicamente (con estudios de laboratorio y análisis moleculares), que la manera tradicional de consumir los alaches, la chaya y el chipilín aporta beneficios nutricionales y nutracéuticos. Estos tres legendarios quelites, además de ser poderosos antioxidantes, aportan agua, fibra y muchas vitaminas, poseen la capacidad de controlar y prevenir la gastritis (provocada por la bacteria *Helicobacter pylori*), bajar el índice glucémico (alaches y chaya) y combatir a las rudas amibas (chipilín y chaya).[16]

Una vez más, los científicos reconocen la sabia alimentación de los pueblos originarios, la cual ratifica la máxima de Hipócrates, precursor de la medicina moderna: "Que la medicina sea tu alimento y el alimento tu medicina". No nos cabe la menor duda: los indígenas y campesinos mexicanos hacían y hacen ciencia aplicada. Su acervo de conocimientos sobre las propiedades nutritivas y medicinales de las plantas, en este caso de las calabazas, lo confirma.

Por si esto fuera poco, investigaciones recientes sobre la pulpa del chilacayote han demostrado su utilidad en el tratamiento de aguas residuales, procedentes del procesamiento industrial de alimentos a base de pescado.[17]

Por último, cabe mencionar el uso de las saponinas de las calabazas para elaborar jabones y el empleo de sus frutos maduros para forraje de animales domésticos.

Como vemos, la señora de la milpa se pinta sola. Su valía dentro del cuarteto milpero y en la alimentación salta a la vista.

NATURALEZA VIVA

De la mano de numerosos artistas y a lo largo de siglos, las calabazas —en sus diferentes especies, formas, tamaños y colores— eternizaron su vida en las naturalezas muertas, donde sus creadores las plasmaron para nutrir nuestra memoria y deleitar nuestros sentidos.

Así pues, las humildes calabazas no solo se pintan solas, sino también con los instrumentos empleados por las distintas expresiones plásticas, dibujos, grabados, pinturas y arte decorativo, en diferentes países y periodos históricos.

Por eso resultó un agasajo visual y un gran orgullo como mexicanos encontrarnos a las calabazas en las representaciones artísticas y científicas de varios autores europeos, registradas profusamente por la historiadora de arte Vanessa Quintanar en *Cibus Indicus. Alimentos americanos en las artes y ciencias de la Edad Moderna europea (siglos* XVI-XVIII*)*.[18]

A través de sus páginas pudimos corroborar la información de otros autores acerca del buen recibimiento de los europeos hacia las calabazas. Para ellos, la familia de las cucurbitáceas era una vieja conocida, pues en España degustaban el melón, la sandía y el pepino, incluso usaban la calabaza peregrino (*Lagenaria siceraria*) como recipiente para el agua (las más grandes) y para el vino o vinagre (las más chicas, forradas con la piel del escroto de las cabras).

Cabe aclarar, de paso, que esa especie de calabazas, originarias de África, era conocida y utilizada en este territorio miles de años antes de la llegada de los españoles: se encontraron ejemplares en cuevas mexicanas fechadas 7 000 años antes de nuestra era, una mayor antigüedad comparada con los descubiertos en tumbas egipcias de entre 3500 y 3330 antes de nuestra era, y en entierros peruanos de alrededor del 3000 también antes de nuestra era. ¿Cómo llegaron hasta estos confines? Pues lo más probable es que los frutos hayan flotado por las aguas del Atlántico o del Pacífico (los especialistas aún no tienen certeza de ello); una travesía de hasta dos años, lapso en el que sus semillas todavía logran germinar.[19]

El conocimiento previo de las cucurbitáceas facilitó a los españoles aceptar rápidamente las especies de origen mexicano. Así lo demuestran los recetarios del siglo XVI, cuyas múltiples preparaciones se servían en las mesas de las familias españolas, particularmente durante la Cuaresma, como sustituto de la carne. De igual manera, fueron adoptadas por las cocinas de varios países europeos y de otros continentes.

Luis de Góngora, Lope de Vega, Miguel de Cervantes y Francisco de Quevedo convalidaron la popularidad de las especies mexicanas al mencionarlas en sus obras literarias. El interés por las plantas también cautivó a científicos y artistas plásticos de aquellos tiempos.

Siguiendo a Vanessa Quintanar en el registro de la representación gráfica de las calabazas mexicanas (dibujo, pintura y arte decorativo), corroboramos con gusto su nutrida presencia en el continente europeo a unos cuantos años de que los españoles invadieran América. Entre las vías de entrada a Europa, se cree que en 1494 el cronista Pedro Mártir de Anglería pudo haber enviado semillas al cardenal Ascanio Sforza, secretario del Estado del Vaticano, y que Américo Vespucio quizá portó semillas tras su viaje por el golfo de México en 1498. Para 1602 ya había presencia de plantas en el jardín botánico de Leiden, y en Flandes se encontró una caja con semillas de calabazas de distintas especies.[20]

Nos llama la atención que la primera imagen de una de las calabazas esté en un libro de oraciones del pintor francés Jean Bourdichon, elaborado exprofeso entre 1503 y 1508 para Ana de Bretaña, reina de Francia en dos ocasiones. En el libro, además de la iconografía religiosa plasmada a página completa y los menesteres espirituales (rezos, salmos, calendario, etc.), está la calabaza compartiendo el margen de las páginas con las más de 300 plantas bellamente ilustradas, con sus respectivos nombres en latín, donde se aprecian diminutas orugas, mariposas, escarabajos, catarinas, libélulas y otros tantos insectos.[21]

Con Leonhart Fuchs aterrizamos en la ciencia, pues este botánico y médico alemán identificó una gran cantidad de plantas desconocidas, entre ellas a la calabacita (*Cucurbita pepo*), en sus *Comentarios notables acerca de la historia de las plantas*, publicado en 1542. Allí se describen e ilustran prácticamente todas sus partes (raíz, hojas, flores y frutos), aunque se equivocó al mal llamarla *Turkish cucumber*, por suponerla originaria de Turquía.

Dos años más tarde, el médico y naturalista italiano Pietro Mattioli —quien como veremos fue el primero en registrar al jitomate como solanácea—, en su texto *Comentarii*, también ilustró y dejó claro el origen de las calabazas llegadas a Italia desde las Indias Occidentales, llamadas por muchos índicas. Más de cuatro décadas después, en otra de sus obras, representó con mayor detalle el interior de un fruto, las flores y hasta las pepitas.

Según pudimos constatar en el texto de Vanessa Quintanar, desde el siglo XVI las protagonistas de esta historia no pararon de viajar y ser objeto de estudio de naturalistas alemanes, franceses, italianos, ingleses y de los Países Bajos (en aquel entonces colonia española). Desde entonces, empezaron a situarse en las páginas de sus herbarios, no solo en minuciosos pasajes acerca de las características de sus respectivas especies, sino también en múltiples dibujos y grabados.

De entre las representaciones en el campo científico, destacan por su belleza las acuarelas del alemán Georg Öllinger; los tres ejemplares de la colección de acuarelas de historia natural del siglo XVI (*Libri Picturati*), al parecer de la autoría del flamenco Pieter van der Borcht, que ahora se encuentra en la Biblioteca Jagellónica de Cracovia, Polonia; la de otro flamenco, Anselmus Boëtius de Boodt, y fundamentalmente las 258 imágenes de calabazas del francés Antoine Duchesne, quien además realizó un estudio profundo de esta familia botánica.[22]

Como dato adicional podemos mencionar a Carlos von Linneo, creador del sistema de clasificación y nomenclatura de los animales y las plantas (género y especie); o sea, quien les puso nombre y apellido científico. La descripción original de la cucurbita apareció en 1753, en su obra *Species Plantarum*.

Sin duda, todo lo que hemos visto hasta aquí en el campo de la ciencia constata la gran aceptación de las calabazas migrantes en el continente europeo en los siglos XVI y XVII, así como su desarrollo y variedad alcanzados, pues varios de los botánicos del Viejo Mundo basaron sus descripciones a partir de ejemplares cultivados allá.

Para darnos una idea de cómo se consumían por estos lares nuestras especies nativas, que conquistaron el paladar de los europeos, empecemos por asomarnos al *Códice Florentino* —elaborado por

Bernardino de Sahagún y sus discípulos indígenas, con base en la información proporcionada por los sabios nahuas—. En esta obra se menciona la venta de productos de calabaza en el mercado: pepitas grandes y chicas hervidas con miel, tostadas y condimentadas con sal o también envueltas en alguna masa, además de tortillas y tamales hechos de calabazas molidas.[23]

En el códice se describen algunos de los alimentos servidos a Moctezuma, entre ellos varios moles y guisados con carne de *gallina*, camarones y peces con pepitas de calabaza molidas para darles sabor y espesarlos. Las semillas eran muy socorridas gracias a que se mantienen en buen estado por mucho tiempo; por lo mismo, las resguardaban para las épocas de escasez. También se alude a que se comían los tallos y las flores de calabaza, crudos o cocidos.

Como vemos, de la calabaza se aprovechaba todo: las guías y las flores —sin impedir su fructificación final—, los frutos tiernos y maduros y hasta las semillas, una prueba fehaciente de que la alimentación de los pueblos originarios era realmente sustentable.

El protomédico Francisco Hernández es otra fuente valiosa para acercarnos a la variedad de frutos que identificó en su recorrido por tierras mexicanas, alrededor de 1570. En la información contenida en *Del ayotli o de la naturaleza y géneros de las calabazas indias*, hace una descripción de cada una de ellas e incluso de algunos de sus usos para combatir determinados padecimientos. Asimismo, registra su nacimiento al llegar las lluvias, aunque señala que brotan durante todo el año y los mexicanos comen como hortalizas sus brotes y flores, además de sus frutos. Concluye: "Todas las variedades carecen, como las nuestras, de sabor y olor, proporcionan nutrición fría y húmeda, buena para la mesa y apropiada para alimentar a los que padecen fiebres y ardor de riñones".[24]

Las calabazas no solo eran esenciales en la dieta básica de los antiguos mexicanos y formaban parte del tributo pagado por muchos pueblos originarios a los mexicas —según relata Hernando Alvarado Tezozómoc en su *Crónica mexicana*—.[25] También poseían atributos simbólicos para las culturas ancestrales, por lo que formaban parte de las narraciones sobre la creación del mundo, se ofrecían a los dioses y estaban presentes en las ofrendas funerarias, costumbre que se ha perpetuado hasta nuestros días. Y como ocurre con la Gente de la Calabaza, era y es referente de identidad y guía en las comunidades.

Sin duda, ambos atributos, alimenticio y simbólico, propiciaron que en el arte mesoamericano la calabaza fuera, después del maíz, el vegetal más representado: una de las primeras imágenes de calabaza con sus tallos, hojas, flores y frutos la encontramos labrada en las rocas de la zona arqueológica de Chalcatzingo, Morelos, sitio afamado por los relieves de las ceremonias rituales olmecas. Otras más aparecen en un glifo maya, en las matrículas de tributos y en los códices Florentino y Mendocino. Asimismo, se han hallado vasijas en forma de calabaza en Campeche y Colima.[26]

Y ya que andamos en esto de las imágenes de las calabazas, existen numerosas representaciones artísticas europeas de los siglos XVI al XVIII, algunas de las cuales se pueden apreciar en el libro de Vanessa Quintanar. Italia fue uno de los primeros países en plasmarlas: podemos verlas salpicadas en variadas formas y tamaños en los festones de los frescos de la Villa Farnesina, y también en los retratos de las estaciones del año, del pintor Giuseppe Arcimboldo, muy socorridos en la actualidad, por cierto.

Su presencia, gracias a pintores italianos, de los Países Bajos y algunos españoles, trascendió a escenarios recreados en gran cantidad de bodegones, ambientes de cocina, mercado y hasta mitológicos. Incluso su imagen se materializó en recipientes como soperas y en porcelanas de figuras femeninas portando calabazas.[27]

En el siglo XIX las calabazas continuaron eternizando su vida de la mano de Paul Gauguin y Vincent van Gogh; de Saturnino Herrán, Siqueiros, Tamayo, Toledo, Nishizawa y María Izquierdo, entre otros creadores plásticos. Pero actualmente es la artista japonesa Yayoi Kusama quien ha ampliado su universo, multiplicándolas —para deleitarnos— en alucinantes pinturas, grabados, dibujos, esculturas e instalaciones, inspirada en su forma graciosa, el sentimiento cálido y la calidad humana que le transmiten.

CULTIVO PRIMIGENIO EN RIESGO

La calabaza es uno de los cultivos con mayor fama en el mundo. En América, como en cientos de países, existe un sinfín de recetas en las que participa este personaje, ya sea en el papel protagónico, secundario (entre los ingredientes básicos) o como complemento. Basta asomarnos a la culinaria de naciones de África, Asia, Europa y Oceanía para darnos cuenta de su incorporación en jugos, sopas, purés, guisos, dulces, galletas y pasteles. Curiosamente, en India, al igual que en México, consumen sus guías, flores, frutos y semillas.

En nuestro país se comen principalmente los frutos tiernos, como verdura en diferentes platillos, y en menor proporción cuando están maduros, pues con ellos se preparan sobre todo dulces, aunque en las ciudades solo se consigue la calabaza madura en los meses de octubre y noviembre, cuando se utilizan para las ofrendas de los ancestros durante el Día de Muertos.

En la actualidad, el consumo de calabaza en las zonas urbanizadas ha dejado de ser esencial. "Ha disminuido considerablemente [...] ya sea por la falta de afinidad a los platillos elaborados con este vegetal o por el desconocimiento de los múltiples beneficios que acarrea su inclusión en la dieta".[28] Además, las nuevas generaciones de mexicanos han normalizado el consumo de las variedades de producción masiva.

Con certeza, los cambios en la dieta de los mexicanos obedecen a factores estructurales, en particular la modificación de los sistemas de producción agropecuaria y el desarrollo de la agricultura industrial —que despojaron a la tierra como proveedora de los alimentos para convertirla en una fábrica de mercancías—, así como el auge de la industria alimentaria y de bebidas azucaradas, que ha creado deseos y necesidades a partir de nuevos productos que, en muchos casos, se hacen pasar por alimentos sin serlo en realidad.

Desde la segunda mitad del siglo XX comenzó a propagarse el negocio de la alimentación con un gran abasto y distribución a cargo de empresas nacionales y transnacionales. Como parte importante de esa maquinaria, se desarrollaron estrategias mercadotécnicas y publicitarias orientadas a promover las ventas de nuevos productos industrializados e impulsar el consumo masivo como una forma de alcanzar prestigio y un estatus social superior. Esta es una de las razones por las que la población, sobre todo los miembros más jóvenes, han abandonado verduras como la calabaza y también las frutas nativas.

Otra razón: la actividad comercial ha transformado el menú, no solo incrementando el volumen de las porciones de los alimentos, sino desplazando a las verduras, antes fundamentales y abundantes, a una mínima porción, solo como acompañamiento de la carne, ahora presente de manera considerable cotidianamente. Y otra más se debe al agitado ritmo de vida impuesto por las crisis económicas y las exigencias laborales, ámbito donde las mujeres participan cada vez más, que incita a los jóvenes a recurrir a verduras precocidas y a otros comestibles procesados, pues se ha arraigado la idea de que cocinar alimentos frescos resulta fastidioso, complicado y se pierde mucho tiempo.

Hoy en día, la producción de calabaza en México está en niveles muy bajos; tanto que a escala mundial ocupamos el octavo lugar en este rubro. Sería trágico que únicamente la utilizáramos para las ofrendas, como ocurre en Estados Unidos, el cuarto productor internacional, donde el mercado ha desplazado su valor nutricional por el simbólico, como registra George Armelagos: "En años recientes la empresa Massachusettes Farmers produce más de tres millones de calabazas que se venden en el estado, y el 90 por ciento de las mismas se recortan para hacer linternas de Halloween que se colocan en el pórtico, se exhiben en la ventana de la cocina o se usan como centro de mesa en la celebración, para ser descartadas después de la fiesta".[29] Es decir, ¡son tiradas a la basura!

Resulta parádojico que un alimento de origen indígena, integrante de la dieta de los mexicanos durante miles de años por sus atributos nutritivos, de adaptación agroecológica, culinarios, culturales y simbólicos, hoy se produzca y consuma en mayor cantidad en China, India, Rusia y Ucrania, entre otros países.

Por fortuna, en las zonas rurales muchos pobladores aún se alimentan con diferentes variedades, porque además de conocer sus ventajas sustentables, como cultivo y alimento, han experimentado beneficios en su salud al aprovechar sus propiedades nutritivas y hasta medicinales, además de disfrutarla de mútiples maneras.

La producción de calabazas nativas sigue siendo relevante en diferentes regiones del país dentro de la milpa, a pesar de los demonios que la acechan, de acuerdo con Armando Bartra, quien afirma que la agricultura intensiva —con los costos ambientales endosados a las generaciones futuras—, la dependencia de las transnacionales en los insumos agrícolas (semillas mejoradas, fertilizantes y plaguicidas agrotóxicos), del paquete tecnológico usado por los campesinos, "carcomen desde dentro el ancestral modelo milpero".[30]

Combatir las amenazas contra la milpa nos compete a todos, a quienes trabajan en el campo y a quienes comemos de él, pues es la estrategia de sobrevivencia más sustentable, porque produce alimentos sanos a través de la variedad de cultivos, genera aire puro, agua limpia, suelo fértil y diversidad biológica, esencial para moderar las variaciones climáticas.

Hoy que se recomienda como lo más saludable consumir sobre todo alimentos frescos, verduras y frutas, cobra mayor claridad la sabiduría de nuestros pueblos originarios en torno a su dieta, principalmente vegetariana. No obstante, todavía a mediados del siglo pasado muchos investigadores menospreciaban que la dieta básica de los mexicanos se integrara por maíz, frijol, calabaza, otras verduras y quelites, según refiere Cristina Barros: "Los autores modernos al presentar sus datos juzgan, desgraciadamente, con criterio occidental, valorando la riqueza alimentaria de un pueblo por el consumo que el mismo realiza de ciertos productos tales como leche, huevos, carne, etc. Si el consumo de ellos es bajo, lo catalogan de inmediato como subalimentado".[31]

Actualmente, por desgracia, no solo estamos dejando de comer aquellos productos milperos que nos mantenían sanos. Ahora, además de privilegiar el consumo de carne, huevos y leche, muchos compatriotas están atrapados en las necesidades creadas por las corporaciones alimentarias y los comestibles ultraprocesados, sin enterarse de que la combinación de frijoles, tortillas y chile genera una buena proteína, como lo demostraron investigadores mexicanos y estadounidenses en las primeras décadas del siglo XX.

De ello dan cuenta los análisis de los alimentos mexicanos realizados por investigadores dentro y fuera de México, a principios de los años cuarenta del siglo pasado. Los resultados de esos estudios, elaborados a la luz de metodologías occidentales, y coordinados por Francisco de Paula Miranda, médico especializado en fisiología de la alimentación y nutrición, concluyeron que la combinación de maíz, frijol, calabaza y quelites, productos milperos ancestrales, constituye una dieta con los nutrimentos necesarios para una buena alimentación.

Ya es hora de empezar a revertir desde nuestro entorno el predominio de las industrias agrícola y alimentaria. Ejemplos de cómo hacerlo hay varios: los tianguis orgánicos, agroecológicos y alternativos, la agricultura urbana, formar redes de consumidores con productores agrícolas cercanos de pequeña y mediana escalas, y hasta sembrar algunos alimentos para autoconsumo.

También podemos empezar por incorporar en la dieta más alimentos frescos, producidos agroecológicamente, entre ellos a la señora de la milpa, en todas sus partes: guías, flores, frutos y semillas. No es tan difícil hacerlo, pero con ingenio y ganas es posible cocinar todo un menú, desde entradas, sopas, ensaladas, platos fuertes, postres y hasta bebidas. Todo es cuestión de ingeniárselas.

De todos los mexicanos depende que este cultivo ancestral, el primero llevado a cabo por los pueblos originarios de este país, siga entre nosotros. Aprovechar las calabazas nativas en nuestra alimentación nos beneficiará a todos en la salud: productores, consumidores y medio ambiente, pero además generará economía social y contribuirá a lograr seguridad y soberanía alimentarias.

Es un orgullo sentirnos *gente de la calabaza*, el fruto que nutre al mundo como alimento y objeto del arte, cuya belleza puede convertirse incluso en la carroza dorada de *La Cenicienta* de Charles Perrault.

Notas

[1]Hubert Martínez Calleja, "Gente de la calabaza", *Ojarasca, La Jornada*, 13 de abril de 2018. Consultado en https://ojarasca.jornada.com.mx/2018/04/13/gente-de-la-calabaza-1844.html.

[2]Cristina Barros y Marco Buenrostro, "La alimentación prehispánica en la obra de Sahagún", *Arqueología Mexicana*, vol. VI, núm. 36, marzo-abril de 1999.

[3]Montserrat Gispert Cruells, "Las mujeres indígenas: transmisoras y protectoras de identidad y cultura alimentaria", *Identidad a través de la cultura alimentaria*, Memoria Simposio, Conabio, 2013.

[4]Rafael Lira y Robert Bye, "Las cucurbitáceas en la alimentación de los dos mundos", en *Conquista y comida: consecuencias del encuentro de dos mundos*, UNAM-IIH, México, 13 de diciembre 2019. Consultado en http://www.historicas.unam.mx/publicaciones/publicadigital/libros/323/conquista_comida.html.

[5]Luis E. Eguiarte *et al.*, "Domesticación, diversidad y recursos genéticos y genómicos de México: El caso de las calabazas", *Revista Especializada en Ciencias Químico-Biológicas*, 21(sup. 2), UNAM-FES Zaragoza, 2018. Consultado en https://www.academia.edu/54684335/Domesticaci%C3%B3n_diversidad_y_recursos_gen%C3%A9ticos_y_gen%C3%B3micos_de_M%C3%A9xico_El_caso_de_las_calabazas.

[6]Enrique Vela, "La calabaza, el tomate y el frijol", *Arqueología Mexicana*, edición especial 36, octubre de 2010.

[7]Alejandro Casas y Javier Caballero, "Domesticación de plantas y origen de la agricultura en Mesoamérica", *Ciencias*, núm. 40, octubre-diciembre de 1995, UNAM, México. Consultado en https://www.revistacienciasunam.com/es/146-revistas/revista-ciencias-40/1196-domesticaci%C3%B3n-de-plantas-y-origen-de-la-agricultura-en-mesoam%C3%A9rica.html#:~:text=Se%20estima%20que%20en%20la,9000%20o%2010%20000%20a%C3%B1os.

[8]Luis E. Eguiarte *et al.*, *op. cit.*

[9]Cristina Barros, "Justificación: argumentación técnica en Patrimonio Cultural y Turismo", *Cuadernos*, 10, Conaculta. Consultado en https://www.cultura.gob.mx/turismocultural/cuadernos/cuaderno10_2_4.php.

[10]George Armelagos, "Cultura y contacto: el choque de dos cocinas mundiales", *Conquista y comida: consecuencias del encuentro de dos mundos*, 3ª ed., UNAM, México, 13 de diciembre de 2019. Consultado en http://www.historicas.unam.mx/publicaciones/publicadigital/libros/323/conquista_comida.html.

[11]Irma Angélica Hernández *et al.*, "Qué nos aportan las calabazas y chilacayotes", *Biodiversidad Mexicana*, Comisión Nacional para el Conocimiento y Uso de la Biodiversidad, octubre de 2020. Consultado en https://www.biodiversidad.gob.mx/diversidad/alimentos/que-nos-aportan/N_calabazas.

[12]Oswaldo Oliveros Galindo *et al.*, "Calabazas, tamalayotas, pipianas y chilacayotes", *Biodiversidad Mexicana*, Conabio, octubre de 2020. Consultado en https://www.biodiversidad.gob.mx/diversidad/alimentos/calabazas.

[13]Rafael Lira Saade, "Calabazas de México", *Ciencias*, núm. 42, abril-junio de 1996, UNAM-Facultad de Ciencias. Consultado en https://www.revistacienciasunam.com/en/184-revistas/revista-ciencias-42/1734-calabazas-de-m%C3%A9xico.html.

[14]María Guadalupe Paz Martínez y Ángela Suárez Jacobo, "Calabaza: producto milenario con potencial en salud", Centro de Investigación y Asistencia en Tecnología y Diseño del Estado de Jalisco, A. C., febrero de 2024. Consultado en https://ciatej.mx/el-ciatej/comunicacion/Noticias/Calabaza--producto-milenario-con-potencial-en-salud/372.

[15]Roberto Lemus Mondaca *et al.*, "Semillas de calabaza (*Cucurbita maxima*). Una revisión de atributos funcionales y subproductos", *Revista Chilena de Nutrición*, diciembre de 2019. Consultado en https://www.scielo.cl/scielo.php?script=sci_arttext&pid=S0717-75182019000600783&lng=en&nrm=iso&tlng=en.

[16]Varios autores, "Quilitl", *La Jornada del Campo*, número 122, noviembre de 2017. Consultado en https://www.jornada.com.mx/2017/11/18/Images/delcampo122.pdf.

[17]Rafael Lira Saade, *op. cit.*

[18]Vanessa Quintanar Cabello, *Cibus Indicus. Alimentos americanos en las artes y ciencias de la Edad Moderna europea (siglos* XVI-XVIII*)*, Ediciones Doce Calles, España, 2023.

[19]María Angela Álvaro Sevilla, *El uso de la calabaza del peregrino (Lagenaria siceraria) en España*, Biblioteca Virtual Miguel de Cervantes. Consultado en https://www.cervantesvirtual.com/obra-visor/el-uso-de-la-calabaza-del-peregrino-lagenaria-siceraria-en-espana/html/.

[20]Vanessa Quintanar Cabello, *op. cit.*

[21]*Las Grandes Horas de Ana de Bretaña*, Bibliothèque nationale de France, París. Consultado en https://www.moleiro.com/es/libros-de-horas/grandes-horas-de-ana-de-bretana.html.

[22]Vanessa Quintanar, *op. cit.*

[23]Bernardino de Sahagún, *Historia General de las cosas de la Nueva España* en Códice Florentino, versión digital, https://florentinecodex.getty.edu/es/book/8/folio/49v.

[24]Francisco Hernández, "Del Ayotli o de la naturaleza y géneros de las calabazas india", en *Historia natural de Nueva España 1, Obras completas*, tomo II. Consultado en http://www.franciscohernandez.unam.mx/tomos/02_TOMO/tomo002_002/tomo002_002_008.html.

[25]Cristina Barros y Marco Buenrostro, *Tlacualero, alimentación y cultura de los antiguos mexicanos*, Instituto Nacional de Ciencias Médicas y Nutrición Salvador Zubirán, México, 2016.

[26]Enrique Vela, *op. cit.*

[27]Vanessa Quintanar Cabello, *op. cit.*

[28]María Guadalupe Paz Martínez y Ángela Suárez Jacobo, "Calabaza: producto milenario con potencial en salud", Conahcyt / CIATEJ, febrero de 2024. Consultado en https://ciatej.mx/el-ciatej/comunicacion/Noticias/Calabaza--producto-milenario-con-potencial-en-salud/372.

[29]George Armelagos, *op. cit.*

[30]Armando Bartra, "No está el maíz para esquites", *La Jornada del Campo*, octubre de 2010. Consultado en www.jornada.unam.mx/2007/10/10/maiz.html.

[31]Cristina Barros, *op. cit.*

Edición fotográfica: Patgava.
Collage fotográfico: Myriam C. Mabarak.

Milpa, corazón de nuestra agricultura sustentable.
Fotos de GB y MEG.

Milpa, corazón de nuestra agricultura sustentable.
Foto de Milenka.

Nuestra superficie es el maíz.
Fotos de Milenka / Montaje: Patgava.

Frijoles, identidad en conflicto.
Fotos de GB y MEG.

Guía y referente en las comunidades.
Foto de GB y MEG.

Resplandor en la milpa.
Fotos de Milenka.

Astro refulgente en la gastronomía mundial.
Fotos de GB y MEG. / Montaje: Patgava.

Arcoíris de colores y sabores en nuestras mesas.
Foto de GB y MEG.

Gran seductor de paladares con sabor a México.
Foto de GB y MEG.

Foto de Dimus.

Imponente,
y de mucho
mundo, pero
bien mexicano.

Foto de Xocolatl.

Dulce fruto del seno mexicano.
Fotos de Milenka.

"Oro verde" de sabor, aroma y textura.
Fotos de GB y MEG.

Nuestra ancestral
y perfumada orquídea.
Fotos de Abner Nájera.

De alimento
de los dioses a
objeto de lucro.

Semilla sagrada
sobreviviendo
en su hábitat.

El cacaotal de la selva, sistema para reproducir la vida.
Fotos de Nisao Ogata.

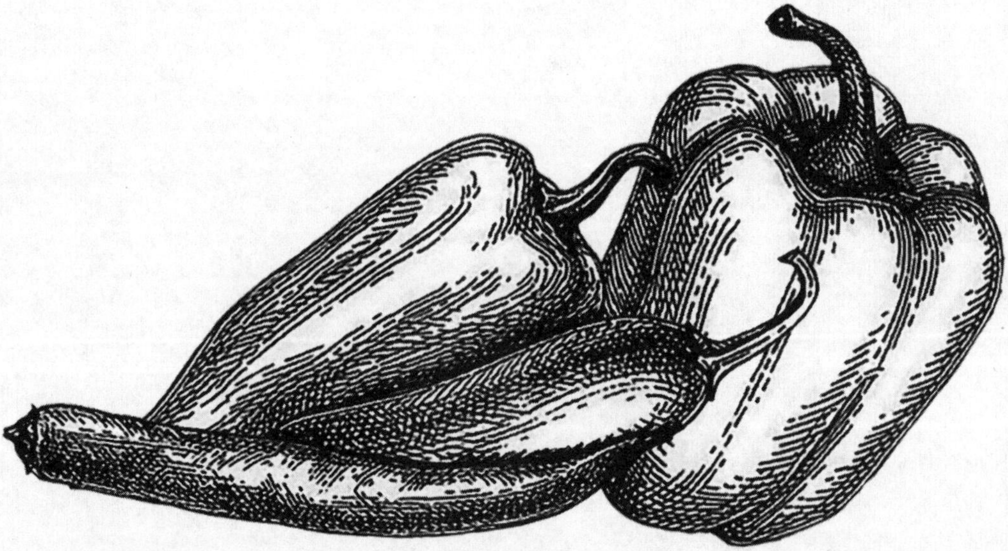

5

Lo real maravilloso: el chile

La filosofía popular pregona que para los mexicanos "un día sin chile es como un día sin sol". Nada más cierto, porque desde nuestros antepasados hasta nuestros días los chiles han dotado de sabor a nuestros alimentos y de energía a nuestra vida: tan solo con saborear una tortilla con chile podemos apaciguar el hambre y sentirnos vigorosos.

Pero ¿qué tanto conocemos realmente a este personaje camaleónico, que tiene la virtud de cambiar de imagen con facilidad y cautivarnos con sus diferentes sabores, olores, colores y formas? A diario está presente en nuestras mesas, en los puestos de comida callejera, las fondas y los restaurantes de lujo, incitando nuestro olfato y nuestras papilas gustativas con su firme y poderosa personalidad.

Es tan versátil que, a diferencia de otras especias, como condimento puede incorporarse fresco o seco a incontables platillos en múltiples formas: frito, cocido, asado, tatemado, molido en polvo o en pasta, encurtido o en escabeche, brindándonos una amplia variedad de sabores y aromas. Y no solo eso, también el chile en sí mismo es un platillo completo, ya sea relleno de frijolitos, de queso o de un picadillo con carne y frutas, como el de los chiles en nogada.

Los mexicanos difícilmente podemos escapar al encanto del mundialmente famoso jalapeño —conocido también como cuaresmeño, porque se acostumbraba a consumir durante la Cuaresma— o huauchinango —como le llaman en algunas partes de Oaxaca y Puebla—. Tampoco escapamos al omnipresente serrano, "picante, pero sabroso"; al inconfundible y sensual poblano; al espigado chile de árbol o al ancestral diminuto piquín, "chiquito, pero picoso".

Actualmente, cada vez menos mexicanos podemos identificar algunas de las variedades que ha adquirido el chile en fresco por los nombres que la gente le da en los distintos lugares donde vive. De lo que sí estamos seguros es de que un chile verde no huele, ni sabe igual y tampoco tiene la misma textura que si está fresco, asado, frito o hervido. Y en cuanto al origen de este imprescindible e insustituible fruto que nos regala sabor y placer día tras día, ¿qué sabemos?

Empecemos por agradecer su presencia en nuestra vida a la naturaleza, por brindarnos la oportunidad de conocer a la fecunda familia de las solanáceas que dio a luz al *Capsicum*, el chile silvestre, en América del Sur, así como a la gran mayoría de las plantas que de ella descienden. Luego, al viento y a las intrépidas aves, al parecer inmunes al picante, que se encargaron de dispersar las semillas de este fruto en lo que hoy es nuestro país, desde la cuenca del Amazonas y la región de Bolivia y Perú, donde hoy se cultivan cinco de las 35 especies oriundas de este continente hasta ahora conocidas, las cuales se distribuyen en Estados Unidos, México, Brasil, Paraguay y el centro de Argentina.

Finalmente, agradezcamos a las hábiles y generosas manos de las indígenas mexicanas que, para satisfacer sus gustos y necesidades alimentarias, a partir del *Capsicum* desarrollaron la diversidad de chiles de nuestro país y de gran parte del mundo. Hoy, las nuevas generaciones siguen consumiendo y cultivando los tipos tradicionales, por lo que se han convertido en custodios de esta importante herencia biocultural.

De esas especies, únicamente cuatro han echado raíces en los cultivos y en nuestros paladares; de ellas, dos son de origen nacional: la primera es *Capsicum annuum* (chile piquín), cuyos descendientes domesticados, por su diversidad, se han convertido en los más importantes del planeta (se han identificado alrededor de 90 razas de chiles asociados a las culturas originarias; de ahí que "México sea reconocido como el centro de origen y diversidad de la especie que condimenta al mundo").[1] La otra especie de origen nacional es *Capsicum frutescens* (chile tabasco o paradito), con el que se elabora la famosa salsa que lleva su nombre y que aún es cultivado por culturas indígenas en el país.

La tercera especie es la amazónica *Capsicum chinense*, de la cual provienen los coloridos e intensamente picosos habaneros; y por último la andina *Capsicum pubescens*, con sus radiantes chiles manzanos.

El *Capsicum annuum*, tan vibrante como las variaciones musicales, se ha prodigado en un colorido repertorio con una amplia gama de tonalidades, formas, olores, texturas y sabores en los que sus matices de picor, además de estar arraigados en el alma de las culturas nativas y contemporáneas de nuestra nación, han trascendido al gusto de las poblaciones de países asiáticos y europeos.

Su antepasado silvestre, conocido comúnmente como chile *piquín* o *chiltepín*, por fortuna ha resistido los embates de los agrotóxicos que contaminan el agua, los suelos y el aire, pues aún puede encontrarse por el litoral del Pacífico, desde Sonora hasta Chiapas, y por el golfo de México, de Tamaulipas a Yucatán y Quintana Roo.

Los descendientes cultivados de este pequeño y ardiente chile han sido tan prolíficos en todo el país, que resulta muy complicado cuantificar el total de las variedades locales. Mientras algunos investigadores mencionan que existen 250, las autoridades del medio ambiente señalan que hay al menos 200 variedades criollas conocidas —nosotros preferimos llamarlas nativas, porque son originarias de aquí, no de ascendencia europea— y 64 domesticadas.[2] Por su lado, Ricardo Muñoz Zurita, uno de los chefs mexicanos que ha investigado con mayor rigor nuestra gastronomía tradicional, registró la imagen, los usos y hasta la localización por regiones de 145 chiles.[3] Sea la gama mayor o menor, los chiles cultivados en nuestro territorio siguen irradiando con su fulgor todos los rincones de México.

Lo extraordinario de esta gran heterogeneidad es producto de los distintos climas y tipos de suelo, y ha dependido de las preferencias de las diferentes culturas, tanto por el uso que les dan como por sus propiedades. De ahí que la mayor diversidad se aloje en los cultivos de pequeñas parcelas o traspatios de comunidades indígenas, donde los chiles silvestres siguen fecundando a los cultivados, con o sin la intervención humana.

Este libre intercambio de polen y semillas evidencia que, aunque la domesticación del chile empezó hace cerca de 7000 años en los campos de cultivo de las culturas nativas de Centroamérica y de las que prosperaban donde hoy es territorio mexicano, aún continúa hasta nuestros días, porque en las nuevas siembras se van incorporando parte de las variaciones genéticas de las poblaciones silvestres.

En este proceso permanente de domesticación, los usos específicos de los chiles, inspirados por los pueblos originarios de nuestro país, han instaurado una huella genética. Esta se manifiesta en los contrastantes tamaños de sus frutos (del piquín al poblano); en sus caprichosas formas (alargadas, cónicas, cuadradas, triangulares y acorazonadas), y en su coloración (del verde al amarillo, pasando por el rojo y anaranjado hasta llegar al café). Ante tan fértil diversidad biocultural, sin duda refrendamos lo dicho por el investigador Lev Jardón Barbolla: "*Capsicum annuum*, el chile, es quizá un ejemplo vivo, tangible y degustable de aquello que Alejo Carpentier llamó lo real maravilloso americano".[4]

Este real maravilloso mexicano —precisamos nosotros—, propiciado por las manos de incontables mujeres versadas en los conocimientos de botánica aplicada para hacer florecer en ricas y múltiples formas estas semillas milenarias, y a través de su fecunda imaginación, da vida en la cocina a diferentes y suculentos platillos, en los que tras el picante hay una amplia gama de sabores, aromas y tonalidades.

A estas cocineras tradicionales, entre ellas nuestras respectivas madres, les debemos tanto el disfrute de sus inolvidables y deliciosas comidas, como el aprender a distinguir los chiles frescos y secos, a reconocer sus diferencias aromáticas y de sabor, y a experimentar distintas maneras de utilizarlos solos o como condimento, a fin de realzar sus atributos en múltiples moles, pipianes, adobos, guisados, caldos y salsas.

Pero eso no es todo, nuestra riqueza cultural y biológica también se expresa en el caudal de nombres que recibe el mismo chile en cada región: chile piquín, chiltepín, chilpaya, chiltepec, chiltepe, etcétera. Unas veces los nombran por sus formas: chile de árbol, cola de rata o pico de paloma; otras por su color: mulato, verde; por el lugar donde se cultivan: al chile jalapeño de Huauchinango, Puebla, se le conoce con este nombre, como ya se dijo; así como por el entorno donde nacen, como al popular chile verde que llaman serrano, pues su cultivo comenzó en las sierras de Puebla, Hidalgo y Estado de México.

Más aún, si por nombres no paramos en cuanto a los chiles frescos, las denominaciones también abundan cuando estos se secan, pues su sabor es completamente diferente tras esa metamorfosis.

Por desgracia, cada vez estamos menos familiarizados con los ingredientes de los alimentos que nos llevamos a la boca. Desconocemos cómo se llaman, de dónde vienen, cómo se producen, en qué platillos se integran y qué beneficios aportan a nuestra salud. Quizá por eso nos alegró mucho encontrarnos la referencia de un cocinero de la Ciudad de México que ilustraba a sus seguidores en Twitter (hoy X) sobre los descendientes de los chiles frescos, los secos, con sus respectivos nombres, compartiendo y contrastando ambas versiones. Los tuits traslucían la sorpresa de la mayoría de los cibernautas, pero el más contundente de ellos fue: "Con que el chipotle es jalapeño seco. Chef, acabas de derribar un árbol del infinito bosque de mi ignorancia".[5]

Van unos cuantos ejemplos de esa asombrosa transformación. Imaginemos a los mundialmente famosos jalapeños: verdes, claros u oscuros, radiantes y carnosos. Al madurar van adquiriendo un atractivo rojo flamante hasta estar listos para su transformación en chipotles. "Este proceso de ahumado se remonta a la civilización azteca, donde los chiles jalapeños eran colocados en grandes fosas subterráneas para ser ahumados como una forma de conservarlos".[6] Actualmente se ahúman en maderas de roble y nogal o de árboles frutales, hasta que se arrugan y toman un color café oscuro de sabor muy picante.

Del inconfundible y sensual poblano emergen los chiles ancho y mulato, que inician su proceso de mutación deshidratándose, una vez que su predecesor llega a su madurez al rojo vivo. El primero proviene de un ejemplar verde claro en su estado fresco, para dar paso al rojizo chile ancho; el segundo, en cambio, se obtiene de una variedad verde muy oscura (de ahí que el chile mulato sea de color café oscuro).

No podíamos dejar de mencionar al inigualable chile pasilla —nombre que "deriva de que se arruga como la uva pasa"—,[7] el cual debe su origen a la verde y alargada chilaca, conocida asimismo como Anaheim, que al secarse incrementa su picor y se torna de café muy oscuro.

Tampoco podemos obviar a dos insignes chiles: el serrano seco, de origen poblano, y el chiapaneco Simojovel. Con ellos, para decirlo de forma simple, en la familia hemos llegado al cielo con la boca.

Los chiles secos juegan un papel fundamental en la preparación de los alimentos cotidianos y en las expresiones culinarias de mayor complejidad en nuestro país. Además de aromar y dar sabor, espesar y proveer de color a distintos platillos de la cocina tradicional mexicana, es esencial el equilibrio en la mezcla entre los distintos chiles secos con los diferentes ingredientes.

Gracias a ellos, los moles poblano, negro, coloradito y amarillito; los pipianes verdes y rojos; y los adobos, por mencionar algunos representantes de la rica gastronomía mexicana, son producto de una delicada alquimia de chiles secos con varios ingredientes; la cantidad ya dependerá del gusto y la creatividad de quien lo prepare. Nuestra receta familiar de mole poblano, conservada por más de 150 años, contiene la mezcla de cuatro chiles, combinada con otros 20 ingredientes.

No hay duda de que la profusión de sabores, aromas, texturas y colores encarnada por los chiles en la gastronomía mexicana es un ejemplo vivo de lo real maravilloso.

EL SABOR DE LA VIDA

Resulta complejo seguir la huella a través del tiempo de la llegada a nuestras tierras de este inigualable personaje, que ha cautivado a millones de paladares en el planeta. Se insiste en que fueron las aves, seducidas por el rojo vivo de sus frutos, las responsables de transportar las semillas entre sus patas, sus plumas o en su aparato digestivo por todo el territorio. Se desconoce cuándo, aunque se especula que ocurrió en la prehistoria, mucho antes de la llegada del hombre a la región, hace alrededor de 35 000 años.[8]

Los primeros pobladores de lo que hoy es México eran seminómadas y tenían a su disposición una gran cantidad de animales para cazar cerca de los ríos, lagos, manantiales y arroyos. Complementaban su dieta con los vegetales que las diferentes estaciones les brindaban. Permanecían en un sitio mientras contaran con los recursos suficientes, y cuando estos mermaban emigraban a otro. Quizá en esos ires y venires se encontraron con el *Capsicum*, aunque como señala la investigadora Janet Long: "No tenemos evidencia concreta de su presencia en esta época tan temprana y solo podemos especular acerca de su aprovechamiento por los antiguos mexicanos como planta espontánea".[9]

Los cambios climáticos, junto con la actividad humana, propiciaron la extinción de los grandes mamíferos y los cazadores únicamente tenían a su alcance especies de menor tamaño, que apenas satisfacían sus necesidades alimenticias. Ante esta situación, imaginamos a las mujeres afanadas en proteger las plantas silvestres comestibles, en incrementar su recolección y almacenamiento y en practicar el cultivo de distintos vegetales.

Dice Aurora Montúfar, especialista en arqueobotánica del Instituto Nacional de Antropología e Historia, que la transición de las sociedades cazadoras-recolectoras a poblaciones sedentarias fue gracias a la agricultura del maíz,[10] precisamente el contexto donde, además de recolectarse, el chile empezó a cultivarse. Así, mientras los hombres cazaban, las mujeres cosechaban sus cultivos e iban descubriendo las cualidades y beneficios derivados de esta planta, tanto para elaborar alimentos como para curar enfermedades.

De acuerdo con los especialistas, el uso y cultivo del chile ocurrió de forma independiente en distintos momentos y en diferentes zonas geográficas de México. Hasta ahora, los restos más antiguos registrados, tanto de semillas como de frutos, datan de al menos hace 7000 años y se encontraron en la cueva de Coxcatlán, en el valle de Tehuacán, Puebla. Incluso nos comparte Aurora Montúfar que ahí, entre restos de calabaza, guaje y frijol, descubrieron un ejemplar de chile de tamaño grande, muy similar a los cultivados actualmente.

Esta especialista reseña que también se han recuperado semillas en Teotihuacán —como parte del relleno de la Pirámide del Sol—, Xochimilco, Tlatelolco y en el Centro Histórico de la Ciudad de México, donde las excavaciones de un piso mexica sacaron a la luz el fruto de un chile que aún lucía su color verde, muy similar al cuaresmeño. Asimismo, se han encontrado semillas en dos ofrendas del Templo Mayor de Tenochtitlan.

Al igual que en Tehuacán, otras de las excavaciones arqueológicas más antiguas realizadas en la región de Puebla-Tlaxcala, el valle de Oaxaca, el centro del país y la sierra de Tamaulipas, localizaron restos de chiles silvestres en semillas carbonizadas y en tejido vegetal, lo que demuestra que *Capsicum annuum* ha formado parte de la dieta de muchas culturas en México desde hace miles de años.[11]

Refuerzan lo anterior los resultados de las investigaciones encaminadas a detectar granos de almidón de chile en cuencos, ollas, vasijas y piedras para moler (metates y *metlapillis* o manos de metate), recuperados de las diversas culturas oriundas de nuestro país. Ello da cuenta de que este personaje no va a la zaga del maíz en ubicuidad.[12]

La proliferación del cultivo del *Capsicum annuum* entre las culturas nativas seguramente ocurrió a raíz del intercambio de chiles en semilla o deshidratados y por el traslado de plantas a través del territorio. Más aún, contribuyeron a ello su habilidad innata de cruzarse con plantas de su misma especie y su capacidad para adaptarse no solo a diferentes climas, alturas y suelos, sino también a las necesidades, preferencias y gustos de quienes lo han cultivado. Gracias a todos esos atributos, aunados a las distintas expresiones culturales de los pueblos originarios, hoy podemos gozar tanto de la diversidad de chiles que tenemos en todo el país, como de la variedad de platillos regionales típicos.

Sin duda, las recetas creadas por las diferentes culturas mexicanas fueron cocinándose a fuego suave, dejando emanar los suculentos matices de olor y sabor que distinguen a cada región e incluso a cada pueblo de nuestra nación. Pero eso se cuece y se saborea en cada lugar, así que mejor veamos otra más de las virtudes de nuestro personaje protagónico: su capacidad de curar.

El chile, *chilli* en náhuatl, también se ha utilizado en la medicina tradicional mexicana por más de cinco siglos. Se le considera un alimento caliente. Desde fray Bernardino de Sahagún hay constancia de que los médicos nahuas empleaban todas las variedades de chiles para tratar la tos, los dolores de oídos y muelas, la inflamación de encías y los problemas de la piel. Luego, el médico de la corte Francisco Hernández, por su parte, testificó el uso del chile para estimular el apetito y el deseo sexual, fortalecer el estómago débil y como purgante, entre otras propiedades.[13, 14]

A fin de asomarnos al uso medicinal del chile en la cultura náhuatl, nos acercamos a un texto de la historiadora Mónica Andalón, quien nos comparte que aún en la actualidad los nahuas de la sierra poblana toman una infusión de hojas y flores de chiles jalapeños para eliminar lombrices o parásitos intestinales. Ella nos revela que los médicos nahuas, *titicih*, además de descubrir la capacidad innata de los chiles como alimento y medicina al mismo tiempo, poseían una larga tradición y un profundo conocimiento sobre las propiedades nutritivas y curativas de todas las variedades de chiles y sus respectivas partes para sanar múltiples enfermedades.

Si se trataba de problemas de estreñimiento, empleaban el chile como purgante, combinándolo con carne, frijoles y otros vegetales para que la fibra mejorara la evacuación. También lo recomendaban como antibiótico, mezclado con otras hierbas, contra la diarrea. En el caso de enfriamientos, lo recetaban con cacao y otras plantas por sus cualidades excitantes y caloríficas.

Por Mónica Andalón nos enteramos de que la medicina náhuatl había alcanzado una notable evolución: "Los médicos nahuas conocían la etiología de las enfermedades, y los tratamientos que suministraban demuestran que los remedios curativos preparados con *chilli* mezclados con otros ingredientes de origen animal o vegetal daban resultados eficaces. Llama la atención que los *titicih* recetaban la dosis apropiada de dichos medicamentos. De esta manera, la sabiduría de los *titicih* contribuyó al desarrollo del campo de la medicina náhuatl basada en el método inferencial y en una práctica acorde a su cosmovisión".[15]

Además de su poder curativo, el chile cumplió un papel preponderante como elemento sagrado en los rituales de los antiguos mexicanos, las ofrendas, las ceremonias de petición de lluvia y de las cosechas. Como tributo, se convirtió en uno de los más solicitados en las diversas comunidades por las variedades que se entregaban. Más aún, el humo que desprenden los chiles secos al quemarse se aprovechó no solo con fines militares, sino también para corregir la mala conducta de los hijos.[16] Y, por si fuera poco, también ha servido de amuleto protector para personas, animales, alimentos, viviendas y comercios.

Sin duda, el chile ha sido y es el condimento de la vida de los mexicanos. Física y simbólicamente, ha alimentado y sanado nuestro cuerpo y espíritu, nutriendo nuestra identidad individual y cultural.

EL GRAN SEDUCTOR

El chile conquistó a los antiguos mexicanos seduciéndolos a través de los sentidos. El gusto y disfrute por lo picante fue inundando su vida generación tras generación, penetrando profundamente en su apetito y su cosmovisión hasta constituir un ingrediente esencial en las cocinas de nuestro país y en la gastronomía mexicana. Con el tiempo se convirtió en componente distintivo de nuestra identidad nacional.

Acerca de la trascendencia de este gran seductor en la vida cotidiana de los antiguos mexicanos, encarnando diferentes formas, sabores, tonalidades y picor, junto con sus usos en distintos platillos y en la medicina, hay referencias que se remontan al siglo XVI: desde las descripciones de Colón y los conquistadores Hernán Cortés y Bernal Díaz del Castillo hasta los cronistas religiosos, médicos y botánicos, que se interesaron por su uso en la cocina y por sus propiedades medicinales. Por ejemplo, Francisco Hernández, a quien ya hemos citado, reconoce que además de curar algunos males, el chile mejora el sabor de las comidas.

El que más abunda sobre el papel protagónico de este fogoso personaje en la cocina cotidiana y la culinaria indígena es Bernardino de Sahagún, indica Mónica Andalón, quien se dio a la tarea de compilar las referencias al chile que el fraile dominico plasmó tanto en su *Historia general de las cosas de Nueva España*, como en el *Códice Florentino*.

En *Historia general*, menciona cazuelas elaboradas con varios tipos de chile: una con pipián, a base de chile rojo (guajillo), tomates y pepitas de calabaza bien molidas y gallina (¿guajolote?); otra con un mole de chile piquín y tomates; otra de carne adobaba solo con un tipo de piquín y otra más con carne y chile amarillo (el chilhuacle oaxaqueño). Alude, también, a moles de masa cocida, de frijoles tostados y cocidos y de hongos, así como aguacates mezclados con chile piquín y, desde luego, no podían faltar las tortillas de maíz con chile, las rellenas de frijoles con chile, las que llevan por dentro molido el chile y las dobladas.

Tampoco escatimó sus descripciones en el *Códice Florentino*, donde se aprecia la nutrida variedad que se vendía en el mercado de Tlatelolco, según transcribe Mónica Andalón: "El que vende o es tratante en axí, que es la pimienta de esta tierra, vende el axí de todos los géneros que van aquí nombrados, como son los que son largos o anchos, y los que no son tales, grandes y menuditos, verdes y secos, y los que son del verano, y los del estío".[17]

La investigadora nos deja ver que el repertorio sobre los chiles en el códice va más allá: rojos suaves, rojos puntiagudos, verdes picantes, amarillos, de agua, de árbol, delgados, anchos y ahumados, procedentes de Atzitzihuacán, Tochimilco, Oaxtepec, Tenochtitlan y la Huasteca. También alude al consumo de bebidas que contenían chile, entre ellas la que se elaboraba mezclándolo con cacao y vainilla.

¿Cómo fue que esta *pimienta* nacida en tierras mexicanas sedujo el paladar de los conquistadores? ¿Qué pasaba en Europa en aquella época en torno a las especias?

En el siglo XV, las especias importadas de Oriente habían calado profundamente en el paladar de los europeos, que las demandaban cada vez más. Ello había dado paso a un mercado muy lucrativo, en el que quisieron participar las potencias española y portuguesa, luego de que los turcos otomanos, tras derrocar al Imperio Bizantino en 1453, le cerraron a Europa una de las principales vías terrestres de acceso a aquellas. Acceder por mar directamente a ese boyante mercado significaría desplazar a los genoveses y venecianos, sus rivales marítimos, y a los mercaderes musulmanes.

Una motivación bastante rentable si consideramos, por ejemplo, que en aquel entonces el costo de un kilo de pimienta equivalía a alrededor de entre uno y dos gramos de plata en el lugar donde se producía, cuyo valor se iba incrementando en su trayecto hasta alcanzar 20 o 30 veces más su costo para los consumidores de los países europeos, que a pesar del alto precio la consumían en grandes cantidades.[18]

¿Por qué era tan atractiva la pimienta para los europeos? Las versiones varían: unos dicen que resultaban más aromáticos y apetitosos los sabores de los platillos, lo que sin duda es cierto; otros, que servía como conservador, al alargar el proceso de putrefacción de las carnes, o incluso para disfrazar el mal sabor de los alimentos que empezaban a descomponerse. Además, el uso medicinal de la pimienta iba más allá de sus propiedades estimulantes de la digestión o antisépticas para curar heridas cutáneas superficiales, pues la utilizaban como tratamiento de resfriados y asma, y como antídoto contra ciertos venenos.

La pimienta durante mucho tiempo fue el privilegio de los ricos, aunque alguno que otro pobre gozaba de ella cuando lograba conseguirla. A medida que fue aumentando su consumo entre la población, las clases acaudaladas empezaron a desdeñarla y a buscar otras especias. De ahí que, como expone Elena Piedrafita, la monarquía castellana haya apoyado al navegante genovés en su proyecto de explorar nuevas rutas marítimas, entre otros motivos, para arribar a las Islas de las Especias, pues existe constancia del interés de Colón por encontrar no solo oro, sino también especias en las tierras descubiertas.[19]

Si bien Colón no logró establecer nuevas rutas para el comercio de especias de la India, su llegada al continente americano abrió las puertas al saqueo del oro, la plata y las riquezas alimentarias del Nuevo Mundo.

A su regreso a España llevó el chile —*axi* o ají, nombrado así por los nativos de Haití—, como la pimienta de estas tierras, señalando que sin ella la gente no comía, pues la consideraba muy sana. Desde su llegada, el chile, como sustituto de la pimienta, no solo gozó de éxito en las mesas de los españoles y propició un jugoso comercio de importación, sino que fue cultivándose en variedades menos picantes hasta llegar a lo que hoy conocemos como pimiento. Vamos, que el chile salvó a Colón del fracaso en su búsqueda de las especias.

El médico-botánico Nicolás Monardes —quien además de sembrar chiles, conocer sus propiedades y mediante ellas tratar de obtener remedios médicos, los consumía— dejó constancia de la propagación de su cultivo y los nombres que se le fueron dando en España. Describió que entre los axíes, denominados pimientos de las Indias, los había largos, redondos, unos parecidos a los melones, otros a las cerezas, y si estos últimos eran muy rojos, se les llamaba guindillas. "La pimienta que traen de las Indias [...] la qual es conoscida en toda España, porque no ay jardín, ni huerta, ni macetón que no la tenga sembrada por la hermosura del fructo que lleva".[20] Más aún, exaltó su popularidad en la cocina: "usan dellos en todos los guisados y potages, porque haze mejor gusto que la pimienta común. Hecho rajas y echadas en caldo, es salsa excelentíssima".[21]

Es asombroso cómo desde su llegada a España los chiles le dieran la vuelta al mundo en tan solo 50 años, incorporándose en los diferentes países, según consigna el antropólogo Jorge Armelagos: en la cocina hindú echó raíces muy pronto, tanto que los científicos supusieron que eran originarios del Viejo Mundo. Hungría tampoco escapó a su seducción y rápidamente obtuvo paprika de una de las variedades menos picantes. Atribuye ese éxito al ávido deseo de comer especias, inaccesibles en aquel momento, por su escasez y altos precios. O sea, en dos generaciones y media el chile rompió la resistencia al cambio de lo que se denomina *el principio del sabor* —el uso y la combinación de diversas especies en cada cocina, de donde emergen distintos y peculiares sabores—, un rasgo básico de identificación y distintivo de una cultura.[22]

En la actualidad, los chiles se consumen prácticamente en todo el mundo. Lo hemos podido comprobar en varios programas de cocineros y chefs internacionales, en particular en la serie de viajes gastronómicos *Me voy a comer el mundo*, que conduce la española Verónica Zumalacárregui. A través de su visita a mercados, restaurantes y entornos familiares de diferentes rincones de América, África, Asia, Europa y Oceanía, para conocer sus costumbres y platillos tradicionales, constatamos la incorporación de descendientes de nuestro gran seductor: *Capsicum annuum*.

Lo cierto es que, como bien sabemos nosotros, porque lo hemos experimentado una y otra vez, los chiles, además de estimular nuestro apetito, realzar el sabor, la textura, el olor, la consistencia y el color de nuestros platillos, son una fuente de placer insustituible.

No solo los deseamos, sino también nos deleitamos con la variación de sabores y picores de sus diferentes frutos. Incluso disfrutamos aquellos que nos provocan un gran ardor, aceleran nuestro ritmo cardiaco, nos hacen sudar, moquear y hasta llorar. ¿Masoquismo? Sí, en cierta forma, porque después del fuego llega la recompensa. ¿Cuál? Un enorme placer. Ante ese ardor, nuestro cerebro estimula la liberación de endorfinas y esos opiáceos naturales nos prodigan una gran felicidad. Mientras más picante, mayor gozo.

Podríamos decir que el chile genera una especie de adicción, pues al menos los mexicanos lo usamos prácticamente mañana, tarde y noche en nuestras comidas, y si no lo agregamos, no nos saben igual.

Por eso aún ocupa un lugar primordial en nuestras mesas: está presente hasta en el 90% de nuestros platillos, ya sea molido, picado o en rajas, frito o asado, o en aderezos, salsas, moles, guisados y adobos.[23]

Los mexicanos consumimos en promedio cerca de 16 kilogramos de chile al año:[24] es el ingrediente omnipresente del principio del sabor de la cocina mexicana. Seguramente habrá quienes no lo incluyan en su dieta habitual, pero dudamos que ni un solo compatriota no lo haya probado al menos una vez en una fruta, un dulce, una botana, una bebida, una salsa en la que estuviera presente alguno de sus entrañables compañeros, ya fuera el jitomate o el tomate e incluso ambos, o en cualquier otro alimento.

Tras los placeres que nos brinda este gran seductor polifacético, destacan sus múltiples cualidades como fuente de vitaminas y minerales, así como sus propiedades diversas: fortalece el sistema inmune y es un antiviral; contiene vitaminas A, E y C en mayor cantidad que los cítricos; es rico en hierro, magnesio y potasio; aumenta la producción de saliva y jugos gástricos, esenciales para una buena digestión; estimula el metabolismo y posee pocas calorías; protege contra el colesterol, por lo cual puede prevenir problemas cardiacos (infartos y derrames cerebrales), causados por la presión arterial alta; es eficaz contra las enfermedades reumáticas, gracias a la capsaicina —su componente principal y el generador del picante—, la cual actúa como analgésico y antiinflamatorio; incita una buena circulación sanguínea, previniendo la formación de coágulos y el endurecimiento de arterias. Y, por si fuera poco, retarda el envejecimiento, por ser antioxidante.[25]

En síntesis, de acuerdo con investigaciones recientes, el chile no solo contiene gran diversidad de nutrientes, sino también una mayor cantidad de compuestos protectores de la salud en comparación con las frutas y las hortalizas. Por ello resulta un buen aliado para combatir la diabetes, el cáncer y los padecimientos cardiovasculares, que son los principales problemas de salud en nuestro país.

En varias ocasiones hemos escuchado culpar al chile de provocar gastritis, úlceras… Sin duda, todos los excesos le cobran factura a la salud, pero este caso lo abona un añejo estudio realizado entre personas con padecimientos gastrointestinales que consumían chile, aunque se dejó de lado el consumo de otros alimentos que sí causan esos problemas de salud. Fue así como empezó a propagarse la falsa creencia de inculparlo. Investigaciones actuales han demostrado que consumir chile favorece la cicatrización de úlceras gástricas, al incrementar la irrigación sanguínea. Asimismo, hay evidencia sobre el uso del chile para prevenir el cáncer en el sistema gastrointestinal.[26]

Las propiedades del chile van más allá de su uso en productos farmacéuticos, pues la capsaicina y el pigmento rojo de las variedades secas del mulato, pasilla, ancho y mirasol han trascendido a ingredientes y colorantes en las industrias cosmética (champús, labiales y polvos faciales) y de alimentos (principalmente comestibles ultraprocesados: embutidos, botanas, cereales, gelatinas, concentrados de origen animal, etcétera).[27]

El aprovechamiento de los múltiples y variados atributos de *Capsicum annuum* nos confirma la trascendencia que ha adquirido nuestro polifacético seductor en el escenario internacional, aunque sobre su vasta y legendaria existencia se ciernen distintas amenazas.

ALMA DE LOS MEXICANOS

No hay duda de que cada aroma evoca una historia. En nosotros, muchas de esas historias se cocinaron a fuego manso. Nuestras respectivas madres, quienes además de ser cocineras tradicionales tenían muy buena sazón, no solo contribuyeron a abrir nuestros sentidos a los distintos olores y sabores de comidas que incorporan diferentes chiles: mole poblano y de olla, enchiladas y chilaquiles, pipián verde, rajas, romeritos, adobos, bisteces en pasilla o a la mexicana, salsa roja, verde o negra. También los impregnaron en la profundidad de nuestras almas.

Entre esas historias está la de nuestros anhelados chiles en nogada que, en el mes de agosto y año tras año, repetía ceremonialmente nuestra familia poblana. La legendaria receta de la bisabuela empezaba con un mar de tres cientos de nueces, del cual los hermanos más chicos no nos escapábamos de participar: mientras unos las partían, otros las sacaban de su cáscara y las depositaban en una bandeja con agua caliente. Luego, ya remojadas, cada uno comenzaba la ardua labor de dejar aflorar su blancura, al desprenderles la piel. Una vez limpias, las nueces quedaban a la espera de mezclarse con leche, queso, canela, azúcar y jerez, a fin de dar vida a la reluciente nogada. En tanto, una profusión de aromas inundaba la cocina: el de los jitomates sazonándose con las frutas picadas, entre las que predominaba el olor del durazno; el del caldo de la carne, bullendo; el del perejil y, desde luego, el de los chiles asándose. Finalmente, el esfuerzo y la tarea compartida brindaba a todos el regocijo de paladear las delicias de los chiles en nogada. Todo un ritual.

Así, a fuego lento, crecimos disfrutando el sabor y el aroma que le aportan a los diversos platillos los chiles frescos, serranos, de árbol, jalapeño, poblano, chilaca y habanero, al igual que los secos, chipotles, anchos, mulatos, pasillas…

Para nosotros es esencial el picante en la comida; de hecho, cuando hemos salido del país nos llevamos una salsa de chiles secos fritos y triturados con ajo o chiles enlatados. Los necesitamos, casi casi no podemos vivir sin ellos, y además así nos apropiamos más fácilmente de comidas desconocidas. Otros compatriotas hacen lo mismo cuando viajan, argumentando que es para condimentar a su modo platillos nuevos.

En una ocasión, cuando estábamos evocando nuestras respectivas historias chileras, comentamos que en los mercados se propagaba el rumor de que los chiles serranos eran chinos. Empezamos a preguntar cuáles eran los de China y comprobamos que estos no olían, sabían ni picaban igual. Incluso notamos cambios en su tamaño, textura y color. Lo mismo pasó con los jalapeños y los poblanos. Efectivamente, México comenzó a importar de China y América del Sur chiles frescos y secos, de baja calidad y a un menor precio. Esto también provocó el incremento, en los últimos años, del consumo del habanero, para aumentar el picante.

Esta competencia desleal —derivada de las perversiones resultantes del fundamentalismo del libre comercio y la globalización neoliberal— ha afectado profundamente a nuestros productores chileros de pequeña y mediana escala, y ha puesto en riesgo la sobrevivencia de variedades ancestrales de nuestro personaje protagónico. Como muestra tenemos el caso del chile poblano, también llamado chile de tiempo, porque solo se cosechaba una vez al año. La legendaria manera de producirlo, entre las faldas de los volcanes Popocatépetl e Iztaccíhuatl, lo dota de un sabor, aroma y textura únicos, por lo que los chiles en nogada y el mole poblano se han convertido en emblema de la gastronomía nacional.

Actualmente, a Puebla llegan variedades similares al poblano no solo procedentes de China, sino también de otras entidades del país, que no tienen nada que ver con el aroma, color, textura, sabor y picor del chile ancestral, pues además de ser demasiado grandes, duros, carnosos e insípidos, no encontramos en ellos los sabores y olores con los que hemos crecido. Por eso podemos afirmar, en este y otros casos, que los sabores de ayer no son imaginarios: están vivos en nuestra memoria.

El embate de estos ejemplares de baja calidad a bajo costo, junto con la falta de apoyo de las autoridades a los productores en pequeña y mediana escala de chile poblano nativo, han propiciado el abandono de este cultivo. Hoy tan solo quedan 300 agricultores, quienes lo siembran en ocho municipios del estado. Sin embargo, estos campesinos resisten unidos y se aferran a seguir produciéndolo, pese a las adversidades del neoliberalismo, el cambio climático y la actividad volcánica del Popocatépetl. ¿Por qué? Porque son las semillas heredadas de sus padres y abuelos, mismas que han cultivado año tras año con amor, esmero y sin plaguicidas. Porque reconocen la calidad de sus chiles, su contribución en la gastronomía poblana, pero sobre todo porque en ellos encuentran el sabor de su tierra, de su historia.

Una vez más, otro enemigo inconfundible de nuestros cultivos ancestrales está al acecho: la agricultura industrial. Hoy se realiza la producción de chiles a gran escala en vastas extensiones de terrenos en zonas del altiplano de nuestro país, con las semillas compradas a las poderosas corporaciones agroindustriales —que las obtuvieron a partir de la biopiratería de las semillas nativas—, junto con el caudal de insumos químicos y la moderna tecnología agrícola que se requiere. Un modelo encaminado a lograr los máximos rendimientos y las mayores ganancias, a costa de la calidad de las propiedades nutritivas y organolépticas de los chiles, su inocuidad y la pérdida de agrobiodiversidad.

Son estos los chiles que abastecen los supermercados, las centrales de abasto y las semilleras del país, diseñados para cumplir la exigencia comercial de ser genéticamente uniformes: misma variedad de planta, muy productiva, con frutos iguales en color, tamaño y forma, que maduran al mismo tiempo y son resistentes a diferentes plagas y enfermedades, así como al uso intensivo de agrotóxicos para controlarlas, sin que importen los daños a la salud y al medio ambiente. Vamos, chiles grandotes y brillantes, como de aparador, pero que saben a hierba o pican salvajemente, sin producirnos placer.

Por fortuna, en el centro y sur de nuestro territorio los campesinos aún siguen cultivando a pequeña escala sus semillas nativas de variedades locales de chiles, adaptadas a diferentes factores biológicos y ambientales. Hay en ellas tal diversidad genética, que además de poseer mayores posibilidades de adaptarse con éxito a las nuevas condiciones del cambio climático, resultan fundamentales para lograr plantas más resistentes y productivas, a través del entrecruzamiento de distintas variedades.

La falta de consumo es otro de los enemigos de las variedades nacionales, pues cuando se dejan de sembrar y consumir desaparecen. Ese es el caso del chile ancho estilo Ramos Arizpe, que se cultivaba en este municipio de Coahuila, o del chile huacle, típico de la cocina oaxaqueña, que hoy prácticamente ya no se cultiva ni siquiera en la región de donde era originario. Es lamentable perder una variedad no solo por el daño a nuestro patrimonio biocultural, sino porque disminuye la variabilidad genética, esencial para crear frutos que resistan los embates del cambio climático. De ahí que, tristemente, la diversidad genética del chile se conserve en algunos de los bancos de semillas más importantes del mundo (Alemania, Corea del Sur, Estados Unidos, Holanda y Taiwán).[28]

En México aún no contamos con una descripción completa de los chiles nativos que existen en el país, aunque el análisis de una gran cantidad de colecciones de bancos de germoplasma, junto con el de algunas muestras pequeñas de chiles, ha revelado una gran diversidad genética, dada su geografía y su biodiversidad cultural. Los investigadores en esta área plantean la urgencia de documentar y resguardar este patrimonio.

Ante tal riqueza chilera, paradójicamente, el 60% de los chiles verdes que comemos los mexicanos son de origen chino, según publicó *Forbes* en 2019. Nos llamó la atención este dato —sin entrar en detalles sobre la validez de la cifra en ese año—, porque la fuente de información esgrime como razones del consumo de chiles importados el desconocimiento de las personas, tanto sobre las variedades fuera de su región, como sobre la forma de prepararlos o incorporarlos en sus platillos. Esto sin duda es cierto, porque además de las distorsiones en la dieta que venimos arrastrando desde la firma de los tratados de libre comercio, la proliferación de productos importados, comestibles chatarra y establecimientos de comida rápida nos ha colonizado el paladar y hemos perdido la brújula. Incluso, hemos asumido pasivamente, sobre todo en las grandes ciudades, las "normas" estéticas impuestas por la agricultura comercial y propagadas por las estanterías de los supermercados: chiles de tamaño, color y forma prácticamente iguales, como producidos en serie.[29]

México está entre los primeros productores de chiles verdes en el mundo y en la última década sus exportaciones han ido en aumento. De acuerdo con el Panorama Agroalimentario 2023, elaborado por el Servicio de Información Agroalimentaria y Pesquera (SIAP) de la Secretaría de Agricultura y Desarrollo Rural, su principal cliente en 2022 fue Estados Unidos, aunque también exportamos a Canadá, España, Guatemala, Reino Unido y Alemania, entre otros países.

Indudablemente, para la agricultura industrial la producción mexicana convencional de chile tiene gran importancia; sin embargo, no solo resulta contraria a la diversidad biocultural —gracias a la cual heredamos el chile y muchos de nuestros nutritivos alimentos—, sino que los agrotóxicos con que se produce atentan contra la salud y la supervivencia de todos los seres vivos de este maravilloso país. De hecho, más del 90% de la producción nacional se realiza así, sin importar los costos ambientales ni sociales, cuando bien se podría impulsar el cultivo agroecológico y, con ello, abrir una ventana de oportunidad a productores de pequeña y mediana escala en un mercado que está en expansión.

Asimismo, los gobiernos locales deberían estimular el consumo de la amplia variedad de chiles que existen en las diferentes regiones del país, y los consumidores, además de exigir a los comerciantes que nos vendan chiles mexicanos, reconocer que el cultivo de chiles es un trabajo bastante pesado y, por lo mismo, pagar un precio justo, sin regateos.

Solo de esa manera las futuras generaciones podrán seguir disfrutando de este gran seductor, ejemplo vivo de lo real maravilloso que, al dar sabor a nuestra vida, se ha convertido en el alma de los mexicanos.

Notas

[1]Araceli Aguilar-Meléndez y Andrés Lira Noriega, "¿Dónde crecen los chiles en México?", en *Los chiles que le dan sabor al mundo*, Universidad Veracruzana, México. Consultado en https://libros.uv.mx/index.php/UV/catalog/download/FC278/1087/1179-1?inline=1.

[2]Secretaría de Medio Ambiente y Recursos Naturales, "Las 64 variedades de chile en México", 31 de diciembre de 2018. Consultado el 25 de noviembre de 2023 en https://www.gob.mx/semarnat/articulos/las-64-variedades-de-chile-en-mexico.

[3]R. Muñoz Zurita, *Los chiles nativos de México*, 3ª ed., El Equilibrista, México, 2015.

[4]Lev Jardón-Barbolla, "De Sonora a Yucatán. Chiles en México: diversidad y domesticación", marzo de 2017, *Oikos*, núm. 17, UNAM. Consultado en https://www.researchgate.net/publication/325049825_De_Sonora_a_Yucatan_Chiles_en_Mexico_diversidad_y_domesticacion.

[5]"¿Cuántos años tenías cuando descubriste que el chile chipotle es un jalapeño seco?", *El Sol de Tlaxcala*, 4 de febrero de 2019. Consultado en https://www.elsoldetlaxcala.com.mx/doble-via/cuantos-anos-tenias-cuando-descubriste-que-el-chile-chipotle-es-un-jalapeno-seco-3013009.html#:~:text=En%20M%C3%A9xico%2C%20existen%20alrededor%20de,nombre%20proviene%20del%20n%C3%A1huatl%20Chili.

[6]Conahcyt, "El chile como parte de la cultura alimenticia de México", diciembre de 2021. Consultado en https://www.ciad.mx/el-chile-como-parte-de-la-cultura-alimenticia-de-mexico/.

[7]*Ibidem.*

[8]Janet Long Towell, "Los senderos prehispánicos del *capsicum*", en *Caminos y mercados de México*, UNAM-IIH / INAH, 2011. Consultado en https://historicas.unam.mx/publicaciones/publicadigital/libros/caminosymercados/mercados.html.

[9]*Ibidem.*

[10]Aurora Montúfar, "Chile, tiempo y cultura. Registro arqueológico, histórico y etnográfico", en *Chiles en México, historias, culturas y ambientes*, Universidad Veracruzana, México, 2021. Consultado en https://libros.uv.mx/index.php/UV/catalog/book/FC316.

[11]Janet Long Towell, *op. cit.*

[12]Clarissa Gagnato, "Análisis del grano de almidón en el registro arqueológico de chiles en sitios mesoamericanos", en *Chiles en México, historias, culturas y ambientes*, Universidad Veracruzana, México, 2021. Consultado en https://libros.uv.mx/index.php/UV/catalog/book/FC316.

[13]Bernardino de Sahagún, *Historia general de las cosas de Nueva España*, Porrúa (Col. Sepan cuantos…, 300), México, 1979.

[14]Francisco Hernández, "Del Chilli", en *Historia natural de la Nueva España 1, Obras completas*, tomo II, UNAM, México, 2015. Consultado en http://www.franciscohernandez.unam.mx/tomos/02_TOMO/tomo002_003/tomo002_003_153.html.

[15]Mónica Guadalupe Andalón González, "El chilli en la cultura náhuatl del Posclásico", en *Chiles en México, historias, culturas y ambientes*, Universidad Veracruzana, México, 2021. Consultado en https://libros.uv.mx/index.php/UV/catalog/book/FC316.

[16] Eva Aguirre Hernández y Verónica Muñoz Ocotero, "El chile como alimento", *Ciencia*, julio-septiembre de 2015, vol. 66-3, Academia Mexicana de la Ciencia.

[17] Mónica Guadalupe Andalón González, *op. cit.*

[18] Mark Cartwright, "The Spice Trade & the Age of Exploration", *World History Encyclopedia*, 9 de junio 2021 ("El comercio de especias y la era de los descubrimientos", A. Elduque, traductor). Consultado en www.worldhistory.org/trans/es/2-1777/el-comercio-de-especias-y-la-era-de-los-descubrimi/.

[19] Elena Piedrafita Pérez, "Los alimentos de América, una difícil adaptación", en Manuel García Guatas y Juan Barbacil (coords.), *Los alimentos que llegaron de América*, Academia Aragonesa de Gastronomía, España, 2014. Consultado en https://academiaaragonesadegastronomia.com/alma-zen/los-alimentos-que-llegaron-de-america-2015.pdf.

[20] Juan Antonio Fraga Gracia, "De los nombres de las cosas de comer traídas de América hasta la independencia", en Manuel García Guatas y Juan Barbacil (coords.), *op. cit.*

[21] *Ibidem.*

[22] George Armelagos, "Cultura y contacto: el choque de dos cocinas mundiales", en *Conquista y comida: consecuencias del encuentro de dos mundos*, 3ª ed., UNAM, México, en línea: 13 de diciembre de 2019. Consultado en https://historicas.unam.mx/publicaciones/publicadigital/libros/323/conquista_comida.html.

[23] Karina Moreno Rojas, "Chiles y salsas en México. Un sabor a identidad", 17 de marzo de 2020. Consultado en https://chilehabanero.mx/chiles-y-salsas-en-mexico-un-sabor-a-identidad/.

[24] Secretaría de Agricultura, Panorama Agroalimentario 2023, Servicio de Información Agroalimentaria y Pesquera. Consultado en https://www.gob.mx/siap/acciones-y-programas/panorama-agroalimentario-258035.

[25] Karina Moreno Rojas, *op. cit.*

[26] José de Jesús Ornelas Paz, "Reivindicando al chile: sabor y salud en un alimento", Centro de Investigación en Alimentación y Desarrollo, Conahcyt. Consultado en https://www.ciad.mx/reivindicando-al-chile-sabor-y-salud-en-un-alimento/.

[27] Eva Aguirre Hernández y Verónica Muñoz Ocotero, *op. cit.*

[28] Edmundo Rodríguez Campos, "La diversidad genética de Capsicum annuum de México", en *Los chiles que le dan sabor al mundo*, Universidad Veracruzana, México. Consultado en https://libros.uv.mx/index.php/UV/catalog/download/FC278/1087/1179-1?inline=1.

[29] Forbes Staff, "El 60% de los chiles verdes consumidos en México provienen de China", 6 de agosto de 2019. Consultado en https://www.forbes.com.mx/el-60-de-los-chiles-verdes-consumidos-en-mexico-provienen-de-china/.

6

El migrante mexicano que cautivó al mundo: el jitomate

Sustraído del entorno donde se prodigó echando raíces, comenzó su azaroso trayecto hacia su nuevo destino, sin fecha precisa de su partida y ningún indicio sobre su aspecto, a bordo de una nave que surcó el Atlántico desde Veracruz. Así inició nuestro migrante mexicano su viaje a lo desconocido.

Lo vemos compartiendo su larga travesía con unos navegantes intrépidos que desafiaban los fuertes temporales y, quizá en alguno de estos viajes, sortearon las atroces embestidas de piratas asolando los mares. Ni el temor, ni el hambre, ni la sed menguaban su esperanza de arribar sanos y salvos a buen puerto. Mientras sus cuerpos malolientes resistían el punzante acoso de chinches y piojos, su espíritu se resignaba a vivir con las infestas cucarachas merodeando entre el ir y venir de los gatos persiguiendo a las huidizas ratas.

Meses después, tras dejar la costa, la nave remontó el Guadalquivir y se adentró en Sevilla, el centro económico de Andalucía, una de las regiones más ricas de la España del siglo XVI. Ese era el destino final de todos los barcos procedentes de América para registrar el botín del despojo perpetrado en las Indias. Ahí contabilizaban el oro, la plata y otros valores de la carga, pero este no fue su caso porque pasó desapercibido. No existe ningún documento sobre su ingreso, aunque para los historiadores todo indica que entró por Sevilla, a pesar de que no haya constancia de cómo y cuándo llegó.

¿Y quién lo transportó? Hay referencias de que algunos españoles instalados en las tierras invadidas lo integraron en su alimentación, tan pronto como el instinto de supervivencia inhibió su desprecio hacia este y otros alimentos nativos y los obligó a comerlos. Seguramente, alguien habituado a consumirlo decidió llevarlo consigo.

Arribó a España en el momento en que la conquista de nuevos territorios en el continente americano la catapultaba al vasto imperio geopolítico y económico que ostentó cerca de cuatro siglos. Allí empezó a gestarse la globalización actual, propagada por mercaderes de Flandes, Génova, Sicilia y Grecia que, entre otros, mantenían un comercio muy intenso entre las costas mediterráneas española e italiana para dispersar diferentes mercancías por Europa y Asia. Desde ahí inició su tránsito hacia Italia.

Con el paso del tiempo, el intercambio de semillas y el comercio ampliaron sus fronteras, por lo que se propagó por los demás países europeos, africanos y asiáticos, enriqueciendo sus dietas y acrecentando sus paisajes bucólicos. Su capacidad de armonizar diversos ingredientes lo convirtieron no solo en un integrante fundamental de muchas cocinas, sino en partícipe de innumerables platillos en todo el mundo.

¿Por qué nos estamos refiriendo a este personaje tan cotidiano? Porque ha sido capaz de lograr un lugar preponderante en la diversidad gastronómica a escala mundial y ser esencial en la dieta mediterránea.

Es nada más y nada menos que un integrante básico en la alimentación de los antiguos mexicanos, domesticado por los pueblos nativos. Un fruto (así lo denominan los botánicos) que consumimos cotidianamente como verdura y al que el poeta Pablo Neruda le dedicó esta oda:

astro de tierra,
estrella
repetida

y fecunda,
nos muestra
sus circunvoluciones,
sus canales,
la insigne
plenitud
y la abundancia
sin hueso
sin coraza
sin escamas ni espinas,
nos entrega
el regalo
de su color fogoso
y la totalidad de su frescura.[1]

Pues sí, como reza el título de este capítulo, ahora nuestro personaje es el radiante jitomate, conocido entre los aztecas como *xitomatl* (en náhuatl) y en otros pueblos originarios como *bex bex zo* (zapoteco), *tinana kua'a* (mixteco), *tuthey* (huasteco), *xayuquite* (huichol), *p'aak (maya)* y *xucupara* (purépecha).

Extraños nombres, ¿no? Pero ¿por qué no ponerlos por delante, si gracias a esos pueblos, que desarrollaron una gran cantidad de variedades de jitomate adaptadas a distintos climas y suelos, hemos podido disfrutarlos aquí, allá y en casi todo el planeta? Más aún, sería bueno enmendar de una vez por todas el error cometido por los cronistas españoles del siglo XVI, que no distinguieron entre *tomatl* y *xitomatl*, los cuales son dos frutos de la misma familia, pero diferentes, y castellanizaron ambas palabras con el término *tomate*.

La investigadora de la cocina tradicional mexicana Cristina Barros nos aclara que "en la clasificación botánica náhuatl, el jitomate o tomate rojo, y el tomate verde o tomate de cáscara, se ubican en una misma familia: *tomatl*. De ahí nace la confusión entre el tomate y el jitomate, que es como se nombra a los del género *Solanum lycopersicum*".[2]

El vocablo *tomate* se lo apropiaron los españoles para nombrar a un fruto totalmente desconocido para ellos. O sea, es un mexicanismo histórico, dice el lingüista mexicano José G. Moreno de Alba, porque "procede de las lenguas indígenas de México que se incorporaron después al vocabulario general de la lengua española" y así pasó a otras lenguas. Esa denominación es la que perdura en la mayoría de los idiomas, a diferencia del nombre jitomate, que "es privativo de las hablas mexicanas actuales, o de un buen número de ellas". Precisamente, añade, "a este grupo pertenece la voz jitomate que, a diferencia de tomate, no se incorporó al vocabulario de otros dialectos hispánicos ni de otras lenguas".[3]

Si bien en la edición de 1984 del Diccionario de la Real Academia Española ya apareció el término *tomate*, fue hasta la vigésima primera edición que el mexicanismo *jitomate* llegó a sus páginas, aunque con el significado de "tomate".[4]

Ya es hora de que los mexicanos reivindiquemos su nombre, al menos en todo nuestro país, y dejemos atrás esa confusión que ha perdurado por siglos. Deberíamos nombrarlo igual que lo hacían los antiguos mexicanos, "jitomate", para diferenciarlo del tomate, como lo hicieron las diferentes lenguas indígenas, y en agradecimiento a quienes sin esperar nada a cambio nos entregaron este maravilloso "oro rojo". Sí, aquí, allá y en todo el país: jitomate.

Para seguirle, dejemos ya de llamar erróneamente "criollo" al jitomate nativo (y en general a todas las especies oriundas de estas tierras o domesticadas en ellas), pues durante la Colonia esta expresión diferenciaba a los descendientes de los europeos que nacían en América de los peninsulares.

Y ya encarrerados, recuperemos los jitomates ancestrales que estamos perdiendo (muchos de nosotros ya ni siquiera los conocemos, menos aún las nuevas generaciones), porque la agroindustria y sus cómplices en los diferentes gobiernos nos han impuesto solo tres variedades: bola, saladette y cherry. Sobre todo, el saladette, también llamado guaje o guajillo, por las ventajas económicas que representan su tamaño, durabilidad y gran resistencia durante su transporte.

Tales ventajas únicamente abonan beneficios para la agroindustria nacional e internacional del jitomate, en detrimento no solo de los productores de mediana y pequeña escala, sino del medio ambiente y de la salud de los consumidores.

¿Por qué en detrimento? Porque la imposición de solo tres tipos de jitomate en el mercado ha desplazado a las variedades locales en las diferentes entidades del país; en consecuencia, los indígenas y campesinos han dejado de ofrecerlas porque no se las compran y, peor aún, muchos de ellos ya ni las siembran.

Hoy predominan esas tres variedades —bola, saladette y cherry—, producidas en monocultivo a gran escala, con herbicidas, fertilizantes sintéticos y semillas híbridas comercializadas por empresas transnacionales, en perjuicio de la biodiversidad, de la salud humana y ambiental, tanto por la pérdida de nutrientes como por los daños que provocan tales venenos, y en menoscabo de nuestra rica diversidad biocultural.

DE LA SIEMBRA A LA SEMILLA

A lo largo del libro narramos las experiencias que juntos hemos adquirido en nuestro andar por el sendero de la alimentación, aunque cada uno de nosotros tiene vivencias específicas obtenidas en los respectivos entornos por donde ha deambulado. En esta parte, decidimos que hable la integrante femenina de este dueto:

> Mi encuentro con el jitomate trasciende el hecho de estar presente en la mesa prácticamente todos los días de mi vida, porque establecí una relación más íntima con él después de concluir nuestro libro *Alimentos sustentables a la carta, de la tierra a la mesa.* Al conocer los daños a la salud humana y ambiental que provoca el uso de agrotóxicos, no podíamos quedarnos de brazos cruzados, así que ilusamente concebí que en el lugar donde vivimos, una comunidad semirrural, sería muy sencillo convencer a algunas mujeres de que para alimentarnos sanamente podríamos sembrar hortalizas de manera agroecológica.

Teníamos pocos años de habernos avecindado en una localidad del municipio de Calimaya, en el Estado de México. Solo me conocían los vecinos más cercanos, sobre todo porque en varias ocasiones me involucré en actividades encaminadas a solucionar el desabasto de agua, fallas en el servicio telefónico e incluso en impedir la construcción de una gasolinera en un terreno de labor cercano. Supuse que estas actividades —aunadas al cultivo de maíz cacahuacintle en gran parte de la población local, una tradición ancestral que por fortuna pervive— eran suficientes para sensibilizar a la comunidad sobre la necesidad de producir nuestros alimentos. Craso error, la invitación a las vecinas para reunirnos con el asesor a fin de echar andar el proyecto solo persuadió a dos señoras.

Mi inocultable frustración caló en doña Quetita, una mujer audaz con 80 años a cuestas, conocida y respetada por sus contribuciones en la comunidad. Ella abanderó el proyecto y de su mano visitamos a varias de sus conocidas para proponérselos. Gracias a la generosidad y el apoyo incondicional de Lourdes Sánchez y Cosme Carbajal, una joven pareja comprometida con las causas ambientales y sociales, tuvimos un espacio adecuado para iniciar la capacitación. Al final logramos integrar un grupo de 20 mujeres, primordialmente jóvenes, aunque también había señoras que bordeaban desde los 50 hasta los 80 años.

Meses más tarde, Enriqueta López Hernández, mi entrañable doña Quetita, nos consiguió un terreno para sembrar nuestras hortalizas. Posteriormente, el DIF estatal nos ofreció la posibilidad de acceder, a bajo costo, a un invernadero subsidiado y en él comenzamos el cultivo de jitomate.

Ahí empezó mi azarosa relación con este seductor y enigmático ser, que ha resultado demandante en exceso. Tras más de 12 años de convivencia he aprendido a conocerlo y a sortear las dificultades que involucra su manejo en un invernadero, a diferencia de su cultivo a cielo abierto.

Una de mis grandes frustraciones fue enterarme de que no podíamos obtener semillas de jitomate nativo porque, de acuerdo con los asesores de HortaDIF y Sedagro, en el Estado de México, además de ser difícil hallarlas, supuestamente no eran tan productivas, por lo que debíamos adquirir las plántulas de semillas importadas.

Así lo hicimos durante varios años, hasta que nos empeñamos en tratar de germinar las semillas de los jitomates cosechados. Mi mayor aprendizaje en este intento fue descubrir que las plántulas que comprábamos eran de semillas híbridas, por lo que prácticamente era imposible reproducir una segunda generación igual a la primera.

A diferencia de las semillas nativas —que pueden seleccionarse, mejorarse, almacenarse y reproducirse de generación en generación sin tener que comprarlas, como lo han hecho por cientos de años los productores—, con las variedades híbridas no hay más remedio que seguirlas comprando año tras año. Las empresas de semillas se han asegurado de mantener esta dependencia, pues para ellas es únicamente un negocio y cada vez ejercen mayor control sobre lo que compramos y cultivamos.

O sea, luego de la Conquista los españoles se llevaron varias de nuestras semillas, entre ellas las de jitomate; de ahí se propagaron prácticamente por todo el mundo. Ahora la industria vuelve a someternos, obligándonos a comprar semillas híbridas importadas de las variedades que más ganancias les reditúa, mientras los jitomates nativos han salido de nuestras cocinas y están desapareciendo de los mercados regionales, con el riesgo de extinguirse.

Finalmente, acudí a la organización civil Vía Orgánica para abastecernos de semillas de jitomate orgánico. Ese año el invernadero se pobló de jitomates de diferentes tamaños y formas: tipos pera y calabaza, acostillados, arriñonados y redondos, en brillantes amarillos, morados, naranjas, negros, rojos, rosas y verdes, e incluso veteados, con distintos sabores y consistencias. Un recinto colorido y resplandeciente donde convivieron variedades de Alemania, Canadá, España, Estados Unidos, Italia, Rusia y Tanzania.

De la alegría y asombro ante tal belleza, pasé a la indignación, ¿por qué los mexicanos únicamente consumimos bola, saladette y cherry? Mi indignación se agudizó cuando descubrí que las variedades importadas no solo se consumen en varios países, sino que están registradas como *heirloom* (tomates reliquia o de herencia), son protegidas por una ley internacional y se encuentran almacenadas con todos los datos genéticos y de origen en los bancos de semillas de Kew Gardens, en Inglaterra. Estas semillas originales no han sido modificadas como las híbridas o las transgénicas, y se han reproducido y preservado generación tras generación para evitar que se extingan.[5]

¿Qué ha pasado con nuestros jitomates ancestrales? Esos que nuestros pueblos originarios domesticaron hace 2500 años, aproximadamente, y fueron evolucionando, a la par de sus saberes, en una gran diversidad de frutos adaptados a su entorno y vinculados a sus preferencias culturales. ¿Dónde están esos cultivos con los que lograron obtener variedades de inusitada versatilidad en rendimiento, sabor, componentes nutricionales y tolerancia a factores ambientales? ¿Por qué no están a nuestro alcance, si México es considerado el centro mundial de domesticación del jitomate?

Antes de responder a estas interrogantes, adentrémonos en lo que hasta ahora se sabe sobre su origen.

FLORECIENDO EN MESOAMÉRICA

La domesticación del jitomate ha sido objeto de controversia. En años recientes hemos visto proliferar artículos de historiadores, biólogos, genetistas y otros especialistas, donde plantean la probabilidad de que la cultura mayo-chinchipe, asentada entre los Andes y la selva amazónica, haya sido la primera en cultivar las plantas silvestres de este fruto hace alrededor de entre 3000 y 2000 años antes de nuestra era.[6]

Por otra parte, los estudios de clasificación de las especies sí ubican el origen del jitomate en la zona andina, entre Perú y Ecuador, aunque no hay evidencias que comprueben su uso en las culturas antiguas de esa región, como lo detalla Janet Long, especialista en el tema: "No se han registrado restos arqueológicos en excavaciones, ni encontrado vasijas de barro hechas en forma de jitomates, además de que no existe ninguna palabra para el fruto en lenguas andinas antiguas. La planta habrá existido en el área como especie silvestre, sin llegar a formar parte de la dieta local".[7]

En cambio, en la cuenca de México se localizaron semillas muy antiguas de jitomate, de hace más de 2500 años, de acuerdo con la información proporcionada por Aurora Montúfar López, especialista en arqueobotánica del Instituto Nacional de Antropología e Historia. Ella identificó varias semillas de jitomate en la ofrenda 36 del Templo Mayor;[8] de hecho, este hallazgo arqueológico es un indicio de que la domesticación ocurrió en Mesoamérica.

Mientras esperamos que los avances de la ciencia confirmen esta maternidad, retomemos el planteamiento de que su ancestro silvestre partió con las aves desde la región andina y ellas se encargaron de dispersar sus simientes hasta Mesoamérica. Esto fue posible porque "las semillas resisten el paso por el tubo digestivo que, además, influye en la capacidad de germinación. Si ayuda el clima y el entorno, se pueden encontrar plantas de tomate en lugares donde no se ha sembrado",[9] explica el biólogo Eduardo Angulo.

Sin duda, esas semillas silvestres de jitomate cayeron en tierra fértil y, gracias al ingenio de los pueblos indígenas mesoamericanos, se cultivaron y transformaron durante centurias para generar nuevos frutos, un proceso que aún mantienen vivo. Basta acercarnos a algunos de sus territorios para descubrir la originalidad de sus variedades.

Más allá de que en aquellos pueblos haya sido un alimento cotidiano, seguramente el jitomate estuvo presente en el *tiankiztli* de Tlatelolco, ese inmenso mercado donde concurrían comerciantes de toda Mesoamérica a proveer e intercambiar los bienes básicos para la vida en aquella época.

Imaginemos a nuestro personaje en ese escenario descrito por Hernán Cortés: "Una plaza tan grande como dos veces la ciudad de Salamanca, toda cercada de portales alrededor, donde hay cotidianamente arriba de sesenta mil ánimas comprando y vendiendo; donde hay todos los géneros de mercadurías que en todas las tierras se hallan".[10]

Un bullicioso y colorido mercado tan bien organizado que desató el asombro de Bernal Díaz del Castillo: "Como no habíamos visto tal cosa, quedamos admirados de la multitud de gente y mercaderías que en ella había y del gran concierto y regimiento que en todo tenían. Y los principales que iban con nosotros nos lo iban mostrando; cada género de mercadería estaba por sí, y tenían situados y señalados sus asientos".[11]

Cada calle se distinguía por tener artículos de un mismo género, todos listos para el trueque. Abundaban el oro, la plata, las piedras preciosas, los plumajes, las pieles de diferentes animales, los objetos de madera, de barro, las prendas de algodón, de henequén, las flores, las plantas medicinales... Y qué decir de los alimentos, eran tantos y tan variados: insectos, venados, conejos, perros, guajolotes, patos, codornices, pescados, frutas, diferentes maíces, cacao, amaranto, chía, sal, frijol, tomates, calabazas, chiles, aguacates y, desde luego, ahí estaba nuestro personaje: el jitomate.

Si bien Hernán Cortés y Bernal Díaz del Castillo no consignaron su presencia en los relatos de su visita, Diego Rivera sí lo hizo en su mural del Tianguis de Tlatelolco:[12] allí, entre las calabazas y los chiles, resplandecen los jitomates. Rivera se inspiró en las crónicas que los conquistadores dejaron a su paso y pintó su versión del *tiankiztli* de Tlatelolco, una gran plaza encendida de vivos colores y plena de significados para los mexicanos. Es uno de los frescos en las paredes del Palacio Nacional que plasman la historia de México, desde la época precolombina hasta inicios del siglo XX.

Así como podemos disfrutar la representación de nuestro devenir histórico en la obra de este muralista y tenerla como parte de nuestro patrimonio, también deberíamos tener en México todos los códices, no solo el Mendocino y el Florentino, sino además 13 de los 15 códices prehispánicos sobrevivientes de la quema y destrucción perpetrada por los conquistadores, de los que se han apropiado bibliotecas, museos y universidades europeas. Las imágenes y los símbolos contenidos en esos libros de papel amate o de piel de venado pertenecen a las culturas de este país, por lo que esas instituciones deberían devolverlos a sus pueblos de origen.

El filósofo Miguel León-Portilla considera que son esenciales para aproximarnos a nuestro pasado. Concibe a los códices mesoamericanos prehispánicos y coloniales como auténticas enciclopedias y extraordinarias obras de arte basadas en la imprescindible relación palabra-pintura, que los entendidos descifraban en voz alta a fin de que los oyentes atesoraran en su memoria la historia que les dio vida. En ellos se encuentran las referencias más remotas de nuestro personaje.

Precisamente, una de las primeras menciones la hallamos en el *Códice Mendocino*, un documento fundamental sobre la vida cotidiana de los mexicas elaborado en 1542 —a instancias del virrey Antonio de Mendoza— por los indígenas que podían explicar su contenido en español. Si bien el jitomate no está presente en los registros de tributos consignados en este códice, sí aparece como parte de los cultivos de un pueblo otomí: se cultivaban jitomates grandes y pequeños.[13] A pesar de ser parte de nuestro patrimonio, no tenemos aún el original del *Códice Mendocino* en México, porque desde 1659 está en la Biblioteca Bodleiana de Oxford, en Reino Unido. Este legado cultural es un venero de nuestra identidad que, tan solo por ese hecho, debería estar en posesión de los mexicanos.

En el *Códice Florentino*, compilado por Bernardino de Sahagún, hay también menciones del jitomate. Este fraile franciscano llegó a tierras mexicanas en 1529 y permaneció en ellas hasta su muerte. Él y sus discípulos indígenas documentaron el acontecer de la vida cotidiana de los pueblos antes de la llegada de los españoles. Recabaron testimonios de algunos ancianos mediante cientos de pinturas y textos en náhuatl, donde plasmaron su historia, sus creencias, su cultura y sus alimentos tradicionales. Los manuscritos en latín elaborados por escribas indígenas integraron la *Historia general de las cosas de Nueva España* que al traducirse al español dieron origen al *Códice Florentino*.

¿Por qué Florentino? Al parecer Felipe II le regaló a Francisco I de Medici el *Códice Florentino*. Desconocemos el porqué, pero nuevamente el original de este documento sobre la historia antigua de nuestro país, inherente a nuestro patrimonio, no está donde le corresponde, porque se encuentra en la Biblioteca Medicea Laurenziana de Florencia.[14]

En el *Códice Florentino* hay descripciones del consumo y venta de jitomates en el mercado de Tenochtitlan: vendedores especiales ofrecían tres diferentes tipos de varios colores: amarillos, rosados, rojos y verdes; las mujeres vendían comida preparada y salsas de jitomate. Además, se señala un mole de chile amarillo con jitomate como uno de los platillos que le servían a Moctezuma.

El códice da cuenta de una lista de precios en náhuatl del mercado de Tlaxcala en 1545, donde un jitomate equivalía a un grano de cacao. Los comestibles fueron los tributos más habituales entre los pueblos originarios, aunque la demanda del jitomate como tributo fue muy limitada porque no se podía almacenar por mucho tiempo, como apunta Janet Long en *De tomate y jitomate.*[15]

Long nos hace partícipes de lo agradables que le resultaron estos frutos a José de Acosta, un jesuita avecindado en Perú que pasó por México en el siglo XVI: "Se refirió a los tomates como frescos, sanos, grandes y jugosos, y dijo que hacían una salsa sabrosa y que además eran buenos para comer solos".[16]

Otros datos sobre nuestro personaje provienen de dos sacerdotes españoles que lo compararon con el agraz —la uva aún verde, sin madurar, ingrediente de algunos platillos en España—. A mediados del siglo XVI, Francisco Cervantes de Salazar en su *Crónica de la Nueva España* hizo notar que los jitomates eran más grandes que los agraces y algunos aún de mayor tamaño que los limones, con un sabor menos agrio, amarillos o colorados y se echaban en las salsas y guisados para disminuir el picante.

La especialista en historia natural María Luz López-Terrada nos dice que en 1571 el franciscano Alonso de Molina, "en la segunda edición del *Vocabulario en lengua mexicana y castellana*, traducía el término náhuatl de *tomatl* como 'cierta fruta que sirve de agraz en los guisados y salsas y que el *xaltomatl* era 'cierta fruta como tomates', mientras que *xitomatl* fue traducido como 'tomates grandes colorados, amarillos y blancos'. A la inversa, la 'fruta que echan en los guisados en lugar de agraz' era el *tomatl*, *xaltomatl* o *xitomatl*".[17] O sea, los españoles que vivían en México ya habían incorporado en sus salsas y guisados el jitomate, e incluso se habían apropiado del término *tomatl* para nombrarlo, pues no conocían un fruto parecido en Europa.

El primer estudio donde se profundiza un poco más sobre el jitomate lo documentó Francisco Hernández —protomédico comisionado por Felipe II para elaborar el catálogo de las plantas medicinales—, en su *Historia natural de la Nueva España*, escrita alrededor de 1570, en la que destaca las virtudes de la salsa de jitomate molido con chile para mejorar el sabor de las comidas y estimular el apetito.

Seguimos a Cristina Barros en su análisis de los datos que proporciona Francisco Hernández. Primero establece claramente la diferencia entre los jitomates y los tomates (verdes con cáscara). A los jitomates los clasifica en dos categorías: los más pequeños, conocidos como *miltomame*, ya que los siembran al mismo tiempo que el *tlaolli* (maíz), y los más grandes, llamados *xitomame* o *tomame*, rugosos y en forma de calabaza.

Después, entre los grandes distingue cuatro tipos diferentes: los denominados *coatomame* o de culebra, a los que considera hermosos, son de un tamaño mayor al de las nueces y su color va del verde al amarillo pálido; le siguen unos muy parecidos que cuando maduran se tornan rojos; "y otros más 'se vuelven de verdes a amarillos y tienen casi el tamaño de la llamada naranja, con uno y otro lado ligeramente comprimidos, e irregularmente rugosos desde la parte en que se adhieren al pedúnculo hasta su mitad'. Finalmente menciona los que son rojos al madurar, pero antes pasan por tonos verde, amarillo pálido y rojizo. Su forma es también rugosa, pero además tienen protuberancias irregulares".[18]

Al respecto de esas protuberancias, no queremos dejar pasar un comentario de Francisco Hernández, el cual claramente evidencia el desprecio histórico hacia la mujer, cuando expresa que "no solo semejan las partes femeninas, sino también hemorroides y cuanto de horrible y obsceno pueda verse en las mujeres".[19]

Hay poca información acerca del cultivo de jitomate antes de la Conquista. Además de la referencia de Sahagún del pueblo otomí, existen registros de que en el siglo XVI también se cultivaba en Puebla, Oaxaca y Michoacán. Incluso Alvarado Tezozómoc en su *Crónica Mexicana* deja ver que los jitomates eran cultivos tradicionales en las chinampas antes de la invasión de los españoles.[20]

Sin duda, el cultivo de jitomates en los pueblos originarios abarcaba varias regiones del territorio nacional, pues una de las estrategias de sobrevivencia utilizadas por los indígenas mesoamericanos para enfrentar distintas condiciones geográficas, biológicas y adversidades climáticas era producir en cantidades moderadas una amplia gama de cultivos y especies, para alimentarse e intercambiar en el mercado.

DEL JARDÍN A LA COCINA

En la adaptación biocultural de las poblaciones humanas, los alimentos han jugado un papel esencial no solo en las interacciones con los recursos naturales y los sistemas de producción, sino también en las formas de organización social, política, económica e ideológica. Así, cada cultura define qué comer, cómo prepararlo y comerlo, pues "uno es lo que come y uno come lo que es".[21] Estas afirmaciones del antropólogo estadounidense George Armelagos nos permiten entender el porqué de la resistencia inicial de los españoles a incorporar en su cocina los alimentos procedentes de Mesoamérica.

Este es el caso de nuestro migrante indocumentado, que a partir de su llegada a Andalucía inició su recorrido por Europa durante el siglo XVI, enfrentando ciertos obstáculos para ser aceptado en aquellos lares. Al jitomate inicialmente se le rechazó por pertenecer a la estirpe botánica de las solanáceas, una familia con pésima reputación entre los europeos, que ya conocían a algunos de sus miembros: el beleño, la belladona y la mandrágora, famosos desde la Edad Media por su "perversidad" alucinógena, afrodisiaca y venenosa, además de estar asociados con la brujería.

Comprendemos esa desconfianza y la resistencia cultural hacia un fruto desconocido; no obstante, esgrimir sobre esa reticencia que "sus hojas y fruto emitían un olor fuerte que muchos aficionados de plantas encontraron ofensivo",[22] como lo hace Janet Long, nos parece una opinión exagerada. De seguro, a muchos españoles el olor les resultaba extraño y puede que hasta desagradable…, pero ¿ofensivo? Si las plantas del jitomate les hubieran parecido tan malolientes a los conquistadores, no las habrían llevado a España.

Como ya mencionamos aquí, varios cronistas refirieron que las salsas de jitomate eran sabrosas y mejoraban el sabor de los alimentos. Incluso María Luz López-Terrada, especialista en la historia natural de la introducción de plantas de América en Europa, sugiere la posibilidad de que las semillas o plantas del jitomate fueran transportadas a propósito por los conquistadores que volvían, pues lo habían incorporado rápidamente a su dieta y ya estaban acostumbrados a él.

Platicar con María Luz despejó muchas de las dudas que nos asaltaron durante la revisión de diferentes estudios sobre la historia del jitomate. Su exhaustiva investigación para determinar cuándo empezó su cultivo y consumo en Europa abarca fuentes de los siglos XVI y XVII, y se basó en textos académicos sobre plantas (herbarios y colecciones de dibujos y grabados europeos), científicos (geográficos y médicos), de agronomía y de jardinería; libros de cronistas, de cocina (impresos y manuscritos) y obras pictóricas y literarias, entre otras.

O sea, su investigación sobre la llegada del jitomate a España se nutrió de un análisis inter y multidisciplinario, donde examinó a profundidad todos los elementos que intervienen en esta historia. Para empezar, nos confirma que el jitomate es mesoamericano, pues antes de 1521 no hay ninguna referencia acerca de este fruto: "Fue a partir de México de donde llegaron los primeros tomates a la península ibérica en la primera mitad del siglo XVI, porque como parecen indicar todas las fuentes, tan solo unos años después de la llegada de Cortés a México los tomates se cultivaban en Europa: crecían en los jardines de las élites europeas (científicas y políticas), fueron dibujados en acuarelas botánicas y grabados litográficos de libros, pintados en bodegones y mencionados en la literatura de creación y la científica". Incluso atribuye al sistema colonial español el que el jitomate se haya propagado por todo el mundo: "Primero al Caribe, luego a Europa para llegar más adelante a Filipinas y, eventualmente, a Asia".[23]

Transitamos con María Luz por la Europa del siglo XVI, donde encontramos a naturalistas y médicos en la tarea de documentar tanto las características de las plantas que llegaban de América, como sus propiedades medicinales.

Era tal la cantidad de plantas que arribaron de América y Asia durante los siglos XVI y XVII, tras la expansión colonialista española, que en la historia natural fue abriéndose paso la botánica. En un principio, los naturalistas se concretaban a describir en sus herbarios y notas solo las más similares a las registradas en los textos clásicos. Clasificaron al jitomate entre las plantas preexistentes. En 1544 el italiano Pietro Andrea Mattioli, primero en registrarlo como solanácea, le encontró parecido con una manzana, verde cuando está tierno y dorado cuando madura, que se comía como la berenjena, cocinado con sal, aceite y pimienta. Con ese mismo registro lo identificaron otros naturalistas europeos, que lo incluyeron en descripciones e imágenes de casi todos los herbarios publicados y manuscritos de la segunda mitad del siglo XVI y la primera del XVII.

De hecho, es muy posible que debamos su propagación entre los naturalistas al prestigiado italiano Ulisse Aldrovandi, quien se encargó de articular una red de corresponsales en gran parte de los países para integrar herbarios, dibujos, objetos, pinturas y especímenes de flora y fauna de Europa, Asia, África y América, una de las colecciones más importantes de historia natural, según nos cuenta María Luz.

Como vemos, en los naturalistas y el devenir de la botánica encontramos información valiosa para reconstruir los andares del jitomate. Dejemos a estos estudiosos entregados a sus pesquisas sobre sus características y posibles atributos para combatir algunas enfermedades endémicas de Europa, y ocupémonos en cómo se propagó esta semilla, su cultivo y su consumo en el Viejo Mundo, actividades que entonces escapaban al campo de botánicos y médicos. Mientras avanzaba el conocimiento sobre los jitomates, estos hacían acto de presencia en las mesas de algunos europeos o adornando los jardines de las universidades y las casas reales.

Vamos a las evidencias del cultivo de este fruto, conocido en Italia como *pomi d'oro* (manzana dorada), nombre difundido por Mattioli en 1554, mientras en Francia, ese mismo año, lo denominó *pomme d'amour* (manzana del amor) Rembert Dodoens, pues se le atribuían propiedades afrodisiacas, y *tollapfel* (manzana loca) en Alemania, donde lo veían como planta de ornato (incluso existen colecciones de acuarelas alemanas sobre nuestro personaje).

Entre otras evidencias, María Luz López-Terrada destaca que en 1548 los Medici —mecenas de artistas y científicos del Renacimiento— recibieron de regalo varios ejemplares, y en 1592 Gregorio de los Ríos, jardinero de Felipe II, en su libro sobre agricultura de los jardines (primer tratado de jardinería en lengua castellana), menciona que es una planta con frutos como manzanas, sin olor, acuarteronadas, con semillas y al parecer buenos para la salsa.

De acuerdo con Janet Long, el clima y el suelo mediterráneo fueron el nicho idóneo para cultivar jitomate, con la ventaja de que no interfería con los cultivos locales, sino los complementaba. Hacia finales del siglo XVI el jitomate empezó a incluirse en los jardines botánicos del sur de España; estuvo presente en una lista de intercambio de plantas entre el jardín del doctor Juan Castañeda, médico del hospital flamenco en Sevilla (llamado Hospital de San Andrés), y un botánico de origen belga.

Además, en 1608 el libro de compras del Hospital de la Sangre de Sevilla consignó que se consumió dos veces. A fin de comprobar que a inicios del siglo XVIII su consumo y cultivo eran muy habituales, María Luz recurrió a dos fuentes: el libro de registro de la despensa del Colegio del Corpus Christi de Valencia, donde hay jitomates en la lista de gastos del almuerzo y cena para los alumnos en 1746, y la técnica para cultivarlo, incluida en *Agricultura general y gobierno de la casa de campo*, publicado en Valencia por José Antonio Valcárcel en 1765.

Nos explica que logró constatar "que tratados posteriores recogen como mucho noticias igual de sucintas que esta, lo que ha llevado a la mayoría de autores que han abordado la historia del tomate a decir que su consumo no se generalizó hasta finales del siglo XVIII y principios del XIX".[24] Ante la carencia de un vaciado sistemático de las fuentes, la historiadora no descarta la hipótesis de que el jitomate continuó cultivándose y consumiéndose "durante todo el siglo XVII en el Mediterráneo, mientras que en el centro y norte de Europa se había convertido en una planta rara propia de jardín botánico. Solo así su presencia podría resultar tan cotidiana y habitual en textos redactados en la Valencia de principios del siglo XVIII".[25]

Adentrémonos en algunos aspectos de la resistencia cultural para integrar los jitomates a la dieta europea. Según las fuentes que consultaron los historiadores, su consistencia y textura resultaban desagradables, pues verdes eran muy ácidos y maduros muy blandos e incluso se deshacían en las largas cocciones habituales en aquella época. Además, no se parecían ni sabían a nada de lo que acostumbraban a comer. En el sistema alimentario de mediados del siglo XVI predominaba la idea de que las verduras eran malas para la salud, sobre todo las silvestres o no cultivadas; peor aún, como los asociaron con la berenjena y la familia de las solanáceas, los consideraron no saludables. Presas del clasismo, las clases altas rechazaron los alimentos de escaso valor comercial y también afloró el racismo hacia los que llegaban de América: "El hecho de ser la comida de una sociedad que se percibe como inferior jugó en contra de sus productos. Es la comida de unos —salvajes—",[26] como lo describe la doctora en historia Elena Piedrafita Pérez.

Al principio, el uso del jitomate fue marginal, lo comían las personas humildes que lo cultivaban en sus pequeños huertos familiares e iban asimilándolo a sus propias formas de consumo. Por lo mismo, no aparece en los libros de cocina, que eran para los cocineros de los reyes y los nobles.

Lo cierto es que no tardó mucho en popularizarse, como podemos constatarlo en la minuciosa revisión de la historia cultural que hizo María Luz, aunque falta mayor investigación al respecto, afirma. Aparece en muchas obras de los grandes pintores de la época: el óleo de Vertumno y Pomona de Juan van der Hamen, en un bodegón de este mismo autor y en el de Luis Meléndez; en *La cocina de los ángeles*, de Bartolomé Esteban Murillo, y en la *Alegoría del mes de julio*, de Francisco Barrera, por mencionar algunos.

Asimismo, el investigador David Gentilcore se ha dedicado a estudiar las representaciones del jitomate en la pintura italiana a finales del XVI y principios del XVII. Se asoman jitomates en la puerta de la catedral de Pisa, por ejemplo.[27]

Los textos literarios son otra fuente que requiere mayor exploración para rastrear y verificar su consumo, pues como María Luz ha constatado, a partir del último tercio del siglo XVI, ya sin tener relación con América, empiezan a aparecer continuas menciones del jitomate y desde 1590 cunden por todas partes: "He encontrado cientos de referencias al tomate en el teatro del Siglo de Oro. Hay una base de datos donde los estudiosos del teatro te permiten buscar tomate y lo ves en 3000 obras. En una simple ojeada me han salido más de 100; o sea, estaba en los escenarios, era una planta muy conocida".[28] De ello dan cuenta Lope de Vega en *La octava maravilla*, Marcela de San Félix, su hija, en su coloquio *La muerte del apetito*, y Tirso de Molina en *El amor médico*, donde devela una de las primeras formas de comer jitomate:

> ¡Oh anascote, oh caifascote,
> oh basquiña de picote,
> oh ensaladas de tomates
> de coloradas mejillas,
> dulces a un tiempo y picantes.[29]

Desde España el jitomate se dispersó por todo el Mediterráneo. A Italia, el segundo país en recibirlo en el siglo XVI, llegó para quedarse, pues el gusto de los italianos por las ensaladas y las verduras frescas motivó un interés especial por incorporarlo en su alimentación. Así que su consumo se fue generalizando y variando las formas de prepararlo.

De hecho, María Luz López Terrada ha encontrado algunas referencias en recetarios italianos de 1572. Es más, "a partir de la segunda mitad del siglo XVI he localizado seis o siete textos en latín donde dicen que en Italia y en España preparan una salsa con esta especie de berenjena maligna, roja, añadiéndole pimienta y sal. Y hacen una salsa que la consumen mucho. Es la salsa que vieron en Mesoamérica y en lugar de echarle pimiento, le echaron pimienta, porque el tomate es frío y había que contrarrestar esa frialdad con algo caliente, además de ponerle sal. Las recetas aumentaron a finales del siglo XVII y principios del XVIII y en los recetarios italianos o franceses la salsa se registra como salsa española".[30]

Precisamente, fueron los jardineros italianos, señala Janet Long, quienes transformaron el jitomate "en un fruto grande, liso y con pericarpio más grueso y fuerte".[31] Asimismo, prolongaron su uso hasta el invierno, deshidratándolo al sol; incluso, siglos después crearon la industria para enlatarlo, lo que les permitió preservar sus tradiciones culinarias cuando migraron a otros continentes.

La versatilidad de este fruto mesoamericano para combinarse fácilmente con otros ingredientes le ha conferido un lugar dentro de algunos platillos europeos tradicionales. En Italia, la salsa de jitomate es un complemento de la pasta y a las pizzas las dota de mayor sabor y colorido, además de ser protagónico en las famosas *bruschetas*, esos panecillos tostados con jitomate. En España, en el gazpacho andaluz, el abadejo, los bofes de carnero, la pescadilla en salsa, el salmorejo y el pan con jitomate, tradicional de muchas de sus cocinas (murciana, aragonesa, balear, valenciana y andaluza, en donde se le conoce como la "*media con tomate*" o "tostada con tomate", o la catalana, con el renombrado pan con tomate o *pa amb tomàquet*), entre otros platos. También está presente en el *goulash*, guiso de origen húngaro que se convirtió en el platillo nacional de más de 10 países, ubicados entre Europa Central y en los Balcanes.[32]

Al pasar del jardín a la cocina hace varios cientos de años, el jitomate fue conquistando el paladar de muchas generaciones, y ahora se ha vuelto imprescindible e insustituible al menos en las cocinas europeas.

SEMILLAS DEL PORVENIR

Hay personas que llegan a nuestra vida en el momento indicado. Así llegó a la nuestra Gabriela Toledo Ortiz, en 2020, cuando estábamos empeñados en saber dónde conseguir semillas nativas de jitomate. Ella era en aquel entonces profesora de biología molecular de plantas en el Centro de Ciencias Ambientales de la Universidad de Lancaster, en el Reino Unido, e investigadora en el proyecto Tomates para Mañana.

Eran tiempos de pandemia y la reclusión nos incitó a mitigar la soledad buscando a compañeros de utopías en el entorno del ciberespacio. Nos enteramos de que Cristina Barros estaría con Julio Hernández López (conocido como Julio *Astillero*) en *Hasta que el sueño aguante*, en su canal de YouTube. Como siempre, el encuentro con Cristina fue enriquecedor y placentero. Además, nos permitió darnos cuenta de que cada semana abordaban temas sobre la alimentación, nuestro mero mole. Los programas se transmitían los viernes por la noche y en uno de ellos conocimos virtualmente a Gabriela, quien con gran precisión y entusiasmo empezó a develarnos lo que está ocurriendo con nuestros jitomates ancestrales.

Durante la entrevista, llevada a cabo por Julio *Astillero* y sus hijos, nos enteramos de que Gabriela Toledo se dedica a la investigación básica sobre las rutas metabólicas de color, aroma y sabor del jitomate. A partir de los efectos del cambio climático que diezman su producción en Europa y otras regiones, se propuso estudiar si también afectarían a México, pues sabía que en nuestro país se cultivaban jitomates de una alta calidad nutritiva en condiciones muy adversas.

Gabriela viajó a la capital de Oaxaca —uno de los estados con mayor diversidad biocultural, cuyas tradiciones agrícolas y culinarias ancestrales integran en su cocina la variedad de jitomates con que cuentan—, donde pretendía empezar a caracterizar bioquímicamente la gran variedad de frutos que ahí había conocido. Pero al llegar a la ciudad, después de mucho tiempo de no visitarla, ¡oh, sorpresa!, se encontró con que solo había saladet; eran los tiempos en que la Secretaría de Agricultura, Ganadería, Desarrollo Rural, Pesca y

Alimentación impulsaba sus programas de "modernización del campo", que provocaron un verdadero desastre. "Los tomates que yo soñaba ya no existían, no se veían. El tomate riñón, uno de los emblemas de los Valles Centrales, estaba en un rincón, ya nadie le da la importancia que tiene". Esta situación detonó su proyecto personal Tomates para Mañana, que arrancó en 2017, "porque me di cuenta de que el problema principal es que no estamos valorando lo que tenemos y lo estamos perdiendo a un ritmo increíblemente rápido".[33]

Ni tardos ni perezosos, nos dimos a la tarea de entrar en contacto con Gabriela. Nuestros encuentros virtuales nos revelaron el ahínco con el que ha impulsado el redescubrimiento y la recuperación de los jitomates nativos en sus sitios de origen, resaltando el lugar que les han asignado las cocineras tradicionales en su alimentación cotidiana, festiva y ritual, así como fomentando su presencia en mercados locales y regionales, a fin de fortalecer su sentido de pertenencia dentro de la comunidad, y con ello detener la pérdida acelerada que México está sufriendo de este patrimonio irremplazable. Con ese objetivo organizó la Primera Feria del Jitomate Nativo y Ancestral en la Ciudad de México, en septiembre de 2019, y se proponía organizar la segunda feria, pero la pandemia de covid-19 postergó sus planes, hasta que finalmente se llevó a cabo en 2022.

En el ínterin de nuestros encuentros virtuales con Gabriela, contactamos a la fotógrafa mexicana Patricia García, que lleva varios años viviendo en Barcelona, España, quien no solo nos mandó fotografías de las diferentes variedades que se ofrecen ahí, sino se dio a la tarea de hacer una pequeña encuesta en varios de los mercados de la ciudad acerca del origen del tomate (como le llaman ellos), entre los comerciantes de frutas y verduras y los clientes. En la mayoría de las respuestas se desconocía su origen, pero se aseguraba que tenían cientos de años sembrándolo y comiéndolo.

También entramos en contacto con el artista Jaime Castañeda, en Como, Italia, donde lleva más de cuatro décadas viviendo. Luego de darse una vuelta por algunas tiendas, nos envió fotografías de más de 10 variedades distintas.

Tiene razón Gabriela Toledo cuando afirma que al jitomate no se le asocia con México. El colmo es que incluso algunos mexicanos creen que es español o italiano. Y es nuestra culpa, porque no lo valoramos. Esta situación nos llevó a proponerle a Gabriela publicar un número dedicado a los jitomates ancestrales en *La Jornada del Campo*, un suplemento donde hemos participado varias veces como coeditores externos, para dar a conocer lo que está ocurriendo con ellos.

A medida que profundizamos en el tema, nos enteramos de que en 2020 el jitomate fue la hortaliza más producida a escala mundial. Los mayores productores fueron China, India y Turquía… ¿y México? Hasta el décimo lugar, después de Italia y España, ¿cómo la ven?

Andar por este camino nos llevó a resolver las interrogantes que nos planteábamos: ¿qué ha pasado con nuestros jitomates ancestrales? ¿Dónde están las variedades que se obtuvieron en diversos climas y regiones de nuestro país? ¿Por qué no están a nuestro alcance?

Comencemos con un poco de historia. Desde principios del siglo XX las compañías semilleras emprendieron el desarrollo de hortalizas híbridas a partir de las semillas preexistentes, aunque fue hasta los ochenta cuando se les permitió patentarlas. Así empezaron las compañías transnacionales a apropiarse de las semillas que los pueblos mesoamericanos nos heredaron, entre ellas las del jitomate; las convirtieron en mercancías muy redituables y expandieron su mercado enarbolando sus ventajas innovadoras: resistencia a diversas plagas y enfermedades, rápido crecimiento de los frutos (o sea, mayor productividad) y, sobre todo, durabilidad.

De esta manera, llegaron a nuestro país los "tiempos modernos" con la producción en invernadero de monocultivos con semillas híbridas de las corporaciones y agrotóxicos que ellas mismas comercializan, muchos de ellos prohibidos en países europeos por sus elevados costos ambientales y sus graves daños a la salud humana. Una modernidad impulsada, sobre todo, por el Tratado de Libre Comercio de América del Norte (TLCAN) desde 1994, que además obligó al Estado mexicano a reducir los apoyos y subsidios agrícolas a productores de pequeña y mediana escala, así como a eliminar las barreras para la importación de alimentos, estos sí subsidiados.[34]

Desde que lo consignamos en nuestro libro *Alimentos sustentables a la carta, de la tierra a la mesa*, nos quedó claro que la "modernización" agrícola estuvo respaldada por la creciente presión del mercado y por programas gubernamentales para utilizar variedades comerciales destinadas a la exportación, en beneficio de una minoría de empresarios mexicanos y grandes corporaciones poseedoras de las mejores tierras y recursos hídricos. La mayoría de los campesinos, sin recursos para acceder a esos avances tecnológicos y sin los apoyos de la red estatal de producción y comercialización agrícola que desmanteló el gobierno, languidecen ante las fuerzas del mercado global.

El Estado, lejos de instrumentar políticas de protección de sus cultivos nativos con una visión social y cultural, también fue desmantelando "las instituciones públicas dedicadas a la investigación y la extensión agrícolas [...] vacío que está siendo invadido cada vez más por las poderosas transnacionales, privatizando el conocimiento. Así, de la mano de un sistema mundial de derechos de propiedad intelectual que favorece la monopolización de las patentes, el sector privado ejerce un control peligroso sobre los recursos biológicos de la agricultura y el sistema alimentario".[35] Desde entonces, muchos productores en pequeña escala siguen minando sus parcelas y enriqueciendo a las corporaciones, al comprar año tras año semillas híbridas, abonos y plaguicidas químicos de importación.

En México, la pérdida de diversidad de jitomates se ha ido incrementando a medida que nuestro campo se ha llenado de "híbridos y variedades comerciales frágiles y poco adaptables a situaciones adversas, con alto rendimiento solo en condiciones óptimas de producción, energéticamente incosteables y climáticamente frágiles",[36] explica Gabriela Toledo, en menoscabo de las cientos de variedades nativas con valor nutritivo y cultural, adaptadas a diversos ambientes locales durante siglos, a la variabilidad de temperaturas, lluvias y tipos de suelo, incluidas condiciones extremas como ambientes semiáridos y suelos salinos, así como resistentes a enfermedades y patógenos.

Dos empresas son las propietarias de las 23 variedades comerciales que hoy dominan el mercado nacional, de las cuales solo se producen dos tipos de fruto: saladette (90%) y bola (10%).[37] De acuerdo con Gabriela, "el saladete ha desplazado a cientos de especies nativas, que aún siembran y consumen algunas comunidades indígenas y campesinas en nuestro país, aunque en la cocina mexicana han dejado de utilizarse. El saladete es de tan baja calidad, que en Europa nada más se usa para alimentos ultraprocesados".[38]

Las plantas de jitomates, cultivadas generación tras generación, han sido sustituidas por un reducido número de variedades comerciales modernas y uniformes. En el camino, nos revela Gabriela Toledo, las empresas que las crean sacrifican su calidad nutricional, su sabor, su aroma y su resiliencia a cambios ambientales, en aras de lograr "alta vida de anaquel y rendimiento por planta en condiciones estandarizadas, como el saladete, predominante tanto en la producción nacional como en el consumo en México. Cabe destacar que estudios en jitomates ancestrales de América y Europa han demostrado que, comparativamente, muchas de las variedades comerciales de alta producción [...] perdieron características genéticas importantes para el sabor y el contenido nutricional del fruto".[39]

A diferencia de los híbridos, nuestros frutos son fuente de vitaminas, hidratos de carbono, ácidos orgánicos, minerales, fibra y compuestos bioactivos, así como de macro y micronutrientes. Y otro factor esencial es que sus semillas se pueden intercambiar gratuitamente entre vecinos o producirlas ellos mismos.[40]

Los investigadores mexicanos aún no han podido recolectar, contabilizar y caracterizar las variedades nativas del territorio nacional, por falta de apoyo gubernamental. Aunque existen esfuerzos por conservar este patrimonio genético, integrando bancos de semillas para evitar su extinción, están en riesgo de morir, pues la única manera de mantenerlas vivas es sembrar y consumir todas esas variedades de jitomates. Semillas que son producto de la experiencia agrícola de cientos de generaciones de indígenas y campesinos de nuestro país y que, en sí mismas, son una historia de éxito porque han pasado la prueba del tiempo.

Hoy por hoy, por jitomates no paramos. Los hay de distintos colores, sabores, aromas, texturas, formas y tamaños: cereza, ojo de venado, tipo calabaza, ojo de liebre, arriñonado, tipo pera, acostillado, cuadrado, uva… Hasta nosotros hemos sembrado en casa algunos de ellos en nuestro pequeño jardín. Son múltiples variedades nativas que aún producen y consumen los agricultores del país y, gracias a la inagotable creatividad de nuestras cocineras, hacen las delicias de incontables platillos típicos de la diversidad de nuestras cocinas. Y son orgullosamente mexicanas.

Estamos a tiempo de impedir que los ancestros de aquel legendario migrante desaparezcan, se extingan o sean totalmente secuestrados por la biopiratería transgénica. Defendamos nuestros jitomates, desarrollados por los pueblos originarios con gran cantidad de nutrientes, y hoy adaptados genéticamente para enfrentar el cambio climático, consumiendo la variedad de sabores, aromas y colores que aún tenemos. Frenemos la codicia de las corporaciones sobre nuestro patrimonio, rechazando que privilegien el consumo de sus variedades comerciales, y evitemos que en el futuro nuestros jitomates ancestrales sean considerados una reliquia o de herencia (*heirloom*), cuyas semillas pasen a formar parte de bancos como Kew Gardens, en Inglaterra, y dejen de estar a nuestro alcance.

Notas

[1] Fragmento de la "Oda al Tomate". Consultado en https://cultura.fundacionneruda.org/2022/02/18/oda-al-tomate-un-canto-al-rey-del-verano/.

[2] Cristina Barros, "El jitomate, un poco de historia", *La Jornada del Campo*, núm. 165, 20 de junio de 2021, p. 12. Consultado en https://issuu.com/la_jornada_del_campo/docs/suplemento_jc_165_web_ok.

[3] José G. Moreno de Alba, *Minucias del lenguaje*. Consultado en https://www.academia.org.mx/consultas/obras-de-consulta-en-linea/diccionario-minucias-del-lenguaje/item/jitomate-tomate.

[4] "Análisis diacrónicos sobre los diccionarios de la (Real) Academia de la Lengua Española. Los diccionarios de la Academia de la Lengua Española". Consultado en https://www.filosofia.org/enc/aca/aca.htm.

[5] Andrea Nabor, "Qué son los vegetales heirloom", *El Universal*, 19 de octubre de 2019.

[6] Joaquín Cañizares y José Blanca, "El tomate no es natural, es un tesoro creado por el ingenio humano", *El País*. Consultado en https://www.almendron.com/tribuna/el-tomate-no-es-natural-es-un-tesoro-creado-por-el-ingenio-humano/.

[7] Janet Long, "De tomates y jitomates en el siglo XVI", *Estudios de Cultura Náhuatl*, 25: 239, 2022. Consultado en https://nahuatl.historicas.unam.mx/index.php/ecn/article/view/78174/69130.

[8] Cristina Barros, *op. cit.*

[9] Eduardo Angulo, "Ingredientes para la receta: El tomate", *Cuaderno de Cultura Científica*, 23 de mayo de 2022. Consultado en https://culturacientifica.com/2022/05/23/ingredientes-para-la-receta-el-tomate/.

[10] Hernán Cortés, *Cartas de relación de la Conquista de México*, cartas primera y segunda, Secretaría de Cultura, Biblioteca México. Consultado en https://mexicana.cultura.gob.mx/es/repositorio/detalle?id=_suri:DGB:TransObject:5c95760c7a8a0230b7329649#epubcfi(/6/14[id21]!/4/228/1:1082).

[11] Bernal Díaz del Castillo, *Historia Verdadera de la Conquista de la Nueva España*, tomo 1, Clásicos de la Literatura Mexicana, México, 1979.

[12] Mural de Diego Rivera en el Palacio Nacional. Consultado en https://upload.wikimedia.org/wikipedia/commons/d/da/Murales_Rivera_-_Markt_in_Tlatelolco_1.jpg.

[13] Códice de Mendoza. Consultado en julio de 2023 en https://www.codicemendoza.inah.gob.mx/index.php?lang=spanish&folio_number=33&type=r&section=h.

[14] S.a., "El Códice Florentino. Cronología", *Arqueología Mexicana*, edición especial, núm. 90, pp. 10-13. Basado en textos de Josefina García Quintana, Alfredo López Austin, Miguel León-Portilla y Xavier Noguez. Consultado en https://arqueologiamexicana.mx/mexico-antiguo/el-codice-florentino-cronologia#:~:text=1575.,-cual%20termina%20dos%20a%C3%B1os%20despu%C3%A9s.

[15] Janet Long, *op. cit.*

[16] *Ibidem.*

[17] María Luz López-Terrada, "La historia de la llegada del tomate a Europa: una primera aproximación", p. 4. Consultado en https://traditom.eu/es/proyecto/historia/#:~:text=Los%20europeos%20tuvieron%20el%20primer,ciudad%20de%20Tenocht%C3%ADtlan%20en%201521.

[18] Cristina Barros, *op. cit.*

[19] Francisco Hernández, "Del Tómatl o planta de frutos acinosos", en *Historia natural de Nueva España 1, Obras completas*, tomo II, libro Quinto. Consultado en http://www.franciscohernandez.unam.mx/tomos/02_TOMO/tomo002_005/tomo002_005_001.html.

[20] Fernando Alvarado Tezozómoc, *Crónica Mexicáyotl*, UNAM, México, 1998. Consultado en https://historicas.unam.mx/publicaciones/publicadigital/libros/cronica/008c_04_02_cronicamexicayotl.pdf.

[21] George Armelagos, "Cultura y contacto: el choque de dos cocinas mundiales", en *Conquista y comida: consecuencias del encuentro de dos mundos*, 3ª ed., UNAM, México, en línea: 13 de diciembre de 2019, p. 106. Consultado en http://www.historicas.unam.mx/publicaciones/publicadigital/libros/323/conquista_comida.html.

[22] Janet Long, *op. cit.*

[23] López-Terrada María Luz, *op. cit.*, p. 6.

[24] *Ibid.*, pp. 13-14.

[25] *Ibid.*, p. 14.

[26] Elena Piedrafita Pérez, "Los alimentos de América, una difícil adaptación", en Manuel García Guatas y Juan Barbacil (coords.), *Los alimentos que llegaron de América*, Academia Aragonesa de Gastronomía, España, 2014, p. 43. Consultado en https://academiaaragonesadegastronomia.com/alma-zen/los-alimentos-que-llegaron-de-america-2015.pdf.

[27] López-Terrada María Luz, *op. cit.*, p. 15.

[28] María Luz López Terrada, entrevista, comunicación personal.

[29] Tirso de Molina, "El amor médico". Consultado en http://comedias.org/tirso/Amomed.html.

[30] María Luz López Terrada, entrevista, comunicación personal.

[31] Janet Long, *op. cit.*

[32] Janet Long, "América en Europa después de 1492", en *Conquista y comida: consecuencias del encuentro de dos mundos*, 3ª ed., UNAM-IIH, 2018. Consultado en http://www.historicas.unam.mx/publicaciones/publicadigital/libros/323/conquista_comida.html.

[33] Julio Hernández López, entrevista a Gabriela Toledo, en *Hasta que el sueño aguante*, núm. 65, 29 de mayo de 2020. Consultado el 20 de junio de 2023 en https://www.youtube.com/watch?v=AjVroC1RSSg&list=PLF2GfP8dVY06lA-Fm2KIs1n2CK8GS5xmZ&index=65.

[34] Martha Elena García y Guillermo Bermúdez, *Alimentos sustentables a la carta, de la tierra a la mesa*, Conabio-Calmil, México, 2017. Consultado en https://bioteca.biodiversidad.gob.mx/janium/Documentos/12626.pdf.

[35] *Ibidem.*

[36] Gabriela Toledo, "El desdeñado oro rojo mexicano", *La Jornada del Campo*, núm. 165, 20 de junio de 2021, p. 10. Consultado en https://issuu.com/la_jornada_del_campo/docs/suplemento_jc_165_web_ok.

[37]Víctor A. González *et al.*, "En riesgo la conservación de semillas originarias", *La Jornada del Campo*, núm. 165, 20 de junio de 2021, p. 16. Consultado en https://issuu.com/la_jornada_del_campo/docs/suplemento_jc_165_web_ok.

[38]Julio Hernández López, *op. cit.*

[39]Patricia León Mejía *et al.*, "Preservación e investigación para mantener su calidad nutricional", *La Jornada del Campo*, núm. 165, 20 de junio de 2021, p. 26. Consultado en https://issuu.com/la_jornada_del_campo/docs/suplemento_jc_165_web_ok.

[40]*Ibidem.*

7

El hijo alado de la milpa: el guajolote

Mexicano por los cuatro costados, pero igualmente cosmopolita, tan campirano como urbano, asiduo tanto de las mesas populares como de los banquetes reales y de las celebraciones familiares y comunitarias. Vamos, un personaje de mucho mundo, pero bien mexicano.

Honestamente, casi nada sabíamos sobre el protagonista de este capítulo y su deambular por México o su peregrinaje por el mundo. De hecho, poco se ha investigado y escrito sobre él. Como en otros casos, le debemos a nuestro amigo y guía Luis Alberto Vargas habernos acercado al guajolote. Él nos invitó a la presentación a distancia de *Huexolotl: pasado y presente en México*,[1] que con toda justicia denominó una auténtica "enciclopedia sobre los guajolotes".

Nuestros primeros recuerdos sobre el guajolote nos remontan a la infancia. Como no era un invitado frecuente a nuestras mesas, ni en la época navideña, lo probamos por vez primera en el delicioso mole de guajolote que dieron en una fiesta de pueblo a la que invitaron a nuestra familia. También recordamos que mientras andábamos de compras por el centro de la Ciudad de México, nuestros padres nos llevaron a comer una torta a esa especie de museo comestible que es La Casa del Pavo, en la calle de Motolinía. Costumbre que hasta ahora conservamos.

Aunque para este episodio consultamos muchas fuentes, esa "enciclopedia sobre los guajolotes" fue un faro. Primero, por su caudalosa información. Segundo, porque, así como lo hemos hecho con todo el elenco que conforma nuestro libro, para sus autores el guajolote es un personaje cuya historia merece contarse. Y tercero, porque propone, al igual que nosotros, que los mexicanos revaloremos nuestros alimentos.

Lamentablemente, hoy este personaje que nos ha acompañado durante al menos 5000 años[2] es un ilustre desconocido para la mayoría de los mexicanos. ¿Cómo podremos valorarlo si no lo conocemos? Si no sabemos que esta singular ave es originaria de nuestra tierra y que la domesticaron los antiguos mexicanos. Si despreciamos el lugar simbólico que ocupa en las fiestas y rituales de nuestros pueblos. Si ignoramos que, hecha para vuelos cortos, llegó a todo el mundo, alcanzando grandes alturas. Si no tenemos idea ni de cómo comerlo, más allá del jamón de pavo. Si desconocemos cuánto se produce y consume en el mundo, donde hoy es muy apreciado por sus virtudes nutricionales.

Detrás de todo esto, quizá late un profundo y atávico racismo. Al guajolote lo persigue una sombra que lo vincula con "lo indio", con el mundo indígena y campesino, sinónimo de atraso. Lo opaca una discriminación metida hasta la médula que "niega la presencia de la tradición cultural mesoamericana".[3]

Esa *guajolopedia* ofrece un amplio mural sobre las diferentes facetas de este personaje, que dan cuenta de que sigue vivito y coleando en las artes y los dichos populares, en la música, la danza, las celebraciones, las fiestas y, por supuesto, en la gastronomía. Desde su trinchera académica, los autores convocan a los estudiosos a que en futuras investigaciones recuperen "la poderosa esencia de esta ave en la cultura de sus antiguos cultivadores de la milpa, permitiendo así ver al conjunto hombre-milpa-guajolote como una gran argamasa de quienes fundan una espléndida civilización".[4]

Si deseamos que recupere el sitio privilegiado que antaño tuvo entre los mexicanos, será "no solo por la carne que saboreamos en los numerosos guisos tradicionales, sino también por la certeza [...] de que a cada bocado que tomamos, incorporamos a nuestro ser partes de la esencia de nuestra tierra y de nuestra cultura".[5]

MANJAR EXCLUSIVO

En la actualidad nuestro guajolote es la segunda especie de aves domésticas que mayor carne avícola se produce en el mundo. Sin duda, el 5% que aporta está muy lejos de los nueve de cada 10 kilogramos con los que contribuye el pollo, pero este es un alimento de consumo cotidiano. En cambio, más allá de los embutidos, el guajolote es para las grandes ocasiones.[6]

El que más se consume es el pavo producido en granjas. La crianza comercial, sin duda, lo ha vuelto más regordete y parsimonioso que el guajolote de traspatio, criado aún en muchas comunidades campesinas e indígenas del centro de México. Y menos se parece a las cinco subespecies de guajolotes silvestres, más ágiles y vivarachos, pese a ser más grandes y pesados, que aún hay en Chihuahua, Coahuila, Sonora, Tamaulipas, Nuevo León, Sinaloa, Durango, Zacatecas, San Luis Potosí, Jalisco, Nayarit y Veracruz.* [7]

El *Meleagris gallopavo gallopavo* es la única subespecie de guajolote que fue domesticada. De hecho, todos los guajolotes domésticos, desde los que se crían en los traspatios y se sirven en mole en las fiestas patronales o en las bodas de pueblo, hasta los que se convierten en jamón o salchicha y los que aterrizan en las cenas navideñas en México y Europa o en la del Día de Acción de Gracias en Estados Unidos,** tienen como ancestro común al guajolote silvestre mexicano.

---

*A diferencia de los obesos pavos domésticos, alimentados para echar cuantos kilos de más puedan, los guajolotes silvestres "son sorprendentemente atléticos. Pueden alcanzar velocidades de hasta 32 km/h en tierra… y una asombrosa de 59 km/h en el aire. Sin embargo, sus habilidades de vuelo son cortas… Rara vez vuelan más de 400 metros antes de volver a la tierra o a la seguridad de un árbol, donde pasan la mayor parte del tiempo". 11 datos sorprendentes sobre los pavos, 10 de diciembre de 2022, https://economiacircularverde.com/datos-sobre-el-pavo-que-no-conocias/.

**A diferencia del guajolote doméstico mexicano, emparentado directamente con el que fue domesticado por los antiguos pobladores de nuestro país (*Meleagris gallopavo gallopavo*), el pavo doméstico estadounidense criado en granjas intensivas proviene de la cruza entre el guajolote mexicano —llevado a Europa por los conquistadores españoles y traído de regreso a América por los colonizadores ingleses— y el guajolote silvestre del este de Estados Unidos (*Meleagris gallopavo silvestris*). M. A. Camacho-Escoba, "Historia natural,

El mismo que domesticaron los pueblos que habitaron lo que hoy es el centro de México. Aún hay controversia sobre la posible desaparición de los parientes silvestres del área donde vivían en el pasado (de Michoacán a Guerrero y Oaxaca, hasta parte de la Meseta Central y Veracruz).[8]

Hay otra especie silvestre, jamás domesticada, aún más ágil, avispada y veloz al vuelo: el guajolote ocelado, que anda a las vivas en las selvas de Yucatán, Guatemala y Honduras, procurando no ser cazado (no está en peligro de extinción, pero sí en la categoría de "casi amenazado"). Dicen que no solo es más sabroso, sino que posee un plumaje similar al del pavo real, aparte de un cuello desnudo azulado.[9]

Los vestigios más remotos de un guajolote (sin duda silvestre) tienen unos 12 000 años y se encontraron en Tlatilco, una de las primeras civilizaciones en asentarse en la cuenca de México, a orillas del lago de Texcoco. Pero la domesticación fue resultado de un largo proceso que se inició hace unos 7 000 años, conforme se establecieron diversos grupos humanos en el centro de lo que hoy es México. Otras versiones consideran que hubo centros de domesticación en las zonas de Michoacán o Oaxaca.[10]

Con la paulatina invención de la agricultura, ya convertidos en sedentarios los grupos de cazadores y recolectores, se calcula que hace unos 3 200 años ya se había domesticado plenamente a esta ave, haciéndola "como de la familia" en las comunidades a las que se fue integrando.[11, 12, 13] Lo cierto es que para el año 200 antes de nuestra era, el guajolote ya se había abierto paso hasta el valle de Tehuacán, donde se han descubierto los más antiguos maíces y otras semillas.[14]

Se conjugaron varios factores. Para empezar, la naturaleza apacible de los guajolotes domésticos, de convivencia más o menos sencilla

---

domesticación y distribución del guajolote (*Meleagris gallopavo*) en México", *Universidad y ciencia*, vol. 27, núm. 3, Villahermosa, diciembre de 2011. Consultado en https://www.scielo.org.mx/scielo.php?script=sci_arttext&pid=S0186-29792011000300009#:~:text=Aparentemente%20el%20guajolote%20actual%20(Meleagris,como%20dom%C3%A9sticas%20hasta%20nuestros%20d%C3%ADas.

y que no huyen ni repelen el trato con los humanos, en especial si les dan de comer. Otro rasgo de su naturaleza que favoreció la convivencia y el intercambio de servicios es que, pese a ser capaz de volar cuando se siente amenazado, casi todo el tiempo anda a ras de suelo, en busca de insectos, hierbas, semillas y pequeños frutos.

Además, entre los bosques de pino y encino, por los ríos y arroyos de la cuenca de México, los guajolotes hallaron un ambiente muy propicio para prosperar. Precisamente, de esa zona provienen los restos más antiguos descubiertos hasta la fecha.

Finalmente, el proceso de domesticación fue posible porque se convirtieron en "guajolotes comensales", es decir, vivían a expensas de alguien y se fueron haciendo dependientes de lo que les ofrecían las personas, una forma más segura y cómoda de sobrevivir y prosperar en la naturaleza. Aunque al final tuvieran que pagar el precio de acercarse al depredador más temible: el ser humano.

En su trayecto, conforme se abría paso la agricultura como forma de asegurar la alimentación y las comunidades se quedaban a vivir en un solo lugar, los guajolotes comensales dejaron de ser unos meros invitados a comer y, agarrando confianza, se acercaron más y más, hasta que de plano se quedaron permanentemente, integrándose como un elemento más a la vida de las comunidades. Se convirtieron en huéspedes fijos, por lo menos. Caló tan profundo en nuestra historia que, aún hoy en día entre los otomíes, el guajolote es un animal sagrado vinculado con la invención de la actividad agrícola.[15]

Nada es de a gratis. Una vez establecida esta relación, quedó abierta la oportunidad de tomar algunos huevos y a los guajolotitos, sin mayores consecuencias. Eso sí, los humanos, en especial las mujeres, les garantizaron alimento, apoyaron la anidación y procuraban a los guajolotitos o pípilos.

Huexolotl: pasado y presente en México nos ofrece casi una película de la alianza estratégica del guajolote con los antiguos mexicanos.[16] Visualicemos en nuestra mente a esta magnífica ave oportunista deambular en torno a los incipientes asentamientos de los grupos humanos que, a prueba y error, inventaban la agricultura y la milpa, domesticando y combinando diversas plantas. Plantas adaptadas no solo al medio ambiente, sino al gusto de cada comunidad, y que debieron lucir apetitosas y accesibles a los ojos de los guajolotes. Así, casi sin darnos cuenta, esta ave que toleraba humanos (cuando a veces ni entre nosotros nos toleramos) se fue haciendo parte de la casa: se hizo doméstica.

Ahí fue cuando "el trío hombre-milpa-guajolote" comenzó a labrar su presencia "en la memoria social y cultural de Mesoamérica".[17] Sus raíces históricas se hunden profundamente en "el largo proceso de domesticación del maíz y de las complejas configuraciones del agroecosistema integrado por la milpa".[18] De esta forma, domesticar al guajolote se entretejió con la construcción "de la milpa como modo de vida fundamental de las sociedades mesoamericanas".[19] Como un ave que germinó en la milpa.

EL AVE DE LA MILPA

El guajolote ha sido un personaje muy conocido en México, pero con muy diferentes nombres. Para empezar, cada una de las 62 lenguas indígenas lo nombra a su manera. Y para seguir, en México se le llama popularmente de 30 formas diferentes: pavo, *pípila* o *pípilo*, *cócono*, *totol*, *totoli* o *totole*, entre ellas. Incluso, nuestros antepasados dieron nombres diferentes al macho (*huexolotl*) y a la hembra (*cihuatotolin*, "mujer pájaro"), aunque a ambos les decían *totoli*.[20]

Del náhuatl *huexolotl* al guajolote en español, hay solo un paso, vía la castellanización. La mayoría de quienes lo han estudiado dicen que es el "gran ave monstruosa", porque *huexolotl* viene de los términos *huey* (grande o gigante) y *xólotl* (monstruoso), donde monstruoso no es malo, sino imponente (de hecho, es evidencia de lo divino).[21] Para nuestros pueblos originarios era (y es) un animal valeroso, elegante y hermoso.[22]

Xólotl tiene diversos significados, aun en la mitología mexica: Xólotl era el dios Perro, el gemelo oscuro de Quetzalcóatl. El *huexolotl* era una de sus transfiguraciones.[23] Además, a Xólotl se le consideraba el dios del juego de pelota y patrón de los brujos. A nadie debe extrañar que su carne fuera alimento sagrado.

Por cierto, el nombre científico que le dieron al guajolote en 1758 (*Meleagris gallopavo*) tiene muy poco de científico, pues por error se "lo relacionó con las aves de Guinea (*Numida meleagris*) y los pavorreales (*Pavo cristatus*) provenientes de la India".[24] Lo cierto es los españoles le llamaron pavo, entre otros nombres, al notar que se esponjaba como el pavorreal.[25]

Como vemos, los guajolotes ya formaban parte de las comunidades en la cuenca de México mucho antes de que los aztecas arribaran a la región. Pero al concluir el primer milenio de nuestra era, y hasta el arribo de los españoles, la reputación de los guajolotes se expandió a casi todo el actual territorio mexicano y más allá. Se hizo parte del patrimonio cultural y del almacén vivo para la dieta.

La situación no era igual en todas partes.[26] Sí, era ancestral el conocimiento sobre cómo alimentarlos, criarlos y reproducirlos, o cómo curarlos de las enfermedades que los atacaban.[27] Mas eso no significa que todas las culturas dominaran igual esos saberes, ya fuera en Centroamérica —Bernal Díaz del Castillo los vio en 1524 en la actual Honduras—, en las fronteras de Perú —López de Gómara dejó testimonio de su existencia ahí en 1554— o en las costas de Venezuela —donde el explorador Pedro Alfonso Niño intercambió objetos a cambio de guajolotes, en 1499—.[28]

Incluso en México los saberes sobre crianza y manejo variaban de una región a otra. Sin embargo, sostiene la multicitada *guajolopedia*, en todos lados, los guajolotes se volvieron tan afectos a los productos de la milpa que entre más lejos se encontraran del hábitat más favorable para su desarrollo, más dependían de la milpa para su subsistencia. Así se fue forjando "el trío hombre-milpa-guajolote", que perduraría en "la memoria social y cultural" del México profundo.[29]

Si pudiéramos recrear un mural, una instantánea colectiva de hasta dónde el guajolote se había vuelto parte de la familia milpera y de los antiguos mexicanos, hasta el momento en que llegaron los españoles, ¿qué veríamos?

Al parecer, quien nos ofrece la imagen más nítida y cercana a la realidad es fray Bernardino de Sahagún en el *Códice Florentino*, documento original de la *Historia general de las cosas de la Nueva España*.[30] Ante un ave nunca vista por los europeos, no es extraño que Sahagún llamara a los guajolotes "gallos y gallinas de esta tierra", por analogía con el gallo (*Gallus gallus*) nativo del sudeste asiático. Solo una vez, en sus 12 tomos, aclara que a "los gallos y gallinas de esta tierra" aquí se les llama *huexolotl* y *totollin*.

En ese mural observamos que en el mercado podían comprarse guajolotes, entre una gran variedad de productos y animales. Vemos a carniceros ofreciendo carnes de diverso tipo, incluida la de guajolote y "véndela cocida o por cocer [...] sesinada y la asada debajo de la tierra...". No faltan los vendedores de huevos de guajolote, de pato o codorniz, ni los que ofrecen guajolotes vivos, que también los criaban o los mercaban a otros para revenderlos. No omitió Sahagún que son aves "de muy buen comer, la mejor carne de todas las aves [...] muy sabrosa".

A diferencia del fraile, por lo visto Francisco Hernández, el protomédico del rey, lo probó con asco racista. Aunque reconoce que el guajolote es "alimento muy agradable y saludable", lo catalogó como inferior "al que proporcionan las gallinas de nuestra tierra, a causa de cierta excesiva humedad y gordura que produce náusea a los de paladar muy delicado".[31]

También se les ve en los patios y jardines de los barrios o *calpullis*, donde se les criaba y cuidaba. Como dice la *guajolopedia*, "pareciera que cualquiera podía tenerlo en casa". No obstante, el guajolote y sus pípilos demandan muchos cuidados. Lo más probable es que si una persona no se dedicaba exclusivamente a criarlos, a lo sumo podía aspirar a tener unos cuantos guajolotes adultos que le daban huevos cada año y otros para prepararlos en mole para "algunas fiestas, para algún rito que incluye su sacrificio, como pago cuando se cometía un delito y también muy probablemente para entregarlos a la élite", cuando se lo pedían.[32]

Es decir, era un ave más cercana a las campesinas y campesinos, que la cuidaban y procuraban, que a los *tlatoanis* y sacerdotes, que la veían cercana solo cuando estaba en su plato o cuando se le sacrificaba.[33,34]

En síntesis, hasta cierto punto, era parte de la canasta básica de aquel entonces, tal vez alimento para consumo diario solo de los privilegiados y no de toda la comunidad, pero indispensable en fiestas, ceremonias y ofrendas de sacrificio. Con frecuencia, vemos desfilar en varios códices la cabeza o el cuerpo completo de un guajolote, sobre un maíz, como ofrenda de sacrificio.[35]

En vista de que casi todo se usaba del guajolote, en el tianguis esta ave tenía una alta demanda porque, además, sus plumas eran muy utilizadas como adornos en utensilios, atuendos y penachos (como símbolo de distinción), en tanto que con el hueso de la tibia se hacía una aguja para confeccionar canastas y petates.[36]

Plenamente integrado a la familia milpera y a la dieta de las comunidades, esta ave imponente subyace en la visión del mundo y la mitología mexica, maya y otras culturas que nutren al México profundo. Más que un alimento, el guajolote se ve reflejado simbólicamente en la cultura de los antiguos mexicanos: "Fue la imagen de los reyes muertos, sus plumas simbolizaban a los nobles".[37] Es decir, el *huexolotl* es la personificación de las altas jerarquías.

Era tal su importancia que "Chalchiuhtotolin, 'ave preciosa', fue uno de los aspectos que tomaba Tezcatlipoca, dios supremo en el panteón mexica, de quien el *tlatoani* era su representante en la tierra. En ese mural, así como en algunos códices, aparece Tezcatlipoca vestido como guajolote."[38]

Más aún, "se le consideraba un ser, cosmogónicamente hablando, paralelo al ser humano, ya que se tenía la creencia de que los guajolotes habían sido hombres en épocas anteriores", de acuerdo con Raúl Valadez Azúa, especialista en animales en nuestros pueblos originarios y uno de los enciclopedistas citados.[39]

A tal grado llegaba el aprecio por la carne sagrada de guajolote, que no podía faltar en el menú que los mexicas preparaban durante las celebraciones de Panquetzaliztli. De ahí al pavo en la cena de Navidad solo hay un paso, porque esta festividad tenía lugar en el solsticio de invierno, cuando se conmemoraba la victoria de Huitzilopochtli sobre las fuerzas de la oscuridad y el nacimiento de un nuevo ciclo, mientras del otro lado del mundo coincidía con la Navidad, para conmemorar el nacimiento de Jesucristo.[40, 41]

PASAPORTE INTERNACIONAL

Más allá de ese mural del México antes de que nos invadieran los europeos, ¿cuáles fueron los españoles que se interesaron por este personaje?, ¿cómo lo vieron?, ¿cuándo partió a Europa? Algunos siguen diciendo que el guajolote fue uno de los "obsequios" de México al Viejo Mundo, mas los regalos se entregan voluntariamente, sin violencia ni coacción. Para otros, fue producto del libre intercambio comercial, pero aunque hubo un intercambio, este fue todo menos libre, voluntario o equitativo. No nos engañemos: fue parte del botín de la Conquista.

A falta de las especies orientales que no encontró, a partir de su primer viaje a las Américas, Colón se llevó de regreso algunos guajolotes, "como prueba del exotismo y novedad"[42] de los territorios que exploraba. Les vio parecido con gallos y pavos y por ello les llamó "gallipavos". El hecho de denominarlos pavos automáticamente los incluyó en la categoría de las carnes más apreciadas. Finalmente, al igual que las gallinas, los guajolotes eran ya aves de corral.[43]

Desde su primera carta de relación, Hernán Cortés dijo en 1519 haber visto que se criaban "gallinas de esta tierra" en Cozumel.[44] Y en 1520, en la segunda carta, da cuenta de todo cuanto vio en el mercado de Tlatelolco, entre ello a los guajolotes, además de referirse a las 1 500 de esas grandes aves que se criaban en la casa que le pidió construir a Moctezuma. Ya en su primer retorno a España, en 1528, Cortés obsequió un ejemplar al emperador Carlos V.[45]

En su crónica, Bernal Díaz del Castillo apuntó que entre los 300 platos que le guisaban cotidianamente a Moctezuma había "gallinas, gallos de papada, faisanes, perdices de la tierra, codornices, patos mansos y bravos, venado, puerco de la tierra, pajaritos de caña y palomas y liebres y conejos, y muchas maneras de aves e cosas de las que se crían en estas tierras".[46]

Para 1538, a solo 17 años de la caída de la Gran Tenochtitlan, el cronista aportó detalles de un banquetazo que ofreció el virrey Antonio de Mendoza: "Al principio fueron unas ensaladas hechas de dos o tres maneras, y luego cabritos y perniles de tocino asado a la ginovisca; tras esto pasteles de codornices y palomas, y luego gallos de papada y gallinas rellenas".[47]

¿Y el jitomate, la guayaba, el mamey o tantos otros frutos de estas tierras? No, para ese entonces y durante largo tiempo estos no entrarían a la cocina española radicada en el territorio conquistado porque no eran dignos de su fino paladar. El único al que se le invitó a la mesa de la gente civilizada fue el guajolote.

La cocina indígena les pareció "poco llamativa", opina Elena Piedrafita. Nos parece ignorancia decir que "las clases altas europeas disponían de mayor abundancia y más variedad de productos",[48] sin considerar los 300 platos con que se agasajaba a diario al *tlatoani* ni tomar en cuenta que a escala internacional se nos reconoce como el quinto país en mayor biodiversidad y centro de origen y domesticación de gran número de especies comestibles. Solo disponían de especias, carnes (cerdo, res, borrego, gallina) y productos derivados (quesos, leche, manteca) de los que carecíamos en América.

Piedrafita vuelve a equivocarse al decir que aquí los alimentos solo se asaban o se cocían, ignorando, por ejemplo, la técnica culinaria de la barbacoa, el mixiote, pib, cocimiento al vapor o la fritura en la propia grasa de los animales. [49]

Según ella, los únicos animales que comían los pueblos originarios eran cuyes, caracoles, ranas o larvas de insectos, lo que "provocaba recelo o decidido rechazo, ya que muchos de ellos resultaban (y aún hoy resultan para un amplísimo sector de la población occidental) repugnantes".[50] Entendemos que hay prejuicios alimentarios y que la alimentación es cultura. Pero parece que habla de salvajes. Solo tenía que haber revisado la visión de Bernal Díaz del Castillo sobre el mercado de Tlatelolco o las comilonas de Moctezuma y su corte para constatar la variedad de productos vegetales y animales que se consumían. Estas afirmaciones únicamente pueden explicarse como racismo.

Si bien la dieta de los antiguos mexicanos privilegiaba el consumo de frutas y vegetales, no faltaba para nada la proteína animal. No solo comían guajolotes y xoloitzcuintles, sino también codornices, patos y otras aves, además de peces y una gran variedad de presas de caza, como venado, pecarí, armadillo, conejo, tepezcuintle, iguana, aparte de una gran diversidad de insectos.

De ellos, el único que los españoles aceptaron sin reparos desde el inicio fue el *huexolotl.* Muy pronto, sin mayor trámite, le expidieron su pasaporte europeo, pero no a nombre del guajolote, sino del pavo. Con su nueva identidad, este personaje se dispuso a conquistar las mesas de todo el mundo.

Tras una primera escala en España, hay quienes aseguran que el pavo aterrizó ya en 1521 (año de la caída de México Tenochtitlan) en la mesa del primero de los muchos monarcas que lo paladearían, Enrique VIII de Inglaterra, a quien le gustaba sobre todo asado. [51, 52, 53] De ser así, habría sido quien inauguró la costumbre de comer pavo en Navidad. Suena más verosímil que, en realidad, el pavo hizo su aparición triunfal en Inglaterra hasta 1526, desplazando las aves que consumía antes el goloso monarca (pavorreal, ganso y cisne), quizá más lindas, pero menos sabrosas y carnosas.[54, 55]

PAVONEARSE EN ALFOMBRA ROJA

En menos de lo que canta o gluglutea un pavo, este personaje sentó sus reales en Europa. Primero le echaron ojo los jesuitas, a quienes se atribuye su introducción en España y su propagación por aquellas tierras. Por lo mismo, al inicio otro de los nombres que recibió fue "jesuita".

Esa ave imponente, superior en dimensiones a las que comían allá en aquellos tiempos (cada "gallo de papada [...] vale uno cuatro gallinas de Castilla", como dijo Motolinía),[56] fue el producto americano "que más rápidamente se aceptó".[57] Debió haber impresionado a las cortes europeas, que la hicieron su favorita en los grandes banquetes. Una vez en España y con pasaporte europeo, el ahora pavo "voló" en apenas 10 o 20 años por toda Europa.

España fue el primer país donde se aficionaron a nuestro guajolote. Los cronistas lo ven en la mesa de Carlos V, y el cocinero de Felipe III y Felipe IV lo incluye en su recetario. Al igual que en otras obras del Siglo de Oro, en el *Quijote* el pavo deslumbra "como ejemplo de una mesa distinguida", "comida fabulosa" inalcanzable a los ojos de los humildes.[58]

Allá, en la ciudad de Alarcón, la reina Margarita de Navarra (1492-1549), hermana de Francisco I de Francia, creó una granja de pavos. Ello permitió agasajar en 1549 a Catalina de Médicis con una cena pantagruélica, que incluyó 66 guajolotes. Incluso ya para 1599 había recetarios con varias opciones para cocinar pavo.[59]

Conforme se corrió la voz de su exquisitez, otros comenzaron a criar a esta ave. Las cocineras españolas aprendieron a darles castañas, nueces y otras semillas, aparte de frutas, para que agarraran un sabor más rico. Luego, a escoger para la cena navideña al pavo no solo más grande, sino más tierno y jugoso.[60]

No había corte que se resistiera a los encantos de esta ave, que se pavoneaba en los banquetes reales. Se le veía en la Francia de Francisco I (1494-1547), quien le agarró especial gusto: "El mismo rey lo comía delante de sus súbditos, a quienes ofrecía trozos del ave para que lo probasen y comprobaran su sabrosura".[61] Y también en los dominios de Carlos IX, sobre todo en la comilona que se ofreció en su boda, en 1570. En ese país alcanzaría la gloria "en el siglo XVIII, cuando aparece trufado".[62]

En Italia, ese mismo año, cuentan que no podía faltar "en las ocasiones especiales y de la mesa elegante", tras su aparición triunfal en el recetario de Bartolomeo Scappi, el cocinero más refinado del Renacimiento al servicio del papa Pío V, [63] para quien era el *Michelangelo* de la cocina.[64] Pese a su encumbramiento en la gastronomía de élite, unos cronistas apuntan que el pavo "estaba al alcance de las mayorías". Otros afirman que, pese a su rauda popularidad, "todavía en 1557 era muy raro y bastante caro en Europa, al grado de que el Consejo de Venecia decretó en cuáles mesas podría servirse ese dispendio".[65]

No pasó desapercibida esta ave portentosa para los pintores, como Jacopo Zucchi, quien por instrucciones de Fernando I de Medici la plasmó en un fresco en 1576-1580 en la "Sala de los pájaros" de la Villa Medici, en Roma. Fue su primera aparición pictórica en el Viejo Mundo.[66]

Ya comentamos que en Inglaterra fue del agrado del goloso Enrique VIII, desde la década de 1520. Esta ave imponente hizo que el ganso asado quedara en el olvido para la cena navideña. Para el siglo XIX, Charles Dickens terminó de institucionalizarlo en su *Cuento de Navidad*, en 1843. Al parecer, fue en Inglaterra donde comenzó la tradición del pavo relleno y horneado, tal como se come la mayoría de las veces.[67]

En este país, el pasaporte europeo del pavo sufrió otro cambio porque le ocurrió algo similar al maíz, llamado grano turco. Es decir, los europeos creían que todo alimento desconocido debía de venir de Oriente, que era como decir Turquía. Así que rebautizaron al guajolote-pavo como *turkey*.[68]

Con ese nuevo nombre en el *passport*, hacia 1621 viajó con los ingleses de regreso a América, a sus colonias recién conquistadas. Con el tiempo, en 1863, se convertiría en un manjar infaltable en la celebración quizá más emblemática de los estadounidenses, la cena del Día de Acción de Gracias.[69] En esa fecha se consumen alrededor de 46 millones de pavos (lo comen nueve de cada 10 familias de Estados Unidos, según el *Washington Post*).[70]

En Turquía reconocieron que no era un ave turca; le vieron pinta de pavorreal (el ave nacional de la India), por lo cual lo llamaron *hindi*. Algo parecido sucedió con los franceses, cuya imaginación los llevó a ponerle por nombre *dinde* (contracción de *de l'Inde*, de la India).[71]

Mucho antes de finales del siglo XVI, ya había conquistado el paladar europeo, partiendo de España, pasando por Francia, cruzando el Sacro Imperio Germánico hasta Italia, y desde Nápoles hasta Inglaterra, Escocia y los países nórdicos.[72] El guajolote-pavo-*turkey* fue haciéndose un personaje "mundano": no solo pertenecía ya al mundo, sino se asociaba con los placeres y frivolidades de la vida social. Solo hasta el siglo XVIII, consumir pavo se vuelve más accesible.[73,74]

Hay quien cree que, luego de globalizarse y popularizarse, el guajolote "se olvidó de los suyos… y los suyos lo olvidaron… o más bien olvidaron al pariente europeo".[75] Ni como metáfora nos gusta esta supuesta amnesia. No es que el guajolote "mundano" se haya olvidado de los suyos: fue secuestrado, lo arrancaron de su tierra, le cambiaron de nombre cuantas veces quisieron, lo marearon en los palacios y pretendieron borrar su historia. Los suyos, sus hermanos *huexolotl*, jamás olvidaron a su pariente, que nunca fue europeo. Siguió siendo tan guajolote como los de acá, solo con otro nombre en el pasaporte. Sus genes son los mismos.

REVALORAR AL HERMANO GUAJOLOTE

Desde entonces, el guajolote mexicano y la gallina europea ocuparon un lugar importante en la dieta de ambos mundos. Se han sustituido uno al otro en la elaboración de platillos y enriquecido sus recetarios.[76]

Pero curiosamente, mientras el pavo triunfaba en Europa, en los albores de la cocina de la Nueva España tanto peninsulares como criollos le hacían el feo al guajolote, pues preferían los ingredientes y normas europeos. En este caso, a los gallos y las gallinas, que fueron abriéndose paso en las comunidades originarias, donde empezaron a convivir con guajolotes y *totollis*, y se incorporaron lentamente a la alimentación cotidiana.[77] Evidentemente, no es que los españoles, en un gesto altruista, le hayan dado los gallos y las gallinas a México. Si los trajeron fue porque estaban acostumbrados a consumir estas aves.

Solo con el paso de los años, los españoles y sus hijos nacidos en la Nueva España invitaron al guajolote a la mesa. Inevitablemente, "la fuerza de la cocina mesoamericana condujo a una fusión de ambas tradiciones". Ya antes de la Independencia, desde "el siglo XVIII el guajolote, tenía un lugar bien reconocido [...] era una de las fuentes de carne más importantes para los habitantes de la ciudad de México".[78]

Hay muchas razones por las cuales los mexicanos debemos estar orgullosos de este personaje. Apuntamos antes que el guajolote es la segunda ave doméstica más importante en la avicultura,[79] pues su carne es muy apreciada a escala mundial. Se producen cerca de cinco millones de toneladas (básicamente el pavo entero, jamones, pasta, pechuga y pierna), cuyos mayores productores son Estados Unidos, Canadá, Alemania, Francia, Italia, Inglaterra y Holanda.[80]

Como les ocurre a otros personajes de las historias que aquí contamos, pese a ser el país donde se domesticó el guajolote, México no figura entre los principales productores. Tan solo aportamos el 0.4% del total mundial. Según datos oficiales, en 2022 se produjeron en el país 19506 toneladas de carne, el 55% en condiciones de traspatio o pequeña escala en 18 estados de la República.[81]

En vista de que nuestra producción no satisface ni la mitad de la demanda, el resto se cubre con la importación, en su inmensa mayoría desde Estados Unidos. Incluso, México es el principal importador global de carne de guajolote, y siete de cada ocho pavos que aquí comemos son importados (y hablan inglés).[82, 83]

Al igual que ocurre con el maíz y el frijol, la explicación de la caída de producción de guajolote reside en el Tratado de Libre Comercio con América del Norte. Al menos a partir del año 2000, la importación de pavo crecía un 19% anual, en tanto que en 2004 la producción se contrajo un 15%. Nuestros productores se ven obligados a bajar los niveles de crianza porque su costo de producción es más elevado que en Estados Unidos y, por tanto, no pueden competir en precio. Además, prevalece el comercio desleal, pues, aunque el tratado fijó un límite a la importación de 90000 toneladas de pavo al año, desde 2004 se compraban en el extranjero hasta 200000 toneladas de pavo de "contrabando".[84]

Es preocupante que la producción de guajolote está disminuyendo, mientras aumentan las importaciones, que en 2021 llegaron a 158 000 toneladas.[85]

Quizá nos preocupa más la disminución del consumo de guajolote en la tierra que lo vio nacer, entre quienes en el pasado lo hicieron como de la familia. Mientras en Estados Unidos, Canadá, Alemania, Francia, Italia, Inglaterra y Holanda, cada persona come entre cuatro y ocho kilogramos de pavo al año,[86] en 2021 apenas llegábamos a 1.3 kilogramos por mexicano en promedio.[87] Algunos estiman que el consumo habría caído hasta poco más de un kilo en 2023, y que en los pasados 10 años bajó casi el 28%.[88] Pareciera que solo nos acordamos de comer guajolote en las fiestas decembrinas, cuando hay hasta 3.4 millones de pavos disponibles.[89]

Urge incentivar el consumo de guajolote, valorar en su justa dimensión a este personaje que nos ha acompañado por milenios y darlo a conocer como "un animal profundamente ligado a nuestra cultura". Todo cuanto sea "necesario para que se integre a nuestra cotidianidad material y alimentaria", afirma el antropólogo Raúl Valadez Azúa.[90]

Para nosotros, hay que fomentar el consumo del guajolote criado tradicionalmente o de forma orgánica, a través de un sistema que fusiona el manejo industrial con el conocimiento ancestral mexicano.[91] En la Granja Cocotla, en el Estado de México, por ejemplo, se produce guajolote orgánico en diferentes presentaciones, desde el pavo entero y por pieza, hasta otras opciones que se apegan a las tendencias del mercado mexicano, como pechuga y jamón, barbacoa y pibil, trocitos naturales o enchilados, e incluso hamburguesas de pavo.

A lo largo de los siglos, esta ave imponente ha desempeñado un papel relevante en muchas comunidades rurales e indígenas como "un mecanismo de ahorro, distinción social y fuente de proteína", además de su importancia social, cultural y religiosa.[92] No obstante, se ha documentado que incluso aquí "la crianza tradicional del guajolote tiende a desaparecer a corto plazo".[93]

No estamos en favor de la crianza industrial basada en la zootecnia, que ve a este y a todos los animales domésticos como un capital natural, donde las granjas avícolas son fábricas para producir aves en serie, con la mayor cantidad de carne, grasa y huevos en el menor tiempo posible, con una mínima inversión. Capaces de hacer que un ave cuyo peso promedio es de 10 kg, suba hasta 30 kg en cautiverio, con una obesidad francamente enfermiza. Es decir, como un simple negocio en el que no importa el hacinamiento, el maltrato ni el deterioro físico y psicológico del ave, sin ver la luz al menos un día, como si no sintiera nada.[94]

Es triste, pero este es el guajolote más al alcance del consumidor, pues hoy "resulta más fácil comprar el pavo congelado, ahumado o preparado en un supermercado, que adquirirlo como animal criado en algún rancho, aunque su calidad sería mejor".[95]

Estamos convencidos de las bondades de la producción orgánica y agroecológica, con comercio justo, para tener una alimentación saludable y sustentable, que se refleja en el sabor.[96] Somos de los que aún no renuncian a comer carne, de preferencia orgánica, porque nuestra dieta tradicional no excluye la carne en pequeñas porciones, esporádicamente. Sin embargo, reconocemos que como sociedad debemos bajarle al consumo de carnes, sobre todo la de res, por razones ambientales, de salud y por conciencia ética ante el maltrato animal.[97]

SIN GUAJOLOTE NO HAY MOLE

El guajolote está enraizado más hondo en las comunidades indígenas y campesinas del México profundo porque es un protagonista de la milpa, su hijo alado de la casa. Es como hermano del maíz, el frijol, la calabaza y los quelites, que nacieron de la mano de los pueblos originarios.

En cambio, en las ciudades predomina la idea del mestizaje exaltado desde el nacionalismo. Ahí, donde se fusiona la cultura europea con la herencia indígena, el guajolote tiene una especie de doble nacionalidad. No deja de ser el *huexolotl* que viene de las comunidades tradicionales cercanas, donde se trasluce en las creencias sobre animales mitológicos y nahuales, en las fiestas patronales, los rituales de curación y "el despliegue dancístico que las familias del novio realizan al entregar un guajolote [...] a los parientes de la novia".[98] Allí persiste esa ave entretejida en el habla popular, convertida en el mole de guajolote de raíz mesoamericana y otras exquisiteces, porque en diferentes partes del país se come en pipián, en guisos con distintos tipos de chiles y en diversos tamales.

Sin embargo, con su otra identidad cosmopolita, en las ciudades también saca su pasaporte europeo cuando se convierte en el pavo horneado de la cena de navideña, en la torta de pavo, en el jamón y la salchicha de pavo. Incluso, presta su nombre a la guajolota, sin siquiera estar presente en esta descomunal torta de tamal, tan imponente como el ave. Lo cierto es que jamás comeríamos jamón de guajolote y sería casi un sacrilegio hablar de mole de pavo.

Como quiera que sea, la honda huella que el guajolote dejó en nuestra cultura solo puede explicarse desde la cosmovisión del México ancestral. Con esto en mente, es como debemos rescatarlo, revalorarlo, reintegrarlo en nuestras familias con todos sus derechos. Quizá la razón fundamental del porqué se ha alejado de nuestra mesa y de nuestra cotidianidad reside, precisamente, en el hecho de que, al estar asociado íntima e indisolublemente al México profundo, esencialmente indígena, "el guajolote comparte la condición de ser negado".[99] Por ello ha sido víctima de la discriminación, el menosprecio y el racismo alimentario.

Es hora de sacudirnos las telarañas culturales y reconocer que el guajolote sigue vivo, latiendo "en el corazón de la cultura mexicana contemporánea".[100]

Simplemente, para abrir boca, baste con mencionar el mole de guajolote, cuyos orígenes se remontan a los atracones que se brindaba a los *tlatoanis* mexicas, incluyendo diversos molitos que se preparaban con distintos chiles. Es y permanecerá como un secreto cuál era la receta original del *molli* de *huexolotl*. En cambio, todos deberíamos saber que esa fue la base de donde partieron todas las otras recetas de mole que se han desarrollado a partir de la original.

Lo cierto es que desde entonces el mole de guajolote era para las grandes ocasiones. Debemos tomar con una buena dosis de escepticismo, si no es que como mera fábula, la leyenda sobre el nacimiento del mole que alcanzó la gloria. Esa versión se inició, al parecer, con el artículo "Santa Rosa de Lima y el mole de guajolote", publicado en 1926 por el escritor Carlos de Gante en *Excélsior*, quien afirmó que el mole nació en 1680 en el convento de las dominicas de Santa Rosa de Lima, en Puebla, y atribuyó su creación al *genio* gastronómico de sor Andrea de la Asunción. Respecto al agasajado, De Gante afirmó que fue alimento celestial para el obispo don Manuel Fernández de Santa Cruz y Sahagún.[101]

Un año después, otro escritor en *El Universal*, Artemio del Valle Arizpe, retomó la fábula y varió los ingredientes, pues sostuvo, sin prueba alguna, que el mole se preparó en honor del virrey Tomás Antonio de la Cerda. Con desbordada imaginación literaria, Del Valle Arizpe no tuvo mayor reparo incluso en reinventar la palabra mole, como si no viniera de *molli*, adjudicándosela a una ocurrencia: del "qué bien mole", en lugar de "qué bien muele".[102]

Fue hasta 1938 cuando en su columna "El arte de la cocina", que publicaba *El Nacional*, el periodista Agustín Aragón Leyva —quien firmaba con el seudónimo de *Chabela*— puso en su lugar a los intelectuales citados, cuya "ineptitud" no les permitía "apreciar los valores propios", incluida la cocina mexicana. Aclaró que aunque a Del Valle Arizpe no le viniera este saco, en esa materia era un fabulista culinario.[103]

De acuerdo, no deberíamos seguir propalando fantasías de este tipo, dándolas por ciertas, lamentan Cristina Barros y Marco Buenrostro: "Atribuir a un accidente, a la improvisación, a la inventiva individual o a una lega o monja de torpe hablar, la creación del mole poblano, a nadie honra".[104, 105]

Luis Alberto Vargas nos recuerda, sin embargo, que leyendas de este tipo, donde se presentan como reales hechos que no lo son, "retratan parte de la cosmovisión de la comunidad en la que se originaron". En este caso, un retrato con tintes racistas.[106]

Sin duda, "un plato como el mole poblano no se improvisa; requiere de años de elaboración", como escribió el poeta Rafael Heliodoro Valle en su ensayo *Anales del mole de guajolote*, de 1939.[107] En este caso, el *molli* indígena fue perfeccionándose durante un largo proceso a base de ensayo y error, casi científicamente, conforme se fueron probando otros ingredientes, no solo los que trajeron los españoles, sino también los de estas tierras, como el chocolate.

Para no ir más lejos, la familia García atesora una receta de mole poblano de antología, que viene transmitiéndose de generación en generación desde hace unos 150 años. Es una receta que de seguro tuvo un largo proceso de añejamiento, y si fuera posible rascar hasta llegar a sus raíces se remontaría a las cocinas de los pueblos originarios. El mole de los García exige muchísimo trabajo, eso nos ha quedado clarísimo las veces que se nos ha ocurrido hacerlo... Es una tarea meticulosa, pero vale la pena, sobre todo porque lo congelamos en porciones y ahí lo tenemos para irlo degustando en distintas ocasiones.

En la historia del mole, el guajolote aparece como un personaje protagónico, con un aura simbólica. Más allá del que se prepara en las fiestas patronales, en las bodas y bautizos de los pueblos campesinos e indígenas —donde esta ave majestuosa permite al anfitrión de un banquete ceremonial tejer lazos de amistad con sus invitados—,[108] en la gastronomía mexicana el mole de guajolote forma parte del estereotipo de *lo mexicano*.

Un platillo "típico" porque, así como sin maíz no hay pozole, sin guajolote no hay mole, según reza el dicho. Aunque es un manjar por derecho propio, se volvió emblemático como parte del nacionalismo revolucionario, que buscó legitimarse a través de manifestaciones culturales que sintetizaran "el mestizaje, los símbolos de una tradición cultural en la que se conjuga la herencia de los pueblos mesoamericanos y de la hispanidad".[109]

Un nacionalismo que por largo tiempo intentó, como en la fábula del mole, restar méritos a las aportaciones indígenas y ensalzar lo mestizo.[110]

NUTRITIVO BOCADO DE HISTORIA

El protagonista de este capítulo, con tantas horas de vuelo y familiarizado con tantas culturas y costumbres de otros países, está destinado a alcanzar mayores alturas. Posiblemente ya no será por su sabor ni por su imponente tamaño, sino por ser una de las carnes más saludables que existen, de acuerdo con los nutriólogos y las investigaciones recientes.

Incluso supera al pollo, la más consumida de las carnes blancas, más saludables que las rojas, asociadas con enfermedades cardiovasculares y cáncer. Nuestro humilde guajolote es mejor que el pollo en todos los rubros de la composición nutricional. En valor energético, el guajolote tiene 107 kilocalorías por cada 100 gramos, por 167 del pollo. En grasa, el 2.2%, en vez del 9.7% (no le llega ni el 2.8% de la pechuga de pollo, ni se diga el 4.1% del solomillo, el 7.2% de la chuleta de cerdo o el 9.6% de la hamburguesa de res). El colesterol también es menor en nuestro *huexolotl* (61 miligramos) que en el pollito (110 mg). Incluso en términos de proteína deja atrás al pollo: 22% por 20%. Además, es rico en vitaminas y minerales.[111, 112]

Claro, siempre será más sabroso, saludable y sustentable el guajolote de rancho, de traspatio, de milpa, que el pavo de granja, engordado a niveles patológicos con alimentos industrializados y hormonas, sometido al hacinamiento de campo de concentración, muchas veces importado y congelado. Ya no se diga los jamones, salchichas y chorizos de pavo, embutidos no solo retacados de conservadores, colorantes y saborizantes industriales, sino fraudulentos, donde la industria de comestibles ultraprocesados se las ingenia para engañar a los consumidores: les ofrecen productos "de pavo" que no son del todo de pavo, pues contienen porcentajes importantes de soya o almidones de papa en vez de pavo. Para comprobar su calidad, no hay de otra que revisar las etiquetas, la letra chiquita, donde se esconden estos trucos.[113]

Más allá de lo que puede aportar a una dieta saludable y sustentable, está "el resto del equipaje" de tan singular personaje: su carga de tradiciones y simbolismos, que "representa un conjunto paralelo de nuestro patrimonio alrededor de esta ave, patrimonio de tipo cultural, en todo caso tan valioso como el alimentario".[114]

Notas

[1] Gilberto Pérez Roldán y Bernardo Rodríguez (coords.), Andrés Medina Hernández y Raúl Valadez Azúa, (eds.); *Huexolotl: pasado y presente en México*, UNAM-IIA, 2020. Consultado en http://ru.iia.unam.mx:8080/bitstream/10684/143/1/HuexolotlF.pdf.

[2] *Ibidem*.

[3] *Ibidem*.

[4] *Ibidem*.

[5] *Ibidem*.

[6] FAO, "Especies de aves de corral". Consultado en www.fao.org/poultry-production-products/production/poultry-species/es/.

[7] Gilberto Pérez Roldán, *op. cit.*

[8] A. Estrada-Mora *et al.*, "La crianza del guajolote en comunidades indígenas de la región centro de México", *Agroproductividad*, Colegio de Postgraduados, vol. 6, núm. 6, noviembre-diciembre de 2013.

[9] Doris Heyden y Ana María L. Velasco, "Aves van, aves vienen: el guajolote, la gallina y el pato", en Janet Long (coord.), *Conquista y comida: consecuencias del encuentro de dos mundos*, UNAM-IIH, 2019. Consultado en http://www.historicas.unam.mx/publicaciones/publicadigital/libros/323/conquista_comida.html.

[10] M. A. Camacho-Escobar, "Historia natural, domesticación y distribución del guajolote (*Meleagris gallopavo*) en México", *Universidad y Ciencia*, vol. 27, núm. 3, Villahermosa, diciembre de 2011. Consultado en www.scielo.org.mx/scielo.php?script=sci_arttext&pid=S0186-29792011000300009#:~:text=Aparentemente%20el%20guajolote%20actual%20(Meleagris,como%20dom%C3%A9sticas%20hasta%20nuestros%20d%C3%ADas.

[11] Raúl Valadez Azúa *et al.*, "Origen y dispersión del guajolote doméstico en Mesoamérica. Una conjunción de factores ambientales y culturales", *Cuicuilco. Revista de ciencias antropológicas*, vol. 28, núm. 80, Ciudad de México, 4 de abril de 2022. Consultado en www.scielo.org.mx/scielo.php?script=sci_arttext&pid=S2448-84882021000100006.

[12] A. Estrada-Mora *et al.*, *op. cit.*

[13] Boletín UNAM-DGCS-1059, "Urge incentivar el consumo del guajolote", 21 de diciembre de 2022. Consultado en www.dgcs.unam.mx/boletin/bdboletin/2022_1059.html#:~:text=El%20consumo%20nacional%20de%20guajolote,93%20por%20ciento%20del%20total.

[14] Sotero, "Historia breve del guajolote en Sotero". Consultado en https://sotero.com.mx/historia-breve-del-guajolote-en-sotero/.

[15] *Ibidem*.

[16] Gilberto Pérez Roldán, *op. cit.*

[17] *Ibidem*.

[18] *Ibidem*.

[19] *Ibidem*.

[20] M. A. Camacho-Escobar, *op. cit.*

[21] Stefany Cisneros, "El guajolote: un ave domesticada por manos mexicanas". Consultado en www.mexicodesconocido.com.mx/guajolote.html.

[22] Divulgación UAEM, "Conocimientos tradicionales, el guajolote", Universidad Autónoma del Estado de Morelos, 3 de julio de 2015. Consultado en https://ddcuaem.wordpress.com/2015/07/03/conocimientos-tradicionales-el-guajolote/#:~:text=Guajolote%20es%20la%20castellanizaci%C3%B3n%20de,%2C%20valeroso%2C%20elegante%20y%20hermoso.

[23] Mercedes de la Garza, "El carácter sagrado del xoloitzcuintli entre los nahuas y los mayas", *Arqueología Mexicana*, núm. 125, pp. 58-63.

[24] Agustín López Munguía, "¿Pavo o guajolote? o ¿comemos lo que somos?", *La Unión de Morelos*, 2 de enero de 2017. Consultado en www.acmor.org/articulos-anteriores/pavo-o-guajolote-o-comemos-lo-que-somos.

[25] Divulgación UAEM, *op. cit.*

[26] Gilberto Pérez Roldán, *op. cit.*

[27] A. Estrada-Mora *et al.*, *op. cit.*

[28] Gilberto Pérez Roldán, *op. cit.*

[29] *Ibidem.*

[30] Bernardino de Sahagún (1540-1585), Códice Florentino digital, Getty Center, 2023. Consultado en https://florentinecodex.getty.edu/es.

[31] Francisco Hernández, *Obras completas*, UNAM, México, 2015. Consultado en http://www.franciscohernandez.unam.mx/home.html.

[32] Gilberto Pérez Roldán, *op. cit.*

[33] Heriberto García Rivas, *Cocina prehispánica mexicana*, Panorama Editorial, México, 1991.

[34] Gilberto Pérez Roldán, *op. cit.*

[35] Edith Yesenia Peña Sánchez y Alfredo Paulo Maya, "El huexólotl y totolin, alimento sagrado en Tetelcingo, Morelos", *Arqueología Mexicana*, núm. 118, pp. 78-83. Consultado en https://arqueologiamexicana.mx/mexico-antiguo/el-huexolotl-y-totolin-alimento-sagrado-en-tetelcingo-morelos.

[36] Divulgación UAEM, *op. cit.*

[37] Doris Heyden y Ana María L. Velasco, *op. cit.*

[38] Edith Yesenia Peña, *op. cit.*

[39] Raúl Valadez Azúa, "Los animales en el México prehispánico", *Arqueología Mexicana*, vol. VI, núm. 35, enero-febrero de 1999.

[40] Daniela Barrera Diario, "¿Por qué se come pavo en Navidad? Así nació la tradición en Estados Unidos", *Diario AS*, 21 de diciembre de 2022. Consultado en https://us.as.com/actualidad/por-que-se-come-pavo-en-navidad-asi-nacio-la-tradicion-en-estados-unidos-n/.

[41] Patrick Johansson Keraudren, Xochimiquiztli, la muerte florida. El sacrificio humano entre los mexicas, "Teocualo, el dios comido: la antropofagia ritual", UNAM-IIH, 2022. Consultado en https://historicas.unam.mx/publicaciones/publicadigital/libros/781/781_04_16_antropofagia.pdf.

[42] Elena Piedrafita Pérez, "Los alimentos de América, una difícil adaptación", en Manuel García Guatas y Juan Barbacil (coords.), *Los alimentos que llegaron de América*, Academia Aragonesa de Gastronomía, España, 2014. Consultado en https://academiaaragonesadegastronomia.com/alma-zen/los-alimentos-que-llegaron-de-america-2015.pdf.

[43] *Ibidem.*

[44] María Olvido Moreno Guzmán, "La omnipresente plumaria en las relaciones de Hernán Cortés", Noticonquista, UNAM, México. Consultado en http://www.noticonquista.unam.mx/index.php/amoxtli/2547/2547.

[45] Jesús Flores y Escalante, *Breve historia de la comida mexicana*, Random House Mondadori, 2004.

[46] Bernal Díaz del Castillo, *Historia verdadera de la conquista de la Nueva España*, Editorial Patria, México, 1983 [1632].

[47] *Ibidem.*

[48] Elena Piedrafita, *op. cit.*

[49] *Ibidem.*

[50] *Ibidem.*

[51] Heriberto García, *op. cit.*

[52] Boletín UNAM, *op. cit.*

[53] Gilberto Pérez, op. cit.

[54] Carlos Ascoytia, "Historia de la cocina inglesa de Enrique VIII y los Tudor (1509-1547)", 2010. Consultado en www.historiacocina.com/paises/articulos/enriqueVIII.htm.

[55] Socialslogan, "¿Por qué tenemos pavo en la cena de Navidad? Aquí se analiza por qué el pavo es una comida tradicional navideña", *Medium*, 11 de octubre de 2022. Consultado en https://medium.com/@socialslogan2022/why-do-we-have-turkey-for-christmas-dinner-e2390cbec0df.

[56] Doris Heyden y Ana María L. Velasco, *op. cit.*

[57] Luis Alberto Vargas y Leticia E. Casillas, "El encuentro de dos cocinas: México en el siglo XVI", en Janet Long (coord.), *Conquista y comida: consecuencias del encuentro de dos mundos*, UNAM-IIH, 2018. Consultado en https://historicas.unam.mx/publicaciones/publicadigital/libros/323/conquista_comida.html.

[58] Elena Piedrafita, *op. cit.*

[59] Gilberto Pérez, *op. cit.*

[60] Heriberto García, *op. cit.*

[61] *Ibidem.*

[62] Vargas, *op. cit.*

[63] *Ibidem.*

[64] Biblioteca e Museo della Cucina, Scappi Bartolomeo, Roma. Consultado en www.museodellacucina.com/scheda/?2nlm2.

[65] Heriberto García, *op. cit.*

[66] Massimo Barzizza, "El pavo, un regalo de México", puntodincontro.mx. Consultado en https://puntodincontro.mx/articoli2016/cultura24122016-sp.htm.

[67] Pablo Barragán, "Del guajolote al pavo..., El increíble viaje de un ave de pocos vuelos, desde México a las mesas de todo el mundo". Consultado en www.culinaryartschool.edu.mx/cocinasdemexico/wp-content/uploads/2016/07/U4.-B10.-Actividad-1.pdf.

[68] Agustín López, *op. cit.*

[69] Luis Alberto Vargas y Leticia E. Casillas, *op. cit.*

[70] Boletín UNAM, *op. cit.*

[71] Agustín López, *op. cit.*

[72] *Ibidem.*

[73] Doris Heyden y Ana María L. Velasco, *op. cit.*

[74] Elena Piedrafita, *op. cit.*

[75] Agustín López, *op. cit.*

[76] Doris Heyden y Ana María L. Velasco, *op. cit.*

[77] Gilberto Pérez, *op. cit.*

[78] *Ibidem.*

[79] FAO, *op. cit.*

[80] Gilberto Pérez, *op. cit.*

[81] Secretaría de Agricultura y Desarrollo Rural, "Guajolote, el pavo mexicano", 19 de diciembre de 2023. Consultado en www.gob.mx/agricultura/articulos/140750.

[82] Casa de Aduanas Mendoza, "¿Sabías que 1 de cada 8 pavos que comemos en México, son importados?". Consultado en https://agenciaaduanalmendoza.com/sabias-que-1-de-cada-8-pavos-que-comemos-en-mexico-son-importados/.

[83] Eligio Esquívez González, "Producción y comercio de pavos", *El Economista*, 12 de enero de 2011. Consultado en www.eleconomista.com.mx/opinion/Produccion-y-comercio-de-pavos-20110111-0003.html.

[84] Sara Isabel Castellanos Cortés, "Proposición con punto de acuerdo en relación a la importación de carne de pavo a México", *Gaceta del Senado*, 14 de diciembre de 2004. Consultado en www.senado.gob.mx/65/gaceta_del_senado/2004_12_14/96.

[85] "Reportan avicultores que habrá 3.4 millones de pavos para fiestas decembrinas", *La Jornada*, 14 de diciembre de 2021. Consultado en www.jornada.com.mx/notas/2021/12/14/sociedad/se-disponen-de-3-4-millones-de-pavos-para-fiestas-decembrinas-avicultores/.

[86] Gilberto Pérez, *op. cit.*

[87] Boletín UNAM, *op. cit.*

[88] Agencia Reforma, "Disminuyen el consumo de pavo en México", 11 de diciembre de 2023. Consultado en https://planoinformativo.com/968647/disminuyen-el-consumo-de-pavo-en-mexico-/.

[89] *La Jornada, op. cit.*

[90] La-Lista, "La-Lista de datos que tal vez no sabías del guajolote, un ave muy mexicana", 22 de diciembre de 2022. Consultado en https://losperiodistas.com.mx/portal/2022/12/23/la-lista-de-datos-que-tal-vez-no-sabias-del-guajolote-un-ave-muy-mexicana/.

[91] Gilberto Pérez, *op. cit.*

[92] A. Estrada-Mora *et al.*, *op. cit.*

[93] R. Aquino, E. A. Arroyo, T. H. Glafiro, D. D. Riestra, F. L. Gallardo y B. A. López, "El guajolote criollo (*Meleagris gallopavo L.*) y la ganadería familiar en la zona centro del estado de Veracruz". *Técnica Pecuaria México* 41(2), 2003.

[94] A. Estrada-Mora *et al.*, *op. cit.*

[95] Aristegui Noticias / GS, "UNAM llama a incentivar el consumo del guajolote", 22 de diciembre de 2022. Consultado en https://aristeguinoticias.com/2212/mexico/unam-llama-a-incentivar-el-consumo-del-guajolote/.

[96] Aquiles Chávez, "Historia breve del guajolote en Sotero", Cocina de Oficio. Consultado en https://sotero.com.mx/historia-breve-del-guajolote-en-sotero/.

[97] Agustín López, *op. cit.*

[98] Gilberto Pérez, *op. cit.*

[99] *Ibidem.*

[100] *Ibidem.*

[101] *Ibidem.*

[102] Cristina Barros y Marco Buenrostro, "El mole y una polémica", Itacate, *La Jornada*, 17 de septiembre de 2003. Consultado en www.jornada.com.mx/2003/09/17/04an-2cul.php?printver=1%26fly=.

[103] *Ibidem.*

[104] *Ibidem.*

[105] Cristina Barros y Marco Buenrostro, "*Mulli* para festejar", Itacate, *La Jornada*, 26 de agosto de 2003. Consultado en www.jornada.com.mx/2003/08/26/06an2cul.php?printver=1&fly=.

[106] Naix'ieli Castillo, "¡El mole poblano tiene leyenda!", *UNAMirada a la ciencia*. Consultado en http://www.unamiradaalaciencia.unam.mx/download/pdf_prensa/unamirada_873.pdf.

[107] Cristina Barros y Marco Buenrostro, *op. cit.*

[108] *Ibidem.*

[109] Gilberto Pérez Roldán, *op. cit.*

[110] *Ibidem.*

[111] Juan Rodríguez de Rivera, "El pavo es más sano que el pollo: por qué triunfa en EEUU y no en España", *El Español*, 26 de noviembre de 2020. Consultado en www.elespanol.com/ciencia/nutricion/20201126/razon-pavo-saludable-pollo-espana-coma/538447195_0.html.

[112] Fundación Española de la Nutrición. Consultado en www.fen.org.es/storage/app/media/flipbook/mercado-alimentos-fen/010-Carnes.pdf.

[113] Gilberto Pérez Roldán, *op. cit.*

[114] *Ibidem.*

8

Entrañable compañero: el aguacate

Salvo en casos excepcionales, el personaje central de este capítulo puede considerarse un protagonista por sí mismo en la mesa de los mexicanos. Sin embargo, en nuestro menú y en el de otros países ha alcanzado una estatura que lo encumbra como coprotagonista o personaje de reparto infaltable en multitud de platillos caseros, de restaurantes y en la carta de una gastronomía que presume de saludable.

Prácticamente un desconocido para la mayoría del mundo durante largos siglos, en buena parte por ser tan sensible al maltrato humano, en tiempos recientes ha sido arrastrado a ser un integrante involuntario de la trama de una novela negra. Un objeto de la codicia.

En cambio, entre los pueblos de maíz, aun sin robar cámara, desde tiempos inmemoriales ha sido un acompañante esencial e infaltable de casi todo aquello que comemos con vitamina "T", especialmente en tacos y tostadas. No obstante, se volvió indispensable también en las tortas, al grado de que puede decirse que "este viejo fruto ha establecido una especie de bigamia" con las tortillas y con el pan.[1]

Es un buen acompañante de ensaladas, cortado en tiras o como parte de un aderezo, o bien como guarnición de carnes o arroz, guisados a base de salsa de aguacate o solo untado en una tortilla o en pan tostado. Y no se diga en cocteles y ceviches de pescado o mariscos, o vegetarianos de jícama u hongos.

Únicamente en el guacamole brilla en todo su esplendor como gran protagonista. Pero no desmerece en los escenarios de la alta cocina, los restaurantes de estrellas Michelin o los banquetes de postín cuando lo ponen como coprotagonista, relleno de camarones o de salmón. Incluso busca un lugar propio en sopas, en licuado o batidos, y hasta como helado es una delicia.

Al igual que otros frutos como el jitomate, las calabacitas y hasta los chiles, en México usualmente comemos el aguacate como una verdura, salvo en el caso de los helados, inventados en Tocumbo, Michoacán (como el que en una ocasión hicimos con unos aguacates de Cuautla, guiados por una receta familiar). En algunos países normalmente suelen comerlo como fruta, preparado en postres.

UN TACO DE HISTORIA

El aguacate nos ha acompañado desde hace unos 8 000 años, cuando fue domesticado y diversificado. Simplemente untado en una tortilla de maíz, es una delicia ancestral, formando junto con el maíz una de las parejas más longevas de nuestra historia culinaria.

Para algunos, el aguacate ya lo comían los ancestros de nuestros pueblos originarios hace unos 12 000 años, según indican los restos de este fruto hallados en las cuevas de Tehuacán.[2] Al parecer ahí empezó a cultivarse este fruto, uno de los primeros cultivos de Mesoamérica, poco más antiguo que el maíz.[3]

Lo que revelan entre líneas esas cuevas es el proceso durante el cual los cazadores y recolectores fueron transformándose en agricultores, a través de la domesticación de diversas plantas. Es digno de resaltarse: "Los mexicanos antiguos descubrieron la agricultura y con ello el camino a la civilización; de esta innovación tecnológica solo pueden enorgullecerse pocas regiones del planeta [...] ningún país europeo o de América del Norte". También es cierto que ningún científico o ganador de premio Nobel ha producido una planta cultivada de otra silvestre. Tendríamos que darles crédito a nuestros ancestros y estar orgullosos de tal hazaña.[4]

Pese a que los especialistas piensan que en la domesticación de plantas se seleccionaron los frutos y semillas de mayor tamaño ("las especies silvestres poseen frutos con poca 'carne' [...] y semilla grande"),[5] no siempre es así. Los primeros aguacates en ser domesticados fueron los tradicionales, llamados "mexicanos" (*Persea americana var. drymifolia*), de fruto pequeño. Parafraseando al chile, estos aguacates eran chiquitos pero sabrosos, de piel tan delgada que puede comerse. Entonces, aquí no se buscaron los frutos más grandes, sino "su sabor, aroma, textura, untuosidad y otras" características.[6, 7]

Se ignora el lugar preciso donde empezó su domesticación temprana. Según una tradición o mito ancestral, no comprobado hasta la fecha, el *ahuácatl* es oriundo de Tochimilco, más o menos cerca de Atlixco, Puebla. Hay tochimilquenses que aseguran que de allí "sacaron en 1871 los renuevos para llevarlos a California y dieron origen a la poderosa industria aguacatera de ese estado norteamericano".[8]

De lo que no hay duda es que se originó en la región central de lo que hoy es México (Mesoamérica), porque en buena parte del territorio nacional aún crecen los aguacates silvestres.[9]

Un fruto como este no podía pasar desapercibido, y rápidamente se dispersó a otros lugares, donde continuó el proceso de domesticación. Fue a parar a lo que hoy son tierras michoacanas y a la cuenca de México, viajó al sur rumbo a las culturas olmeca y maya.[10] Se desplazó cada vez más abajo del continente a lo largo de América Central y llegó hasta la zona andina. Por el norte trepó hacia la zona menos árida de Coahuila y otras partes.[11]

Hasta donde logramos averiguar, los antiguos pobladores de estas tierras tenían al lado de su casa una milpa casera (*calmil*), donde sembraban diversos alimentos para tenerlos a la mano, entre ellos los frutales que les gustaban más: aguacate, papaya, tejocote, mamey, capulín, guayaba, zapotes u otros, según el clima y las condiciones ambientales. En estas huertas caseras o en sus parcelas casi todas las familias tenían aguacateros. Quizá por ser "tan común, el aguacate pasa desapercibido, pues como mercancía era difícil su traslado",[12] en especial porque el aguacate mexicano no es muy resistente.

Para algunos, esta abundancia casi los invisibilizó. A diferencia de otros personajes de este libro, son contados los cronistas que hablan de él. Ni Bernal Díaz del Castillo, quien sin duda lo vio en el mercado de Tlatelolco, le hizo caso. Hay pocas referencias a él, "salvo cuando aluden a la comida, pero lo hacen en forma muy general".[13]

Eso sí, no podía dejar de mencionarlo el enciclopédico fray Bernardino de Sahagún en su inventario de cosas de la Nueva España. Cuando trazó un retrato de la vendedora de cazuelas (que bien podría haber inspirado a la autora de *La vendedora de frutas*, Olga Costa, a hacer un cuadro picoso), hizo un breve repaso de alimentos en salsas y molitos, incluido el mole "de los aguacates mezclados con *chilli* que quema mucho, llamado *chiltecpin*".[14] Sin duda, era el "*auacamulli*. Manjar de *auacates* con *chilli*",[15] el guacamole hoy aclamado en supertazones. Su sabor no pasó desapercibido para Sahagún, quien sostuvo que las frutas del *ahuácatl* "son muy buenas de comer y preciosas".

Al paladar regio del médico Francisco Hernández, cuyas descripciones tampoco podían faltar, le parecieron "agradables al gusto y de calidad nutritiva no del todo mala".[16] Para rematar este remedo de elogio, agregó en 1572 que le supieron a "nueces verdes". No extraña que con tan amargas recomendaciones contribuyera a que al aguacate no le abrieran las puertas de los palacios, como sí ocurrió con el guajolote y el chile. Además, inició el mito de las propiedades afrodisiacas del aguacate, "que excita extraordinariamente el apetito venéreo y aumenta el semen", dijo. Ya de por sí la palabra aguacate es la forma castellanizada del náhuatl *ahuácatl*, que significa testículo, probablemente por la forma del fruto.

En su copioso inventario, no deja de lado la variedad conocida como pahua o pagua, que él llama "pahoa", "con pulpa más abundante y más agradable". Lo cierto es que, para los conocedores, es de "sabor dulzón-amargoso" y por eso, "la pagua es de muy bajo precio y poco recomendable para su uso en mesas y cocinas".[17]

Quien le dio vuelo al paladar y probó aguacates de todos los tipos que encontró fue fray Toribio de Benavente, Motolinía. Quizá de paladar más popular, a él sí que le gustaron: "Hay tan grandes como grandes peras, y son tan buenos, que creo es la mejor fruta que hay en la Nueva España en sabor y virtud",[18] afirmó en su *Historia de los indios de la Nueva España*, de 1536.

El primero que se deshizo en elogios al aguacate, incluso antes de la Conquista, fue Martín Fernández de Enciso, pues en 1519 calificó que "lo que hay dentro [del fruto del aguacate] es como mantequilla, tiene un sabor delicioso y deja un gusto tan blando y tan bueno que es maravilloso".[19]

Con mucho tino, un par de historiadores españoles distinguen a las frutas americanas que, como el mamey, "no se difundieron, ni se han difundido en Europa, puesto que en su mayor parte son frutas propias de zonas tropicales de muy difícil aclimatación en climas más fríos".[20] Entre estas podría haber estado el aguacate. No obstante, apuntan estos estudiosos de nuestras especies, lo separaron de ese grupo porque hoy en día se consume "con relativa frecuencia en Europa". Además de dar fe de su "uso alimenticio importantísimo", citan que en los primeros años de la colonización el cronista Gonzalo Fernández de Oviedo, pese a verle facha de pera, "lo consideró un excelente manjar", advirtiendo que debía cortarse del árbol antes de que madurara y conservarlo después, y que bien sazonado y con queso era de muy buen sabor.

Francisco Hernández y otros documentaron que las hojas de aguacate, con un sutil aroma anisado, se empleaban para darle sabor a frijoles, caldos, barbacoas y tamales. Incluso se usaban como una cama "para conservar frescos los alimentos".[21] También es posible que aprovecharan el hoy codiciado aceite de aguacate para cocinar, supone Cristina Barros,[22] pues los antiguos mexicanos sabían cómo extraerlo, según Francisco Hernández: "Tienen estos huesos sabor de almendras amargas, y producen prensados, un aceite semejante al de almendras no solo en el olor, sino también en el sabor y en las propiedades".[23]

A pesar de acumular más elogios que desaires, en aquella época el viaje del aguacate por el mundo fue muy lento. Quizá por delicado. De hecho, hasta donde pudimos averiguar, se quedó con las maletas hechas, pues no acompañó a muchos otros alimentos y productos mexicanos cuando los conquistadores emprendieron su viaje de regreso a España. Allí llegó alrededor de 1600.

DESPACIO QUE VOY DE PRISA

Como vemos, el aguacate conquistó el paladar de los conquistadores.[24] El problema era la dificultad para su manejo y transporte. Aun así, luego de llevarlo a España, a donde llegó alrededor de 1600, anduvieron desperdigando retoños de aguacate por Jamaica (1650), Cuba (1700), Ghana (1750) y Barbados en (1751).[25]

Su fama se esparció lentamente por el mundo, comenzando por Europa. Sedujo paladares ingleses, como los del viajero Job Hortop, "quien en 1568 [lo] llamó *avocati*, es decir bocado o fruta sabrosa".[26] En La Martinica, los franceses que lo saborearon le llamaron *avocat*. Ambos casos son las raíces del término que se ha popularizado, sobre todo en Estados Unidos: *avocado*. También llegaron a la boca del que se convertiría en el primer presidente estadounidense, George Washington, quien los probó en 1751 en Barbados y "al parecer, le gustaron".[27]

Por el Pacífico, navegaron en la Nao de China rumbo al Oriente, "donde tomaron carta de naturalización en muchos de esos reinos", afirman Edelmira Linares y Robert Bye.[28]

Para estos últimos, solo hasta el siglo XVIII se conoció en la mayor parte del mundo. Otros afirman que eso ocurrió en el XIX. Eso concuerda con otros conocedores de nuestro personaje,[29] quienes señalan que durante siglos hacía apariciones fugaces "en crónicas, relaciones y diccionarios como árbol de las Indias". El principal obstáculo para que esa fama literaria lo constataran los comensales era "su naturaleza muy perecedera" (una vez cortado, debe consumirse más o menos en

10 días, pues después se pasa). Eso no impidió que aristócratas y burgueses hicieran de su nombre un "término de la joyería". Así consta en el *Diccionario de Autoridades* de 1726: "Aguacate. Lo mismo que esmeralda", solo que "de hechura redonda o prolongada".[30]

Tras su pausado despegue, el aguacate agarró vuelo y su proceso de dispersión "se aceleró a partir del siglo XIX".[31] Nuestro personaje aterrizó en Río de Janeiro en 1809. En África lo adoptaron en varios países, como Senegal y Egipto, en 1824 y 1870, respectivamente.[32] No encontramos cuándo llegó a países como Italia. Lo que sí quedó registrado para la historia es que Maximiliano de Habsburgo envió a su ministro en ese país una canasta de aguacates, entre 1863 y 1867, cuando estuvo al frente del Segundo Imperio mexicano. Y de dos de sus huesos crecieron dos árboles de aguacate "en el jardín del Pincio, en el corazón de Roma".[33]

Antes de llegar al siglo XX, se le dio la bienvenida en Filipinas e India, en 1890 y 1892, en ese orden.[34] Pero en otros países no hizo acto de presencia hasta bien entrado el siglo XX, como en Turquía, en 1932.

A pesar de su difusión, este personaje era casi desconocido fuera de México hasta ya avanzada la segunda mitad del siglo XX. Encontrarlo antes en Europa o Estados Unidos "era un hecho excepcional y se vendía como una fruta exótica, a muy alto precio". Luis Alberto Vargas, quien lo califica como "uno de los más recientes viajeros exitosos", lo vio en una tienda de París "como si se tratara de una valiosa joya".[35]

Su éxito se remonta al viaje que hizo a Estados Unidos, que cambió el rumbo de su historia. Los primeros aguacates sembrados en el vecino país del norte, alrededor de 1833, se deben al médico y botánico Henry Perrine, entonces cónsul de Estados Unidos en Campeche. Un estudioso de nuestro personaje narra lo que ocurrió: "Envió algunas semillas a un amigo en Indian Key, Florida, quien las plantó. Poco después de que Perrine regresara, estalló la Segunda Guerra Seminola. Perrine y su familia buscaron refugio de los combates en el Cayo, pero fue asesinado durante una incursión en la isla por una de las facciones en guerra. La isla fue abandonada y los árboles de aguacate fueron olvidados".[36]

Según algunas versiones, cuando California ya no era territorio mexicano, desde las décadas de 1850 y 1860 una primera oleada expansionista de colonos estadounidenses buscó sin suerte cómo reproducir en esas latitudes un aguacate que resistiera los fríos invernales. ¿Eran buscadores de oro? ¡Quién sabe! Nadie sabía entonces que más tarde la agricultura industrial convertiría a ese fruto en "oro verde".

Se dice que fue en 1871 cuando "el juez RB Ord de Santa Bárbara introdujo con éxito los aguacates en Estados Unidos con árboles procedentes de México".[37] Pero otras versiones afirman que fue a principios del siglo XX cuando se encontraron variedades más resistentes al frío californiano. El Fuerte fue el primer gran resultado de esos "aguacates expatriados", como los llamó Salvador Novo.[38] No estamos seguros de que el aguacate El Fuerte sea exactamente un expatriado, pues no tuvo la "expectativa de regresar en el futuro", sino que fue objeto de una especie de secuestro para hacer negocios. La historia que cuenta Novo habla más bien de biopiratería, de la reedición del saqueo perpetrado por los conquistadores españoles, ahora a manos del nuevo imperio.

De acuerdo con su historia, las pesquisas del horticultor Carl Schmidt lo condujeron en 1911 a Atlixco, Puebla, donde encontró el aguacate que se adaptó mejor al clima californiano. Se le llamó El Fuerte, precisamente, por haber resistido el durísimo invierno de 1913.[39]

Como fue a constatarlo Salvador Novo a mediados de la década de 1960, en la fachada del número 1102 de la Calle 3 Poniente de Atlixco hay una placa de talavera fechada en 1938 que testimonia: "En esta casa existe el árbol de aguacate que dio origen a las grandes plantaciones que son fuente de riqueza en los Estados Unidos".[40] Así, la California Avocado Association dio crédito a quien le correspondía, y durante un tiempo mantuvo una relación comercial con un par de haciendas de Atlixco que sirvieron como viveros para los productores californianos. La que se llamó durante un tiempo la "Casa del Aguacate", se transformó en la actual "Casa de la Ciencia".[41]

En realidad, el esplendor de El Fuerte solo duró hasta la década de 1940. Mientras mantuvo su popularidad, tres de cada cuatro aguacates vendidos en el mercado de California eran de El Fuerte. Hoy son apenas dos de cada 100.[42]

La culpa de que El Fuerte perdiera su fortaleza comercial la tuvo el surgimiento (un tanto casual) de una nueva variedad, que le arrebató la mayoría del mercado. Más aún, logró el éxito mundial que otros aguacates no alcanzaron porque "se pueden conservar en el árbol varios meses, sin alteración y así prolongar el tiempo de su cosecha, además, el grosor de su cáscara facilita su transporte". Igualmente, resiste más la manipulación, ofrece mayor vida de anaquel en tiendas, y al abrirlo su pulpa tarda más en oxidarse (es decir, en oscurecerse).

Su creador fue un cartero de Milwaukee que ganaba 25 centavos por hora y que, como otros, había ido a buscar fortuna en California en las décadas de 1920 y 1930. Se trata de Rudolph Hass, como los aguacates que llevarían su nombre. Su historia es una metáfora de lo que ocurre cuando los alimentos se ven más como mercancía que como un regalo de la naturaleza. En esa tierra de oportunidades, cuando cayó en sus manos un folleto sobre cultivo de aguacate, a Rudolph Hass se le ocurrió que así podría salir de estrecheces. Como no tenía los fondos suficientes para la inversión necesaria, pidió un préstamo para comprar una parcelita con aguacateros de El Fuerte.

Para desarrollar su huerto, poco antes de terminar la década de 1920, Hass compró varios huesos de aguacate (eran semillas híbridas entre la raza guatemalteca y la mexicana) con el fin de cultivar algunos portainjertos. Así fue como encontró de modo casual (por serendipia) lo que andaba buscando: "Una de estas semillas produjo un árbol extraño que rechazó las ramas de El Fuerte que Hass quería injertar en ella".

Ante la "rebeldía" del árbol, estaba por cortarlo cuando sus hijos le dijeron que los frutos que daba eran sus favoritos. Al probarlos, comprobó "que sus hijos tenían razón y les vio potencial para comercializarse". Entonces empezó a venderlos entre sus conocidos y en un mercado local.

Tuvo tal exitazo que Hass decidió patentar este árbol en 1935. Nunca antes Estados Unidos había concedido una patente a un árbol. Con ello, se permitía a la agroindustria privatizar no solo lo que la naturaleza nos regaló, sino también el fruto del trabajo milenario de nuestros pueblos antiguos que domesticaron el aguacate. A partir de entonces, ya no hablaríamos tanto de alimentos o productos agropecuarios, sino de "capital natural", de "oro verde".

La parte más triste de la historia de Rudolf Hass es que la mayoría de los productores se piratearon su patente y "simplemente injertaron sus esquejes ellos mismos". Los 5 000 dólares que ganó por la patente (que pudo haberlo hecho millonario) no le alcanzaron para vivir de sus aguacates y dejar de ser cartero.

DE ALIMENTO A "ORO VERDE"

Con la gestación del mercado internacional del aguacate Hass, a partir de 1960, se sembró la simiente de lo que se transformaría décadas más tarde en la fiebre del "oro verde". Aparte de inundar Estados Unidos (donde muchos creen que el aguacate es un fruto de origen local), cundieron los grandes aguacatales en Medio Oriente (Israel) y África (Marruecos, Kenia y Sudáfrica), que abrieron el mercado europeo. España no tardó en entrarle al negocio del aguacate, cultivado primero en Andalucía y luego en otras regiones. En América Latina, Chile, Perú, Colombia y sobre todo nuestro país, se convirtieron en grandes exportadores de aguacate Hass.

En México, de acuerdo con un conocedor a fondo de la cocina michoacana, los primeros viveros comerciales de aguacate Hass se crearon por ahí de 1957 en Uruapan, Michoacán. A partir de ese núcleo, corrieron como pólvora "en la zona injertos de la variedad Hass que habían sido promocionados en Michoacán por el agente norteamericano Gil Henry". No tardaron en desarrollarse los primeros huertos comerciales de esta variedad de aguacate, comenzando por este estado, que se fue afianzando como el mayor productor a escala nacional e incluso mundial de este fruto.

El Fuerte, el Hass y muchas más variedades, que según los entendidos llegan a alrededor de 400, se originaron a partir de las tres razas que existen desde la antigüedad ("la mexicana, originada en las zonas altas del centro, este y sur de México, la guatemalteca de las zonas altas de Guatemala y la antillana que podría provenir de las anteriores").[43] Cada una de ellas da frutos que varían de forma, sabor, textura, color y olor, según las condiciones ambientales en donde se producen, pero también de acuerdo con las características que ha ido privilegiando cada productor.

Lo cierto es que todas las variedades y cultivares han ido perdiendo terreno desde los años setenta del siglo pasado ante el aguacate Hass. Aunque hay opiniones que atribuyen el auge del Hass a su sabor y calidad, la verdad es que la agroindustria lo ha privilegiado por las ventajas que ofrece para su transporte y manejo. Como en muchas partes ya es el único que se consigue, de paso ha "reeducado" el paladar de las mayorías. Reflexionaba Luis Alberto Vargas que "las generaciones de los más jóvenes ya desconocen la delicia de una simple tortilla untada con aguacate criollo o de un guacamole bien aderezado".[44]

Lamentamos junto con él que los intereses comerciales hayan impuesto en el gusto popular el aguacate Hass, que ha opacado a nuestras más sabrosas variedades nativas (o "criollas", como erróneamente se les dice porque no son hijas de extranjeras nacidas en México), "de gusto anisado y textura semejante a la mantequilla".

Como vimos con la historia del maíz, la tendencia creciente a considerar a los alimentos una mercancía más que un bien se agudizó con el neoliberalismo y los tratados de libre comercio. Por ello, en el caso del aguacate, esta parte de la historia también se inició en la década de los ochenta, cuando la economía se orientó al mercado exterior para aumentar las ganancias.

Esto marcó hace 40 años un claro antes y después en el tipo de productos agrícolas cultivados. La Organización de las Naciones Unidas para la Alimentación y la Agricultura (FAO, por sus siglas en inglés) registró incluso que desde 1980 se disparó en México el cultivo de productos de exportación como los frutos rojos, el aguacate y los agaves.[45] Desde entonces, y más intensamente a partir del año 2000, no ha dejado de crecer ni la superficie cosechada ni la producción.

Cuando se firmó el Tratado de Libre Comercio de América del Norte (TLCAN), en 1994, los productores mexicanos de aguacate ya tenían preparado el terreno. Tras vencer la resistencia de los productores de California, cuando Estados Unidos permitió la importación de aguacates de México, la demanda se fue a los cielos.[46]

Han sido múltiples las vicisitudes de los aguacates mexicanos. Su entrada al mercado estadounidense debió vencer reticencias y resistencias, prejuicios y pretextos, como le sucede a todo migrante latino que intenta cruzar la frontera. Primero, se les permitió entrar únicamente a Alaska. Se dio otro paso cuando en 1997 se autorizó que se vendieran en 19 estados, a pesar del grito en el cielo que dieron California y otros estados productores. Y peor cuando "en 2004, se abrió casi toda la Unión Americana al aguacate mexicano, con excepción de California, Florida y Hawái, los tres estados productores más importantes".[47]

La calidad del aguacate michoacano les tapó la boca a todos los que se oponían a su avance imparable, superior en calidad, precio y libre de enfermedades. Para 2007, a California no le quedó más remedio que aceptar la libre importación de aguacates mexicanos en todo Estados Unidos.

A juzgar por el explosivo aumento de las exportaciones mexicanas, los estadounidenses (principales importadores) se enamoraron del aguacate mexicano. Si en 2002 se importaron 83 000 toneladas, ocho años más tarde llegaban a 350 000 y solo tres años más tarde (2013) ascendieron a 643 000.[48] Una década y 10 *superbowls* después, ya se habían duplicado las importaciones, al rebasar las 1 367 000 de toneladas, y tan solo de 2022 a 2023 su demanda aumentó casi el 20 %.[49]

Los aguacates mexicanos no solo son viajeros frecuentes a Estados Unidos, sino también a Canadá, Japón, España y muchos países más (ya para 2012 eran 21 naciones donde viajaban), incapaces de resistirse al irresistible poder seductor de nuestro personaje.

Para no quedar fuera de la jugada y continuar controlando el mercado, "la asociación de aguacateros californianos, Calavo, que tanto se había opuesto a la importación, se vio obligada a aceptar la situación y se convirtió en la principal importadora del fruto, estableciendo una empacadora en Michoacán".[50] De este estado proviene alrededor de la mitad de todos los aguacates que llegan a Estados Unidos.

El vertiginoso crecimiento de la producción nacional ha encumbrado a México en el primer lugar a escala mundial.[51] Si en 2018 ya superaba los dos millones de toneladas,[52] solo cinco años después la cosecha rozaba los tres millones, el 46 % para la exportación. Aunque 28 entidades federativas producen aguacate, 85 de cada 100 aguacates son michoacanos, y junto con Jalisco, Nayarit, Estado de México y Morelos suman el 95 % del total.[53]

Hasta el momento de escribir estas líneas, a diferencia de otros alimentos mexicanos, como el maíz y el frijol, no podemos decir que ha disminuido el consumo de aguacates por persona en nuestro país. La verdad no nos fiamos de las cifras que encontramos, pues revelarían que no solo no ha bajado la cantidad de aguacates que cada compatriota se come, sino que casi se ha duplicado. Héctor Bourges decía en un texto publicado en 2015 que el consumo nacional era de 6.6 kilogramos anuales,[54] mientras que cifras oficiales de 2017 indican que en promedio cada mexicano comía ocho kilos y para 2023 consumía 12.3 kilogramos al año.[55] Aun con la cantidad que apunta, Bourges señala que esto indicaría que "en el muy diverso grupo de verduras y frutas es uno de los alimentos consumidos con mayor frecuencia y en mayor cantidad".[56]

LA PANDEMIA DEL "ORO VERDE"

Todo indica que la fiebre del "oro verde" es muy contagiosa y grave. De hecho, parece una pandemia, pues el aguacate se produce en cada vez más países. Según los analistas, la competencia tiende a volverse feroz. Héctor Bourges advertía antes de 2015: "Los rendimientos en nuestro país superan el promedio mundial, pero son menores que los de Colombia, República Dominicana y Chile. En el futuro se percibe que varios países latinoamericanos harán esfuerzos importantes para aumentar su producción, por lo que, aunque la demanda sigue creciendo, se avecina una fuerte competencia".[57]

Otros analistas confirmaron en 2024 que entre los principales desafíos de esta industria en México destaca "la creciente competencia a nivel global. Países como Colombia, Perú y República Dominicana están aumentando su producción de aguacate, lo que ejerce una presión competitiva adicional".[58]

Esto último es indudable, ante lo contagioso de la fiebre del "oro verde", pues ya ha infectado a unos 70 países de los cinco continentes:[59] latinoamericanos como Chile, Brasil, Haití y Guatemala, además de los ya mencionados; africanos (Kenia y Sudáfrica); europeos (Países Bajos, España y Francia); asiáticos (Israel, Indonesia y Vietnam), e incluso la ola de contagios llega a Oceanía (Nueva Zelanda). Algunos ni lo producen, pero quieren su tajada del mercado como comercializadores y exportadores.

Se argumenta que "para mantener su posición y su reputación de alta calidad en el mercado",[60] México necesita con urgencia crear "nuevas variedades de aguacate que sean más resistentes, tengan una vida útil prolongada, puedan soportar largas distancias de transporte sin deteriorarse y requieran costos de producción más bajos".

Concuerdan con estos consultores de mercados agrícolas los fieles defensores de los cultivos transgénicos. Los biotecnólogos mexicanos alineados a grandes empresas semilleras forman parte del coro que concibe como capital verde a los alimentos domesticados por los pueblos originarios. Uno de sus portavoces preferidos en México, que encabezó la secuenciación del genoma completo de diversas variedades de aguacate, calificó "de viejos a los cultivos mexicanos, pues no han recibido ningún mejoramiento en los últimos 40 años".[61] Sus estudios, aseguró, permitirían "mejorar dichos cultivos con la utilización de herramientas biotecnológicas que modifiquen genéticamente a los organismos".

Como parte del grupo que desde hace más de una década ha intentado infructuosamente promover el maíz transgénico en México y ponerlo al servicio de corporaciones transnacionales, ahora insiste en que esta tecnología permitiría producir aguacates "resistentes a plagas, a desecación, con mayor biomasa y enriquecer los alimentos con vitaminas y aceites esenciales". Igual que esos cereales de caja fortalecidos con vitaminas y minerales que vende la industria de comestibles chatarra. Como en el caso del maíz, omiten decir que serían aguacates patentados, y por tanto privatizados, ni del uso de agrotóxicos ni de sus efectos ambientales y en la salud.

En el fondo, subyace una visión empresarial sobre el campo y los alimentos. Las estrategias mercadotécnicas para posicionar este fruto como un alimento-mercancía irresistible para productores y consumidores promovieron incluso que se estableciera un día mundial del aguacate. Basta con ver cómo habla de este una empresa española: "Cultivo considerado de alto valor, por su carácter estratégico y con potencial para generar una importante rentabilidad, gracias a su comportamiento favorable en los mercados, con una demanda creciente, y las cotizaciones que viene arrojando en las últimas campañas".[62]

La idea de que existen "superalimentos" (aguacate, frutos rojos, kale, kiwi, quinoa, chía, espirulina, bimi, bayas de goyi, cúrcuma y otros) ha enturbiado el concepto de dieta saludable y de lo que es una nutrición completa y equilibrada. Se transmite la falsa idea de que bastaría con comer aguacate y acaso algo más para mantenernos saludables. Más allá de los beneficios que puedan ofrecer este y otros "superalimentos", la forma en que se promueve su consumo por sus "numerosas propiedades ventajosas", parece más vil publicidad que orientación nutriológica.

La agencia española, por ejemplo, afirma que por su importante cantidad de ácidos grasos monoinsaturados y polinsaturados, el aguacate reduce el riesgo de padecer enfermedades cardiovasculares, al mantener los niveles de colesterol.

Sostiene que "es un aliado en las dietas de adelgazamiento", y que por "su alto contenido en proteínas de alta calidad biológica (potasio y zinc, principalmente)" (*sic*) se recomienda a deportistas porque "ayuda a reparar la masa muscular, previene daños en las articulaciones y posee un elevado poder antiinflamatorio".

Afirma que su elevada cantidad de vitaminas aporta "hidratación y luminosidad a la piel, previniendo el envejecimiento y aumentando la función cognitiva, a través de su elevado contenido en antioxidantes". De remate, finaliza asegurando que contribuye a un correcto embarazo, "por su gran cantidad de ácido fólico, aceites y fibras".

Vamos, solo le faltó decir para redondear su potencial como alimento-medicamento "milagro" que es útil en el tratamiento de la disfunción eréctil, dadas sus propiedades afrodisiacas, legendarias ya desde el término náhuatl que le vio pinta de testículo.

Muchos dirán "bueno, ¿y qué tiene de malo promover que la gente coma más aguacates?". La verdad, no tendría nada de malo. Lo inquietante son los efectos ambientales que está acarreando el consumo desmedido de este sabroso fruto, el "superalimento" de moda más promovido en los últimos tiempos, como consecuencia de la oleada de esta fiebre del "oro verde".

La feroz competencia global por los mercados confluye (pero también interactúa y agudiza) con las alteraciones provocadas por el cambio climático, desde sequías e incendios, hasta heladas, huracanes e inundaciones. Todo eso complica la logística de la cadena de suministro, encarece los costos de producción y dispara su precio hasta las nubes (para muchos mexicanos, en la actualidad hay temporadas en las que comer aguacate resulta un lujo).

Además, la fiebre del "oro verde" trae consigo una cauda de repercusiones ambientales, entre las que destacan la deforestación y la sobreexplotación de las fuentes de agua.

ARRASANDO CON TODO

Tan solo en la llamada franja aguacatera, que incluye 46 municipios de Michoacán, las huertas de aguacate están avanzando sobre los bosques como una plaga, dejando solo reducidos manchones boscosos.[63] Se han detectado más de 810 huertas ilegales, algunas violando áreas naturales protegidas.[64] De seguir así, es posible que en unos años este desastre también arrase a los bosques donde se reproduce la mariposa monarca.

La fiebre del "oro verde" sigue propagándose en México. De entrada, desde 2022 ya no solo Michoacán está autorizado a exportar aguacates a Estados Unidos, pues Jalisco se le sumó al selecto grupo.

El casi incontenible avance de las huertas ilegales de aguacate a costa de los bosques se abre paso en México mediante incendios forestales, a golpe de talamontes y desalojando a comunidades para despojarlas tanto de sus territorios como de sus fuentes de agua.[65] Esta es un recurso vital para la producción de aguacates en monocultivo (100 000 litros de agua por hectárea al mes), aparte de cantidades monumentales de agrotóxicos. En Chile, se calcula que producir un kilo de aguacate requiere 1 280 litros de agua.[66]

Todo este proceso es acicateado por el crimen organizado, que ha exigido su rebanada del pastel de tan redituable negocio. Quienes se han metido a investigar este espinoso asunto aseguran que los cárteles controlan todos los eslabones de la cadena, "de la huerta cultivadora, al almacenaje, el empacado, el transporte, la refrigeración y los diferentes modos de la distribución",[67] a través de la extorsión, el cobro de derecho de piso y la venta de protección.

Para algunos, la delincuencia ha penetrado tan profundamente en las estructuras estatales, tejiendo una red de complicidades, que se ha producido "una simbiosis entre productores, delincuentes, comercializadores y proveedores de insumos".[68] Al parecer, salvo casos emblemáticos de resistencia, como el de la comunidad purépecha de Cherán, en Michoacán, la inseguridad en las zonas productoras de aguacate en México llegó al extremo de que se ha normalizado.[69] Más recientemente, ha ayudado que el transporte de aguacates sea custodiado por la policía, como si fuera un cargamento de oro.

Sin embargo, advierte la organización Grain, no es que estos grupos manejen dicho agronegocio, sino que han sido "absorbidos por la integración vertical [del sistema agroalimentario industrial] que fija relaciones de violencia multidimensional. En esa espiral, inversionistas y grandes comercializadoras, apalancados en fondos de dotación y pensión, en fondos de capital privado, mantienen la expansión mundial del aguacate".[70]

Al igual que con las drogas, detrás de esta problemática está la insaciable demanda de Estados Unidos por los aguacates. Porque, además, ninguno de los países a los que exporta México "cuenta con políticas para impedir que ingresen en sus mercados los aguacates cultivados en tierras deforestadas ilegalmente",[71] por lo que son también responsables de la destrucción ambiental en nuestro país. Sobre todo, los estadounidenses, principales importadores, cuyo gobierno se comprometió a "trabajar para poner fin a la deforestación global y promover políticas comerciales" que no la fomenten.

En vez de eso, según documentó Climate Rights International, en lugar de actuar en respuesta a una propuesta que altos funcionarios ambientales mexicanos les pusieron sobre la mesa en 2021, las autoridades estadounidenses autorizaron que, además de Michoacán, Jalisco pudiera exportar aguacates a Estados Unidos. Los consumidores estadounidenses tienen derecho a saber si reciben aguacates de huertas de dudosa procedencia, que pudieran tener orígenes delictivos o estar manchados de sangre. Quizá de esta forma se podría impedir que los intereses de la agroindustria prevalezcan sobre el medio ambiente, "un fenómeno global que agudiza la crisis climática".[72]

Otras voces ofrecen un ángulo distinto del problema, a nuestro juicio también válido. Ciertamente, para quienes participan en el negocio del aguacate este representa ganancias millonarias. Mas no estamos frente a una transnacional como Nestlé o Coca Cola. En México "son más de 10 000 productores independientes", muchos de ellos de Michoacán, que migraron con el programa bracero y cuando regresaron con dólares "se volvieron productores o pusieron su inversión en el aguacate". No es casual que, en vez de ser una zona expulsora de migrantes, sea "una de las regiones con mayor concentración de población indígena".[73]

Esas mismas voces parten del reconocimiento de que la producción del aguacate no debió haber alcanzado las dimensiones exageradas que adquirió en Michoacán, "pero ahí está, no podemos borrarlo y resembrar todo el bosque, al menos no sin hacernos responsables de toda la comunidad que vive alrededor de este cultivo".[74] Lo que sí puede hacerse es organizar la producción de una mejor manera, ofrecer mayor seguridad, retomar el control mediante leyes y políticas públicas de Estado que regulen toda la cadena de producción, estableciendo claramente derechos y obligaciones, rumbo a la certificación de comercio justo y de protección ambiental que dé certeza a los consumidores preocupados por los derechos humanos, el bosque, la biodiversidad y el agua, tanto en México como en Estados Unidos.

Sin embargo, como vimos antes, la fiebre del "oro verde" ha cundido en todo el mundo. Como documenta la organización Grain y el Colectivo por la Autonomía, el área cultivada se duplicó en la última década en el grupo de los 10 primeros productores mundiales, pero en otros países (Colombia, Haití, Marruecos y República Dominicana) la superficie cultivada se multiplicó por cuatro, y en Zimbabue por cinco.[75]

En todas partes esta fiebre parece estar provocando una especie de demencia. España no es la excepción. La lógica perversa detrás del "oro verde" y la industria aguacatera, alimentada por la avaricia, llevó a la empresa Lladró, famosa por sus finas porcelanas, a derribar todos los naranjos que tenía en una huerta de 70 hectáreas en Valencia para plantar 30 000 árboles de aguacates.[76] Y en América Latina el contagio también ha arrastrado a Chile, Colombia, Perú y más recientemente a otros, con su cauda de efectos ambientales y sociales.

Por desgracia, no son los productores de pequeña y mediana escala quienes ganan más con esta fiebre. Como ocurre casi siempre, los que se llevan la principal tajada "es un puñado de grupos empresariales [estadounidenses principalmente, para variar] que han apostado por la integración vertical". Establecen empacadoras en México y cada vez en más países productores, exportan al exterior y controlan a las empresas importadoras en el país receptor en los principales polos de consumo global, antes de distribuirlo a las cadenas que lo venden al consumidor.[77]

En nuestro país, por ejemplo, las corporaciones aguacateras californianas abrieron subsidiarias para comprar a los productores sin intermediarios, "instalando incluso sus propias plantas de empaque en Michoacán". Un estudio calcula que desde 2005 seis empresas "acaparaban el 80% de las importaciones estadounidenses de aguacate mexicano".

RESISTENCIA Y REVALORACIÓN

Por supuesto, de nada de esto tiene la culpa el aguacate, ni su rico sabor ni los nutrimentos que contiene. En todo caso, el personaje de esta historia ha sido secuestrado por el agrosistema industrial que está bajo el control de fuertes corporaciones.

Sin duda, como reconocía Luis Alberto Vargas, "cada vez somos más dependientes de los procesos industriales de producción y comercialización, cuya consecuencia es la disminución en la variedad de especies vegetales y animales que consumimos, así como su uniformidad".[78]

Esto es muy claro en el caso del aguacate, en el que los intereses comerciales han entronizado al Hass y han provocado que, de las numerosas variedades existentes en México, si acaso, muy pocas lleguen a los mercados urbanos, pero no a los supermercados.

Si quienes viven en la Ciudad de México o en su zona metropolitana quieren conseguir los aguacates nativos más mexicanos que el guacamole (los "criollitos", como les dicen muchas personas), no les queda más remedio que dirigirse a los tianguis o a los mercados locales, a donde llegan algunos productores de la periferia con verduras y frutas frescas.

Quienes no habitamos en esta megalópolis tenemos la enorme fortuna de encontrar con mayor facilidad estos sabrosos aguacates, pues, como afirman Edelmira Linares y Robert Bye, "en las comunidades más alejadas, los aguacates criollos son muy apreciados, no solamente por sus frutos, también por sus hojas [...] ya que se emplean medicinalmente y como condimento, así como en la preparación de variados platillos tradicionales".[79]

Lo cierto es que cada vez se cultiva menos y se ha refugiado en los "estados del país que no son los principales productores de aguacate". Queremos pensar que es una especie de retiro de nuestro personaje para tomar fuerzas. Pero únicamente con nuestra ayuda, con un esfuerzo colectivo y articulado podrá regresar con la fuerza que se requiere.

De poco serviría que más productores mexicanos protegieran los aguacates silvestres y cultivaran las variedades tradicionales para el mercado interno (no para exportación), "que han sido la base genética de múltiples cultivares comerciales",[80] si por otra parte no se protege tanto a las razas originales de aguacates como a los productores, a las comunidades, a los bosques y al agua a través de políticas y programas de conservación.

En este esfuerzo colectivo, por supuesto que los mexicanos tienen que acompañar a nuestro personaje en su revalorización, "fortalecer el aprecio por lo nuestro y no dejarnos avasallar por la oferta de los intereses comerciales, que han logrado prácticamente eliminar las sabrosas variedades de aguacates a cambio de aquellas que producen mayores rendimientos monetarios".[81] No se trata de romantizar el cultivo de aguacates, sino de considerar que más allá de los que se producen para su exportación, también habría que fomentar su consumo interno y "buscar oportunidades de negocio con lo nuestro, en vez de dejarse llevar por intereses venidos de fuera".[82]

Eso no quita que debemos sacarnos de la cabeza que el aguacate y todos nuestros alimentos son una simple mercancía. Coincidimos con Héctor Bourges en que para los mexicanos las razones de comer aguacate van mucho más allá de sus valiosos nutrimentos. Es un personaje insustituible y entrañable de una gran variedad de platillos tradicionales, "profundamente enraizado en la cultura nacional", que nos ha acompañado durante milenios y hasta el día de hoy.[83]

Notas

[1]Luis Alberto Vargas, "Aventuras del aguacate: del árbol a la boca", en Eduardo Merlo y otros, *Ahuacátl: fruto delicioso y nutritivo* (edición digital), Fundación Herdez, México, 2015.

[2]Cristina Barros y Marco Buenrostro, *Tlacualero: alimentación y cultura de los antiguos mexicanos*, Instituto Nacional de Ciencias Médicas y Nutrición Salvador Zubirán / Fundación Alfredo Harp Helú Oaxaca, 2016. Consultado en http://bdjc.iia.unam.mx/items/show/388.

[3]Alejandro Casas, y Javier Caballero, "Domesticación de plantas y origen de la agricultura en Mesoamérica", *Ciencias*, núm. 40, octubre-diciembre de 1995, pp. 36-45. Consultado en https://www.revistacienciasunam.com/es/146-revistas/revista-ciencias-40/1196-domesticaci%C3%B3n-de-plantas-y-origen-de-la-agricultura-en-mesoam%C3%A9rica.html#:~:text=Se%20estima%20que%20en%20la,9000%20o%20 10%20000%20a%C3%B1os.

[4]Jaime Jiménez, "Plantas precolombinas de México", *Ciencias*, 6, octubre-diciembre de 1984, 36-37. Consultado en https://www.revistacienciasunam.com/es/141-revistas/revista-ciencias-6/1124-plantas-precolombinas-de-m%C3%A9xico.html.

[5]*Ibidem.*

[6]Luis Alberto Vargas, *op. cit.*

[7]Dolores Asila Hernández *et al.*, *Atlas Cultural de México, Gastronomía*, SEP / INAH / Planeta, 1988.

[8]Eduardo Merlo y otros, *Ahuacátl: fruto delicioso y nutritivo* (edición digital), Fundación Herdez, México, 2015.

[9]Edelmira Linares y Robert Bye, "El aguacate, árbol que huele a laurel", en Eduardo Merlo *et al.*, *op. cit.*

[10]Jeffrey Miller, "¿Te encantan los aguacates? Dale las gracias al toxodon", *The Conversation*, 24 de julio de 2020. Consultado en https://theconversation.com/love-avocados-thank-the-toxodon-143162.

[11]Eduardo Merlo y otros, *op. cit.*

[12]*Ibidem.*

[13]*Ibidem.*

[14]Bernardino de Sahagún, *Historia general de las cosas de la Nueva España*, t. II, Conaculta, México, 2000, p. 902.

[15]A. de Molina, *Vocabulario en lengua castellana y mexicana y mexicana y castellana* [1571] (ed. fasc., est. prel. Miguel León-Portilla), Porrúa, 1970.

[16]Francisco Hernández, "Del ahoacaquáhuitl o árbol parecido al encino y que da fruto", en *Historia natural de Nueva España*, libro I, *Obras completas*, UNAM, México, 2015. Consultado en http://www.franciscohernandez.unam.mx/tomos/02_TOMO/tomo002_001/tomo002_001_103.html.

[17]Jesús Flores y Escalante, *Breve historia de la comida mexicana*, Debolsillo, Random House Mondadori, México, 2004. Consultado en https://professionalchefenriquez.wordpress.com/wp-content/uploads/2011/08/breve-historia-de-la-comida-mexicana-jesc3bas-flores-y-escalant.pdf.

[18]Fray Toribio de Benavente, Motolinía, *Historia de los indios de la Nueva España*, Real Academia Española, Centro para la Edición de los Clásicos Españoles, Madrid, 2014. Consultado en https://www.fundacionaquae.org/wp-content/uploads/2017/07/Historia-de-los-Indios.pdf.

[19]Martín Fernández de Enciso, *Suma de geographia q[ue] trata de todas las partidas y provincias del mundo en especial de las Indias, se trata largamente del arte del marear juntamente con la esfera en romace, con el regimiento del sol y del norte: nuevamente hecha*, Sevilla, 1519. En Biblioteca Virtual Miguel de Cervantes. Consultado en https://www.cervantesvirtual.com/obra/suma-de-geographia-que-trata-de-todas-las-partidas-y-provincias-del-mundo-en-especial-de-las-indias-se-trata-largamente-del-arte-del-marear-juntamente-con-la-esfera-en-romace-con-973805/.

[20]José Pardo Tomás y María Luz López Terrada, *Las primeras noticias sobre plantas americanas en las relaciones de viajes y crónicas de Indias (1493-1553)*, Instituto de Estudios Documentales e Históricos sobre la Ciencia, Universitat de Valencia, Valencia, 1993. Consultado en https://digital.csic.es/handle/10261/91333.

[21]Eduardo Merlo y otros, *op. cit.*

[22]Cristina Barros y Marco Buenrostro, *op. cit.*

[23]Francisco Hernández, *op. cit.*

[24]Eduardo Merlo y otros, *op. cit.*

[25]Martín González de la Vara, "Avatares del aguacate en Michoacán", en Eduardo Merlo *et al.*, *op. cit.*

[26]Salvador Novo, *Cocina mexicana o historia gastronómica de la Ciudad de México*, Porrúa, 1967.

[27]*Ibidem.*

[28]Edelmira Linares y Robert Bye, *op. cit.*

[29]Juan Antonio Frago Gracia, "De los nombres de las cosas de comer traídas de América hasta la Independencia", en Manuel García Guatas y Juan Barbacil (coords.), *Los alimentos que llegaron de América*, Academia Aragonesa de Gastronomía, España, 2014. Consultado en https://academiaaragonesadegastronomia.com/alma-zen/los-alimentos-que-llegaron-de-america-2015.pdf.

[30]Diccionario de Autoridades, t. I (1726), Real Academia Española. Consultado en https://apps2.rae.es/DA.html.

[31]Luis Alberto Vargas, *op. cit.*

[32]Martín González de la Vara, *op. cit.*

[33]Salvador Novo, *op. cit.*

[34]Martín González de la Vara, *op. cit.*

[35]Luis Alberto Vargas, "Las venturas y desventuras de algunos alimentos mexicanos durante sus viajes por el mundo", manuscrito en prensa en el INAH y comunicación personal, 2023.

[36]Salvador Novo, *op. cit.*

[37]Jeffrey Miller, *op. cit.*

[38]Salvador Novo, *op. cit.*

[39]*Ibidem.*

[40]*Ibidem.*

[41]Erika Rodríguez, "Descubre la Casa del Aguacate en el Pueblo Mágico de Atlixco", *El Universal Puebla*, 23 de junio de 2024. Consultado en https://www.eluniversalpuebla.com.mx/que-hacer/descubre-la-casa-del-aguacate-en-el-pueblo-magico-de-atlixco/.

[42] Lisa Fotios, "La curiosa historia de 'fracaso' de Rudolph Hass, el 'inventor' del aguacate más famoso del mundo", *La Opinión*, 3 de agosto de 2020. Consultado en https://laopinion.com/2020/08/02/la-curiosa-historia-de-fracaso-de-rudolph-hass-el-inventor-del-aguacate-mas-famoso-del-mundo/.

[43] Héctor Bourges Rodríguez, "El aguacate en nuestra alimentación", en Eduardo Merlo y otros, *op. cit.*

[44] Luis Alberto Vargas, *op. cit.*

[45] FAO, *El sistema alimentario en México - Oportunidades para el campo mexicano en la Agenda 2030 de Desarrollo Sostenible*, Ciudad de México, 2019, 68 pp.

[46] Carmen Gómez-Cotta, "La fiebre del oro verde", *Ethic*, febrero de 2021. Consultado en https://ethic.es/2021/02/aguacate-medio-ambiente-la-fiebre-del-oro-verde/.

[47] Martín González de la Vara, *op. cit.*

[48] *Ibidem.*

[49] Secretaría de Agricultura y Desarrollo Rural, Panorama Agroalimentario 2018-2024, Servicio de Información Agroalimentaria y Pesquera, 2024. Consultado en https://drive.google.com/file/d/1NXcDhaB63Z94wjRUVF6f_FK0Urv6cgvJ/view.

[50] Martín González de la Vara, *op. cit.*

[51] Carmen Gómez-Cotta, *op. cit.*

[52] *Ibidem.*

[53] Conabio, "Aguacate Persea americana", NaturalistMX. Consultado en http://conabio.inaturalist.org/taxa/62831-Persea-americana.

[54] Héctor Bourges, *op. cit.*

[55] Secretaría de Agricultura y Desarrollo Rural, *op. cit.*

[56] Héctor Bourges, *op. cit.*

[57] *Ibidem.*

[58] Grupo Consultor de Mercados Agrícolas, "Perspectivas Agroalimentarias 2024". Consultado en https://gcma.com.mx/descargas/perspectivas-agroalimentarias-2024/.

[59] Organización de las Naciones Unidas para la Alimentación y la Agricultura, Our World in Data, "Producción de aguacate, 2021 a 2022", 2024. Consultado en https://ourworldindata.org/explorers/global-food?tab=table&time=2022..latest&facet=none&Food=Avocados&Metric=Production&Per+Capita=false&country=~ZAF%3BhideControls, Consultado el 27 de agosto de 2024.

[60] Grupo Consultor de Mercados Agrícolas, *op. cit.*

[61] Brenda Terrazas y Diana Rojas, "Secuencia genómica del aguacate, ventaja para México que podría perder", *UNAM Global*, 13 de agosto de 2019. Consultado en https://unamglobal.unam.mx/global_revista/secuencia-genomica-del-aguacate-una-ventaja-para-mexico-que-podria-ser-arrebatada/.

[62] Agbar, "Día Internacional del Aguacate: el 'súper alimento' con una demanda mundial imparable", 31 de julio. Consultado en https://agbaragriculture.com/quienes-somos/.

[63] M. C. Latorre-Cárdenas, A. González-Rodríguez, O. Godínez-Gómez, E. Y. Arima, K. R. Young, A. Denvir, F. García-Oliva y A. Ghilardi, "Estimating Fragmentation and Connectivity Patterns of the Temperate Forest in an Avocado-Dominated Landscape to Propose Conservation Strategies", *Land*, 12, 631, 2023. Consultado en https://doi.org/10.3390/land12030631.

[64] Mariana Recamier, "El drama de la expansión del aguacate en México: amenazas a la biodiversidad y comunidades locales", *Mongobay*, 22 de marzo de 2024. Consultado

en https://es.mongabay.com/2024/03/expansion-aguacate-mexico-amenazas-biodiversidad-comunidades-locales/.

[65] Grain & Colectivo por la Autonomía, "Aguacates de la ira", 26 de abril de 2023. Consultado en https://grain.org/e/6983?fbclid=IwAR1gtfCwA81ocNKvqq-PAm-36g4XDRMCczVqNvQyXwBlu4kKMDTmIP_mXjLM.

[66] *Ibidem.*

[67] *Ibidem.*

[68] *Ibidem.*

[69] Grupo Consultor de Mercados Agrícolas, *op. cit.*

[70] Grain & Colectivo por la Autonomía, *op. cit.*

[71] Climate Rights International, "El saldo insostenible de la expansión aguacatera. Deforestación, acaparamiento de agua y violencia detrás de las exportaciones de aguacates de México a EE. UU. y otros mercados", noviembre de 2023. Consultado en https://cri.org/reports/unholy-guacamole/resumen-aguacates/#:~:text=Autoridades%20en%20Michoac%C3%A1n%20y%20Jalisco,por%20las%20fuerzas%20de%20seguridad.

[72] *Ibidem.*

[73] Agustín B. Ávila Casanueva, "La tristeza del aguacate", *Gatopardo*, 7 de febrero de 2023. Consultado en https://gatopardo.com/noticias-actuales/aguacate/.

[74] *Ibidem.*

[75] Grupo Consultor de Mercados Agrícolas, *op. cit.*

[76] Equipo de Investigación, "Los Lladró, de la porcelana al negocio del aguacate", *La Sexta*, 27 de diciembre de 2019. Consultado en https://www.lasexta.com/programas/equipo-investigacion/noticias/los-lladro-de-la-porcelana-al-negocio-del-aguacate-video_201910045d97acaf0cf28a75c2647cfe.html.

[77] Grupo Consultor de Mercados Agrícolas, *op. cit.*

[78] Luis Alberto Vargas, "Una visión integral de la alimentación: cuerpo, mente y sociedad", *Cuadernos de Nutrición*, vol. 25, núm. 2, marzo-abril de 2002.

[79] Edelmira Linares y Robert Bye, *op. cit.*

[80] *Ibidem.*

[81] Luis Alberto Vargas, "Recursos culinarios mexicanos que merecen ser mejor conocidos en el mundo", ponencia presentada en la Primera Conferencia Norte-Sur de Degrowth-Descrecimiento, Ciudad de México, 4 de septiembre de 2018.

[82] *Ibidem.*

[83] Héctor Bourges, *op. cit.*

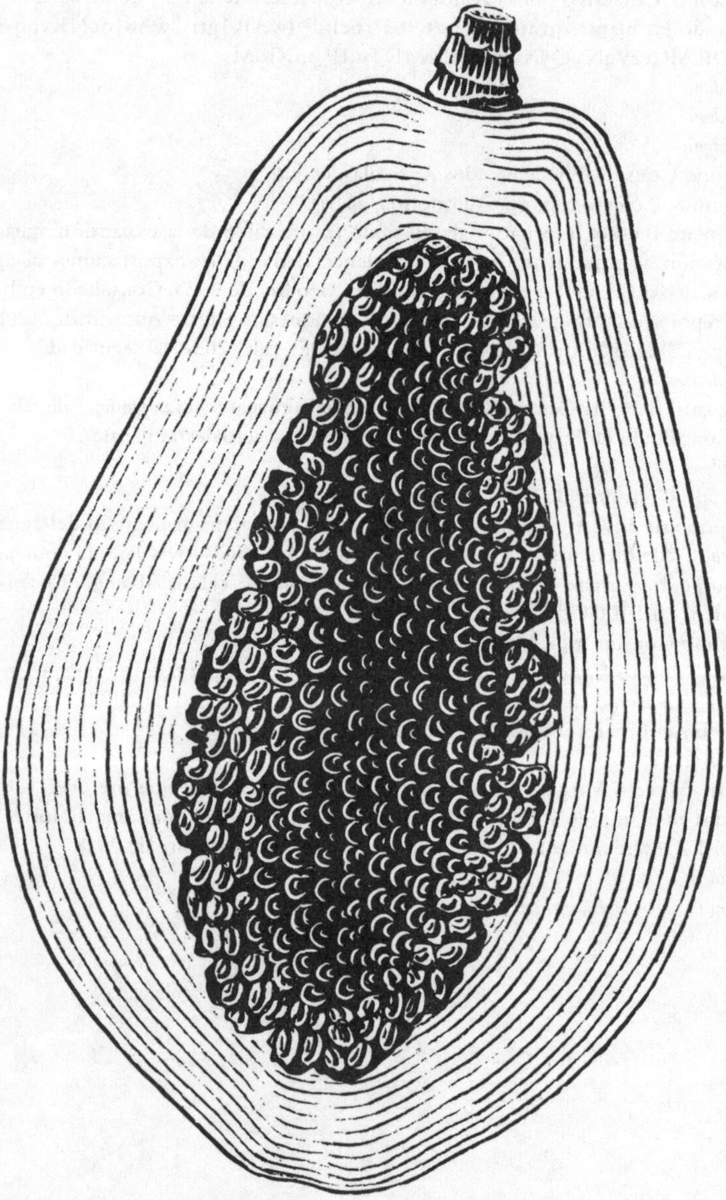

9
Fruta celestial: la papaya

Realidad o no la leyenda de los conquistadores españoles que consideraba a la papaya "fruta de los ángeles", lo cierto es que hoy está muy cerca de convertirse "en el infierno transgénico de los paraísos tropicales".[1] A esa conjetura llegaron Claire Chauvet y Frédéric Guérin, autores de *La papaya transgénica… le da la vuelta al mundo.*

Nuestra mexicanísima y legendaria papaya —*chichihualtzapotl*, del náhuatl *chichihualli* (seno) y *tzapotl* (fruta dulce)—,[2] a la que las poblaciones más remotas de estas tierras asociaron con la nutrición al llamarla zapote nodriza, ha estado en la mira de las corporaciones de semillas genéticamente modificadas para apropiarse de ella a través de patentes, desde finales de la década de los noventa. ¿Por qué? Asomémonos a la historia de la protagonista de este capítulo.

A partir del siglo XVI la papaya traspasó los límites mesoamericanos, viajando a la isla La Española y desde ahí a América del Sur, las islas caribeñas y antillanas, los países asiáticos y europeos, gracias a que contaba con un espléndido pasaporte: sus longevas semillas, que le permitieron propagarse rápidamente.

Desde esos lejanos ayeres hasta la actualidad, la papaya ha llegado a ser la tercera fruta tropical de mayor importancia a escala mundial, que se cultiva en la mayoría de las regiones tropicales y subtropicales del planeta, dando lugar a distintas variedades degustadas por consumidores prácticamente en todo el mundo, en diferentes tamaños, colores y sabores.[3]

Hasta ahí todo iba bien, pero el problema empezó cuando las universidades de Cornell, en Estados Unidos, y de Hawái desarrollaron la papaya transgénica. Al autorizarse su comercialización, se convirtió en la primera fruta genéticamente modificada para consumo humano. ¿La razón? Combatir el virus de la mancha anular que la ataca. Así que la papaya transgénica comenzó a cultivarse en Hawái a partir de 1998.

Pero dejemos que sean Claire Chauvet y Frédéric Guérin quienes nos instruyan en este recorrido histórico.

Plantean que los efectos de la agricultura industrial, derivada de la Revolución Verde (semillas híbridas, monocultivos, agrotóxicos, riego y tractores), han destruido la fertilidad natural de los suelos y la biodiversidad de los agroecosistemas. Ello no solo ha debilitado el sistema natural de la planta para defenderse de hongos, virus y parásitos —entre ellos, el virus de la mancha anular—, sino también ha empobrecido la cantidad de variedades de esta fruta, reduciéndolas nada más a tres, "que cubren la casi totalidad de toda la producción comercial: Maradol en América Latina, Tainung en Asia y Solo, la más cultivada en todas las regiones del mundo".[4]

Precisamente, fue a partir de la papaya Solo que los investigadores de las universidades estadounidense y hawaiana en 1989 desarrollaron, supuestamente, tres variedades transgénicas resistentes a la mancha anular: Sun Up, Rainbow y Laie Gold, aunque en realidad su producción comercial comenzó un año antes con el apoyo del Departamento de Agricultura de Estados Unidos para agilizar los trámites, tanto de las diferentes autorizaciones para su comercialización como los de obtención de patentes. Enganchar a los productores hawaianos, sobre todo a los de pequeña escala, resultó fácil: obsequiándoles, únicamente durante el primer año, semillas genéticamente modificadas, aún sin autorización (lo que ocurrió hasta 1997) y bombardeándolos con una intensa campaña publicitaria.

Por los campos de Hawái se propagaron rápidamente las semillas transgénicas, que actualmente engendran más del 90% de su producción de papaya. Ahora, los agricultores se ven forzados a comprar los insumos agrícolas, cuando antes eran dueños de sus propias semillas y elaboraban diferentes productos naturales para llevar a cabo la siembra y la protección de sus cultivos.

Con esta primera fruta transgénica, Hawái se constituyó en el centro industrial de la biotecnología, modificando genéticamente miles de plantas en una gran cantidad de hectáreas, con la contaminación y el deterioro ambiental que ello conlleva. De ahí que las asociaciones de productores hawaianos en contra de los organismos genéticamente modificados (OGM) consideren que "la papaya ha sido el caballo de Troya de las compañías biotecnológicas para hacerlos aceptar su expansión en el archipiélago".[5]

Pero nuestra protagonista no solo se convirtió en la estrella de las playas hawaianas, sino que arribó a otros escenarios. Además de proveer nuevas variedades de semillas a diferentes naciones, adaptándolas a sus respectivas condiciones geográficas, como en el caso de los países del sureste asiático, estas compañías compartieron el *know-how* con universidades asiáticas y latinoamericanas, entre ellas las mexicanas. Lo hicieron a pesar de que —explican Claire Chauvet y Frédéric Guérin— las papayas transgénicas tan solo combaten un mismo tipo de virus, a costa de provocar alergias, ser más vulnerables a las enfermedades fúngicas, menos resistentes al transporte y, lo más grave, diseminarse de manera incontrolable, a riesgo de contaminar a sus congéneres silvestres en el planeta. Incluso las frutas han llegado a países europeos, donde no están autorizadas para su comercialización ni su venta. La contaminación ha escalado a tal grado, que prácticamente es imposible seguir prohibiendo los cultivos de las variedades transgénicas.

Esa ha sido la estrategia de apropiación de las semillas nativas, como lo ilustra Marie-Monique Robin en *El mundo según Monsanto*, con la declaración a un diario canadiense en 2001 del representante de una consultoría de Washington al servicio de empresas biotecnológicas: "La esperanza de los industriales es que con el tiempo el mercado esté tan inundado que ustedes [los campesinos y los críticos de transgénicos] ya no puedan hacer nada, salvo rendirse".[6]

Nuestro país no está exento de albergar el polen migratorio de las semillas genéticamente modificadas por la cercanía comercial y territorial con Canadá y Estados Unidos, donde se consume esta papaya. Sin embargo, no se han publicado estudios para evaluar los efectos del flujo genético entre cultivares transgénicos y no transgénicos, ni tampoco en torno a sus consecuencias ecológicas y comerciales. Por lo tanto, desconocemos hasta dónde se han infiltrado estas migrantes, y si realmente existen controles que impidan su propagación.

La historia del cultivo de OGM en México comenzó a partir de 1988, cuando se autorizó la siembra experimental de un jitomate, con el objetivo de incrementar su producción. Desde entonces, un grupo muy limitado de empresas, entre ellas Bayer-Monsanto, se han beneficiado de los avances de los transgénicos en nuestro territorio, posicionándose como una alternativa para enfrentar los efectos del cambio climático en la agricultura, climas extremos, inundaciones y sequías. A fin de combatir estas últimas, esgrimen como ventaja su tolerancia a la falta de agua.

Esa resistencia a las sequías es un argumento que no han podido comprobar, porque sus cultivares están en zonas con riego de los municipios costeros de Sinaloa, Sonora y Tamaulipas, y de la Comarca Lagunera, donde confluyen Chihuahua, Coahuila y Durango. Llama la atención que eviten solicitar autorizaciones, sobre todo para liberación a nivel comercial, donde escasea el agua o hay riesgos por sequías, como lo reporta el compendio cartográfico *Treinta años de transgénicos en México.*[7] Entre 1988 y 2004, registra el compendio, se dieron *autorizaciones de ensayo de siembra* para cultivos de OGM, entre ellos algodón, soya, papa, calabaza, chile y piña. ¿Y papaya?

La búsqueda de información sobre el cultivo de la papaya genéticamente modificada en el territorio mexicano, además de tortuosa, fue limitada. Los estudios publicados sobre esta fruta son pocos, nada recientes y para colmo no concluyentes: algunos investigadores señalan los intentos por liberar cultivares transgénicos de papayales, sin confirmar si han sucedido. Otros mencionan que entre las variedades silvestres y cultivadas del sureste mexicano ya hay una genéticamente modificada, y unos más aseguran que desde 2013 se evaluaba la posibilidad de liberar una variedad transgénica de la papaya Maradol, la más consumida en México.[8, 9, 10]

Estábamos a punto de darnos por vencidos, cuando pudimos contactar a Erica Hagman Aguilar, entonces directora de Políticas y Normativa de la Comisión Intersecretarial de Bioseguridad de los Organismos Genéticamente Modificados, quien nos informó que en el registro histórico nacional aparecen cinco permisos de ensayo de siembra con poblaciones transgénicas de papaya en Chiapas: tres resistentes al virus de la mancha anular en 1998, y dos para retardar su maduración en 1999. Afirmó, además: "Nunca se llegó a la fase comercial y ninguno de esos permisos tienen vigencia actualmente. Ya no se deben estar sembrando, y si alguien siembra papaya transgénica, es ilegal".[11]

Un mes después entramos en contacto con la especialista Michelle Chauvet, investigadora de la Universidad Autónoma Metropolitana Unidad Azcapotzalco, quien junto con otros colegas abordó el tema y nos corroboró: "La papaya transgénica finalmente no se siguió investigando en el Centro de Investigación y de Estudios Avanzados (Cinvestav), de manera que en México no se produce, y tampoco se consume porque se ha dejado de importar de Hawái una variedad muy pequeña".[12]

Si bien hasta ahora es ilegal producir papayas transgénicas en el territorio nacional, conociendo cómo ha actuado la industria agrícola en nuestro país —anteponiendo sus ganancias a la salud humana y ambiental—, nos inquieta que los grandes productores, a pesar de las restricciones, recurran a semillas genéticamente modificadas, resistentes al virus de la mancha amarilla, a fin de prevenir pérdidas.

Es crucial realizar estudios en nuestro país para verificar que no haya papaya transgénica, porque al ser México su centro de origen, desarrollo y domesticación, sembrar semillas genéticamente modificadas en medio de la distribución natural de poblaciones silvestres representa un gran riesgo de contaminación genética que llevaría tanto a la pérdida de estas especies como de biodiversidad, con el consecuente impacto duradero en los ecosistemas.

Los investigadores Mariana Chávez-Pesqueira y Juan Núñez Farfán reconocen que las papayas silvestres tienen una función notable en la regeneración de su hábitat natural, y gracias a sus altos niveles de variación genética poseen un gran potencial evolutivo. Sobre todo, destacan que ya se cuenta con la secuencia completa de su genoma, lo cual abre la posibilidad de investigar los genes asociados a sus defensas y el crecimiento de sus raíces, hojas, flores y frutos. Con tales conocimientos se podrían fortalecer los cultivos tropicales para dotarlos de resistencia ante el incremento de sequías y altas temperaturas, derivadas del cambio climático. No obstante, plantean la falta de estudios encaminados a conocer la diversidad genética de las poblaciones silvestres, "esencial para comprender su origen, domesticación y relaciones evolutivas, y para desarrollar eficientemente estrategias para la conservación de sus recursos genéticos y el mejoramiento efectivo de los cultivos".[13]

Asimismo, se requiere conocer las consecuencias del flujo genético entre poblaciones transgénicas y domesticadas. Nosotros también creemos que es urgente detectar si ha habido siembra ilegal de papayales genéticamente modificados, pues de ser así, convendría saber si han impactado a las especies silvestres —cada vez más reducidas y aisladas por la deforestación y la invasión del ganado en las selvas— y frenar a toda costa esa contaminación, pues las semillas nativas, como las de esta preciada fruta, son los cimientos de nuestra soberanía alimentaria.

En defensa de nuestra diversidad biocultural y alimentaria, ya es hora de que las autoridades pongan un alto a la biopiratería de las corporaciones biotecnológicas que, al mutar a transgénicas las semillas desarrolladas por los pueblos ancestrales, convierten la alimentación en una mercancía muy rentable, a costa de dañar la salud y transformar el medio ambiente en un infierno.

TROTANDO POR EL MUNDO

Nuestro personaje ha trotado por el mundo esparciendo sus atributos saludables a partir de que los españoles la dieron a conocer a los europeos en 1526. Pero antes, ¿qué referencias dan cuenta de su existencia entre los cronistas de la época? Para empezar, hay dudas sobre si Cristóbal Colón, Hernán Cortés y Pedro Mártir de Anglería se referían a ella cuando mencionaban un fruto similar a los higos, según nos dicen los historiadores de ciencia María Luz López Terrada y José Pardo Tomás en *Las primeras noticias sobre plantas americanas en las relaciones de viajes y crónicas de Indias.*[14]

Por este texto, nos enteramos de que a partir del segundo viaje de Colón empezó la descripción de algunas frutas, entre ellas al parecer la papaya. En la cuarta de sus *Cartas de relación de la Conquista*, Cortés también la menciona, y es posible que le relatara a Anglería que en Veracruz sus hombres se alimentaban con una fruta parecida a los higos.

La única referencia sobre la papaya en el *Códice Florentino*, transcrita al español por los historiadores mexicanos Alfredo López Austin y Josefina Quintana, es a través de su flor *chichihualxúchitl*, llamada así "porque es a manera de teta de mujer".[15]

Por su parte, el protomédico Francisco Hernández, en *Historia natural de la Nueva España*, si bien describe a los papayos como árboles similares a las higueras, se centra en las propiedades curativas de sus frutos grandes y oblongos: cuando son tiernos brota una leche útil contra el salpullido y los empeines; su jugo, ya maduros, mitiga el dolor del vientre.[16]

Gonzalo Fernández de Oviedo, en su *Sumario de la Natural Historia de las Indias*, además de llamarla higo del mastuerzo, la consideró una fruta de buen sabor, con la pulpa tan carnosa como la del melón, poblada de pepitas menudas y negras al centro, "se comen y son sanas, pero del sabor, ni más ni menos, que el mastuerzo".[17]

En las mesas de las culturas indígenas, desde tiempos remotos la papaya ha estado presente, como lo demuestran las diferentes maneras de nombrarla que nos comparten en su columna "Itacate" Cristina

Barros y Marco Buenrostro: "*Ch'ich'put*, en maya, *dungué* en cuicateco, *otzo* en zoque, *tutun-chichi* en totonaca, *tzipi* en cora".[18] Aunque llegó a Mesoamérica hace alrededor de 25 millones de años, se desconoce cuándo empezó su proceso de domesticación, que al parecer se dio entre los mayas. El nombre científico de *Carica papaya L.* se lo otorgó Carlos Linneo en 1753, quien la identificó como miembro de la familia *Caricaceae.*

Los investigadores coinciden en que la papaya se cultivaba desde Chiapas hasta Panamá antes de la llegada de los españoles, quienes en 1521 se encargaron de llevarla a los actuales Haití y Santo Domingo (isla denominada entonces La Española), donde inicialmente la llamaron ababai; después, papaia; luego, papia; más tarde, papeya y, finalmente, papaya. De ahí muy pronto emigró a las islas de Cuba y Jamaica, donde la conocieron como fruta bomba y pawpaw, respectivamente. No tardó en asentarse en Venezuela con el nombre de lechosa, en Brasil con el de mamao y el de mamón en Argentina.

Nuestra incansable viajera por tierra y por mar, salió del continente americano rumbo a Indonesia y a partir de ahí comenzó su peregrinar por diferentes países asiáticos, hasta arribar a África.[19]

Otra de las virtudes de esta maravillosa trotamundos, que posibilitó su rápida dispersión de España a toda Europa, es desconocida por muchos de nosotros, pero bien conocida por nuestros ancestros: su capacidad de servir como ablandador de carnes. De ello se dieron cuenta los españoles, cuando observaron cómo ablandaban la carne los indígenas: envolvían en hojas de papaya trozos de carne con pedazos de la fruta con todo y cáscara, de los cuales salía un líquido blanquecino.

No tardaron en sacarle provecho a ese conocimiento, gracias a que la papaína —esta enzima blanquizca— posee la ventaja de tolerar temperaturas mayores a 60 °C antes de desactivarse. Por ello fue posible enviarla a Europa, donde casi de inmediato comenzaron a utilizarla.

De acuerdo con esto, el emplear la papaína para ablandar la carne es una muestra del avance de la ciencia experimental de los antiguos mexicanos, como lo prueban esta y otras biotecnologías que desarrollaron. Sobre ellas nos ilustra el investigador Alfonso Larqué Saavedra: la nixtamalización, el proceso de curtir las pieles de animales, la fermentación, la elaboración y manejo de polímeros elásticos, el curado y secado de hojas de tabaco y la obtención, conservación y uso de pigmentos colorantes. Y aún falta investigar más a fondo las vinculadas con la salud, la agricultura y la producción del papel amate, entre otras más.[20]

¿Biotecnologías? Sí, pues a esta disciplina corresponde "toda aplicación tecnológica que utiliza sistemas biológicos o sus derivados para la creación o modificación de productos o procesos para usos específicos", explica el doctor Larqué Saavedra, quien cita la definición consignada en el Convenio de Diversidad Biológica de Naciones Unidas (1992) y la Ley General de Equilibrio Ecológico y la Protección al Ambiente, publicada en 1988.[21]

Tales biotecnologías, enriquecidas por el avance científico y tecnológico, constituyen las contribuciones que la ciencia hecha en México por los pueblos originarios ha aportado a la cultura científica de la humanidad.

Nuestras biotecnologías, sin ser de laboratorio ni desarrolladas industrialmente, siguen persistiendo y han beneficiado no solo a las industrias textil, alimenticia, farmacéutica y demás, sino también a las economías de los países más ricos, sobre todo en los últimos años en que esta disciplina ha generado enorme riqueza y, por lo mismo, obtiene un gran financiamiento a escala mundial.

Es lamentable el nivel de desconocimiento y menosprecio que tenemos acerca de los desarrollos biotecnológicos generados tanto por nuestras culturas indígenas, antes de la invasión española, como por los mexicanos de generaciones posteriores. Ya es hora de voltear la mirada hacia lo nuestro, lo que tenemos y hemos hecho, de ufanarnos y agradecer por todo lo recibido de nuestros antepasados. Es hora de dar rienda suelta al orgullo de saber que nuestra ancestral trotamundos ha arribado a los continentes para conquistar los paladares de al menos 66 países.

LA POLÍGAMA DE LA FAMILIA

En la familia *Caricaceae*, en particular uno de sus miembros se distingue porque sus flores, además de femeninas y masculinas, también son hermafroditas. Se trata precisamente de *Carica papaya*, la especie que evolucionó en el sureste mexicano, aunque su más remoto linaje flotó por las aguas oceánicas desde África hasta estas tierras alrededor de 35 millones de años antes de nuestra era.

Al parecer fueron los legendarios mayas —asentados en el territorio que hoy abarcan Chiapas, Guatemala y Yucatán— los primeros en domesticarla, aproximadamente en el año 2000 antes de nuestra era. También fueron los responsables de inducir a nuestro personaje a la poligamia, cuando entre las poblaciones silvestres favorecieron el cultivo de los frutos de pulpa roja, en vez de los amarillos/naranjas, modificándolas con base en sus preferencias.

De acuerdo con los especialistas, en su estado silvestre los papayos únicamente tienen flores femeninas o masculinas, a diferencia de las cultivadas, donde la mayoría de las variedades poseen flores hermafroditas. Como la domesticación de esta planta coincide con el inicio de la civilización maya —proceso donde surgieron las hermafroditas— y la mayor diversidad genética se ubica en el sur de México, los investigadores creen firmemente que hace miles de años los mayas u otras culturas mesoamericanas domesticaron la papaya.[22]

Nuestras nativas y polígamas papayas, Cera, Coco y Mamey, pueden alojar flores femeninas y masculinas en una misma planta o en diferentes, lo mismo que las hermafroditas, que además de autopolinizarse polinizan a las hembras, como también lo hacen los machos. Estos detalles sexuales y de polinización vienen al caso porque precisamente la poligamia y heterosexualidad de nuestro personaje se relaciona con los tipos de frutos y su rendimiento.[23]

Al paso de los años y de la tendencia de la agricultura industrial de incrementar sus ganancias, los productores optaron por solo seleccionar plantas hermafroditas, por su valor comercial, para obtener frutos más grandes y alargados, con gran cantidad de pulpa, en contraste con los femeninos, más pequeños y redondeados, que requieren mayor espacio para su transportación.

Durante el proceso de su producción, por muchas décadas los productores se enfrentaron (e incluso algunos todavía lo hacen) a la incertidumbre de desconocer el sexo de sus cultivos, pues este aparece cuando inicia la floración, alrededor de seis meses después de germinar, y hasta entonces podían desechar a las plantas femeninas, menos productivas. Actualmente, ya existen marcadores para identificarlas y eliminarlas con anticipación, aunque estos no funcionan para las masculinas.[24]

Ahora los productores enfrentan un menor rendimiento, sobre todo en temporadas con altas o bajas temperaturas, a causa de la gran inestabilidad floral de las hermafroditas (poseen cuatro flores), que provocan esterilidad, frutos deformes, muy grandes, y susceptibilidad a los virus.

Precisamente esto le ocurre a la Maradol, la papaya de mayor cultivo y consumo en México. Esta variedad cubana, introducida en nuestro país en 1977, desplazó a las nativas Cera, Coco y Mamey, que redujeron su producción notablemente, aunque todavía pueden encontrarse en algunos mercados locales. Ahora resulta que difícilmente tenemos acceso a las variedades ancestrales de nuestras papayas porque se nos ha impuesto a la Maradol por su mayor valor comercial. Se nos ha hecho creer que somos los consumidores quienes la preferimos por su color, tamaño y consistencia de sus frutos, cuando en realidad es el mercado, junto con los agricultores comerciales, quienes nos la imponen a su conveniencia.[25]

Parece que la apuesta de la agricultura industrial en nuestro país para elevar el rendimiento de la producción de papaya es enfrentar los desafíos derivados de factores genéticos, variaciones climáticas y diversidad de plagas y enfermedades, a través del uso excesivo de agrotóxicos y de un mayor número de hectáreas sembradas.

Al menos así lo indican los datos aportados por la Secretaría de Agricultura y Desarrollo Rural: la producción de papaya nacional creció, entre 2013 y 2023, de 765 000 a 1 135 000 toneladas.

Precisamente, el crecimiento en esta década coincide con el aumento del número de hectáreas sembradas, de 16 367 a 20 681, con un rendimiento por hectárea de 51.4 a 56.8 toneladas, respectivamente.[26, 27]

Con este rendimiento —correspondiente a 19 estados, entre los que destacan Oaxaca, Colima, Chiapas, Veracruz y Michoacán—, México se colocó en el undécimo lugar dentro del rango de países productores y en el séptimo exportador a escala mundial. El 17% de la producción nacional se destina a Estados Unidos, Canadá, Alemania, Países Bajos, Brasil, Finlandia, Australia, Reino Unido, Suecia, Suiza y Belice, entre otros.

Si bien el consumo anual per cápita de este fruto en nuestro país es de 7.4 kilogramos, nos preguntamos qué tan valido es dedicarle tantas hectáreas a este cultivo comercial, a costa de restar superficie a la siembra de alimentos básicos como el maíz.

Y no solo eso, sino también, ¿vale la pena seguir dañando año tras años los agroecosistemas sembrando miles de hectáreas con única y exclusivamente papayos (o en monocultivo como dicen los agrónomos), controlando las múltiples y cuantiosas plagas con un arsenal de agroquímicos, nutriendo los plantíos con abundantes fertilizantes sintéticos y empleando grandes cantidades de agua, con tal de incrementar la producción comercial de papaya nada más para cubrir la demanda en el mercado nacional e internacional? Lo cierto es que únicamente para las corporaciones de agrotóxicos y semillas vale la pena seguir manteniendo este modelo de agricultura, por los jugosos dividendos que les reditúa. Peor aún, ahora enarbolan las semillas transgénicas como solución a los problemas que ellas mismas han creado.

Por fortuna, entre los campesinos de nuestro país existen esfuerzos encaminados a recuperar procesos agroecológicos de producción de papaya para reducir el impacto ambiental y elevar los rendimientos. Volver los ojos a las prácticas tradicionales que desarrollaron durante miles de años los pueblos originarios de nuestro país, a través del manejo orgánico e integrado de recursos naturales, posibilitará recobrar las variedades nativas de fácil cultivo, de producción anual y adaptadas a los diferentes ambientes locales, de un fruto de gran valor nutricional y medicinal para los mexicanos.[28]

Además de rescatar las variedades nativas, también debemos evitar que nuestras papayas silvestres se extingan por la deforestación y el cambio de uso de suelo de las selvas para actividades ganaderas. Aún las podemos encontrar en algunos solares o huertos familiares de comunidades indígenas del sureste. En su gran mayoría, siguen presentes en las selvas tropicales al sur del país y en menor medida en Centroamérica.

Estas especies silvestres tienen un papel significativo en la regeneración de las selvas: sedientas de luz, son las primeras en crecer y madurar en cuanto la caída natural de los árboles abre claros en alguna zona. Alimentan a aves e insectos con sus flores y frutos —mientras la sombra de otros árboles no acabe con su vida—, que se encargan de dispersar sus semillas y polen, para de esa manera contribuir a que estas plantas continúen regenerando el entorno selvático.

A diferencia de las papayas cultivadas, las silvestres contienen una mayor diversidad de genes de gran valía para mejorar los cultivos, pues se han adaptado a diferentes condiciones, como sequías y resistencia a plagas.[29] Por lo mismo, representan el reservorio genético de la especie y, en consecuencia, es imperativo conocerlas y preservarlas.[30]

Urge que las distintas instituciones y organismos del Estado, junto con las universidades y centros de investigación, coordinen sus esfuerzos con las comunidades, a fin de asegurar la soberanía alimentaria para estas y las futuras generaciones. Urge proteger las especies silvestres que integran nuestro patrimonio natural de los peligros que lo acechan: el cambio climático, la destrucción de las selvas y las maquinaciones de la industria de agrotóxicos y semillera, que busca privatizar y apropiarse de estos recursos nativos.

A todos los mexicanos nos corresponde conocer y valorar las variedades locales desarrolladas por los pueblos originarios, apoyando con nuestro consumo a los productores de pequeña y mediana escala —indígenas y campesinos herederos de las culturas ancestrales—. De esa manera evitaremos su extinción.

NATURALMENTE NUTRITIVA

La papaya puede considerarse una fruta buena para la salud, sobre todo porque la cantidad y calidad de sus nutrientes aportan múltiples beneficios. Es una gran fuente de antioxidantes: betacarotenos y vitaminas A, E, C, K y complejo B, además de minerales como calcio, cobre, magnesio y potasio, elementos que interactúan en conjunto protegiendo de daños a las células y ayudando al sistema inmunológico a prevenir y defenderse de distintas enfermedades inflamatorias.

También su alto contenido de fibra contribuye a regular los niveles de azúcar e insulina en sangre, a mantener sano el tracto digestivo y a evitar el estreñimiento. El propiciar una buena digestión está a cargo de la papaína —la enzima ablandadora de carne—, que también posee propiedades antiinflamatorias y bactericidas.

Nuestro personaje posee muchos y variados nutrientes, y nos convendría saberlo, a fin de nutrirnos convenientemente, prevenir enfermedades e incluso tratar alguna de ellas. Sin embargo, lo fundamental es llevar una dieta balanceada, integrada por diversos productos naturales, en especial de origen vegetal, sin caer en engaños mercadotécnicos que nos lleven a tratar de resolver todas las necesidades nutricionales y de salud con un solo alimento, en este caso con la misma fruta.

Esto viene a cuento porque en los últimos años los mercadólogos se las han ingeniado para colar entre los principios de una dieta sana a los llamados "superalimentos". Es tal la profusión de propiedades, beneficios y ventajas ofrecidos por la publicidad a los consumidores a través de diferentes medios que, de tan excepcionales, se convierten en superalimentos casi *milagrosos*, capaces de subsanar las deficiencias y resolver los excesos de una mala dieta: son multivitamínicos, están colmados de fibra, antioxidantes, minerales, omegas, etcétera.

Este el caso del kiwi, al que la industria agrícola, aprovechándose de la creciente preocupación de los consumidores por su salud y bienestar, ha designado como superalimento. Por lo mismo, su demanda va en aumento a escala mundial, especialmente entre los grupos de mayores ingresos en Europa y Estados Unidos. En aras de seguir incrementando la demanda, la industria de alimentos y bebidas ha lanzado nuevos productos, donde el kiwi es el ingrediente principal.

Nuestros connacionales no han escapado a la vorágine de esta moda, a pesar de tener un alto precio porque es una fruta importada de California, Chile y Nueva Zelanda, pues en México prácticamente no se produce y unos pocos productores la siembran. Si el kiwi es accesible únicamente para unos cuantos consumidores y traerlo desde Chile y Nueva Zelanda implica un alto impacto ambiental, ¿entonces por qué no buscar entre las frutas locales ese aporte de nutrientes?

No existe evidencia científica acerca de las propiedades especiales de este superalimento, pero sí se ha demostrado que las distintas frutas contienen en mayor o menor medida una gama de nutrientes benéficos para nuestra salud, aunque también pueden resultar tóxicas o perjudiciales cuando su consumo es excesivo. Insistimos, lo saludable estriba en llevar una dieta balanceada con una mayor proporción y diversidad de alimentos naturales de origen vegetal.

Tampoco se trata de caer en la trampa de los alimentos funcionales, otro negocio muy lucrativo desarrollado por la industria a partir del descubrimiento de las propiedades preventivas de un gran número de fitoquímicos presentes en las frutas y verduras. A fin de potenciar los principios activos de los fitoquímicos, las empresas han elaborado un sinfín de extractos, inundando el mercado con cápsulas, polvos, gotas, aceites, y hasta incorporándolos en los comestibles ultraprocesados. Desterremos la idea de que consumir productos de este tipo va a tener efectos muy saludables, independientemente de lo que comamos.

Regresando al kiwi, aunque sin duda es muy saludable, nuestra trotamundos no le pide nada. La papaya cuenta con un buen caudal de nutrientes, incluso algunos de ellos superiores a los que contiene este denominado superalimento. Para muestra un botón: por cada 100 gramos, la papaya tiene un 23.50% más de magnesio, mineral relevante en el desarrollo óseo y en el buen funcionamiento de varios procesos metabólicos; un 10.90% más de vitamina A, necesaria en el buen mantenimiento de los tejidos blandos y la piel, así como para una sana visión; un 185.20% más de histidina, aminoácido esencial que contribuye a proteger a las células nerviosas, reducir la presión arterial, promover la salud pulmonar, eliminar los metales pesados del organismo y a protegerlo de la radiación, y un 6% más de contenido de agua, encargada de transportar los nutrientes y el oxígeno por todo el cuerpo, y de mantenerlo hidratado.

Comparada con el kiwi, tiene un 13% menos del total de azúcares (fructosa, glucosa, lactosa y sacarosa, entre otras), cuyo consumo en exceso provoca disfunciones metabólicas; tan solo la cantidad de fructosa de la papaya es un 14.25% más baja.[31]

Además, es una fruta local accesible a una buena parte de la población tanto por su precio como por su disponibilidad, pues tenemos papaya prácticamente durante todo el año.

Sin embargo, nos preocupa que estemos importando papaya de China, India, Tailandia y Estados Unidos, sobre todo de este último, porque muchos de sus cultivos son transgénicos, y en este caso no encontramos datos sobre el volumen procedente de ese país.

Aunque desde 1990 la Federación Internacional para los Estándares de Productos asignó a las frutas y verduras códigos para identificar en un etiquetado el tipo de producto, color, variedad, peso, tamaño, forma de cultivo y lugar de procedencia, no es una información que se haya difundido ampliamente al público en general.

De hecho, nos ha tocado ver estas etiquetas en unas cuantas frutas y verduras, ni siquiera sabemos qué indican, si son orgánicas, transgénicas o convencionales. Ni las autoridades ni los productores se preocupan por ponerlas y los consumidores, por ignorancia, tampoco las exigimos.

En 2019, la Procuraduría Federal del Consumidor publicó que la etiqueta pequeña con algunos números pegada en frutas y verduras es, precisamente, ese código. El "0" identifica a los cultivos convencionales, o sea, producidos con agrotóxicos; en los genéticamente modificados aparecen cinco dígitos, cuyo número inicial es "8", y los orgánicos tienen el número "9" al principio.[32]

Si bien estos datos son muy importantes para nuestras decisiones como consumidores, lo cierto es que las empresas no están obligadas a colocar el etiquetado. Tampoco la actual Ley de Bioseguridad nos protege porque se hizo a la medida de las industrias, con base en lo que se denominó "equivalencia sustancial" en 1992, cuando se experimentaba con los cultivos genéticamente modificados y se preveía su comercialización masiva. Así lo documentamos en *Alimentos sustentables a la carta, de la tierra a la mesa*: "Se asegura que, conforme al principio de equivalencia sustancial [...] retomado por la mayoría de las leyes en el mundo, incluidas las mexicanas, las plantas transgénicas son casi tan naturales como las demás y no hay mayor diferencia entre ambas".[33]

De ahí que solamente se cataloguen con etiqueta las plantas que no cumplen con esta equivalencia sustancial, sin tomar en cuenta la seguridad e inocuidad de estos productos, información fundamental para los consumidores. Así que no podemos saber si hay papayas genéticamente modificadas entre las que importamos.

Sin embargo, confiamos en que, con la Ley General de la Alimentación Adecuada y Sostenible, publicada finalmente en el *Diario Oficial de la Federación* en abril de 2024 —tras una década de lucha legislativa y social—, todos los mexicanos ya podremos hacer realidad nuestro derecho a acceder a una alimentación nutritiva, suficiente, inocua, de calidad y sustentable; esto es, producida sin dañar el medio ambiente. Ello implica, por supuesto, que se obligará a los productores y distribuidores de alimentos agrícolas y procesados a etiquetar sus productos. Con esta información, los consumidores podremos decidir si queremos o no consumir frutas y verduras transgénicas o productos que contengan ingredientes de este tipo.

En este contexto, nos preocupa que se siga apostando por participar en la competencia internacional de exportaciones, incrementando la producción convencional de papayas a costa de aumentar las hectáreas de siembra, arrasando zonas selváticas y con un gran caudal de agrotóxicos que dañan el medio ambiente y la salud de la población.

Las autoridades, universidades e investigadores, en vez de enfocarse en investigaciones encaminadas a producir kiwi en México, deberían tener en la mira el rescate de las variedades nativas de papaya y su manejo agroecológico, saludable y sustentable, así como de las que se consumen actualmente. Todo esto con el propósito de fortalecer el mercado interno, mejorar la economía de los productores de pequeña y mediana escala y, al mismo tiempo, cuidar la salud humana y del medio ambiente.

Como consumidores, exijamos a las autoridades no abrir la puerta a la siembra de papaya transgénica en los paraísos tropicales que aún nos quedan y construir canales regionales y locales de acceso a la producción agroecológica de los frutos nativos, a fin de que cada vez más mexicanos, especialmente niñas, niños y jóvenes, disfrutemos del sabor y los beneficios nutritivos que nos brinda nuestra ancestral *fruta de los ángeles*.

Notas

[1] Claire Chauvet y Frédéric Guérin, "La papaya transgénica… le da la vuelta al mundo", inf'OGM, julio de 2016. Consultado en https://infogm.org/article_journal/la-papaya-transgenica-le-da-la-vuelta-al-mundo/.

[2] Fundación Wikimedia, Wikcionario, el diccionario libre. Consultado en https://es.wiktionary.org/wiki/chichihualtzapotl.

[3] Mariana Chávez-Pesqueira y Juan Núñez Farfán, "Domesticación y genética de la papaya: una revisión", *Frontiers*, vol. 5, 30 de noviembre de 2017. Consultado en https://www.frontiersin.org/journals/ecology-and-evolution/articles/10.3389/fevo.2017.00155/full.

[4] Claire Chauvet y Frédéric Guérin, *op. cit.*

[5] *Ibidem.*

[6] Marie-Monique Robin, *El mundo según Monsanto, de la dioxina a los OGM, una multinacional que le desea lo mejor*, Ediciones Península, Barcelona, 2008.

[7] Daniel Sandoval Vázquez, "Treinta años de transgénicos en México (compendio cartográfico)", Centro de Estudios para el Cambio en el Campo Mexicano, agosto de 2017. Consultado en https://ceccam.org/sites/default/files/30_a%C3%B1os_transgenicos.pdf.

[8] Mariana Chávez-Pesqueira y Juan Núñez Farfán, *op. cit.*

[9] Romell David Moo Aldana, *Conocimiento tradicional y prácticas sobre la expresión sexual y la reproducción de la Papaya (Carica papaya) en solares de Pomuch, Campeche*, tesis, Centro de Investigación y de Estudios Avanzados del Instituto Politécnico Nacional, Unidad Mérida, Departamento de Ecología Humana, Mérida, Yucatán noviembre de 2015. Consultado en https://repositorio.cinvestav.mx/handle/cinvestav/1472.

[10] Michelle C. *et al.*, *Efectos sociales de la papaya transgénica: Una evaluación ex ante*, UAM-Azcapotzalco (Colección Sociología, serie estudios, biblioteca de Ciencias Sociales y Humanidades), México, 2012.

[11] Comunicación personal, agosto de 2024.

[12] Comunicación personal, septiembre de 2024.

[13] Mariana Chávez-Pesqueira y Juan Núñez Farfán, *op. cit.*

[14] José Pardo Tomás y María Luz López Terrada, *Las primeras noticias sobre plantas americanas en las relaciones de viajes y crónicas de Indias (1493-1553)*, Instituto de Estudios Documentales e Históricos sobre la Ciencia, Universitat de València C. S. I. C., Cuadernos Valencianos de Historia de la Medicina y de la Ciencia XL, Serie A (Monografías), Valencia, 1993. Consultado en https://www.academia.edu/508720/Las_primeras_noticias_sobre_plantas_americanas_en_las_relaciones_de_viajes_y_cr%C3%B3nicas_de_Indias_1493_1553.

[15] Códice Florentino Digital, Kim N. Richter y Alicia Maria Houtrouw (eds.), "Libro 11: Cosas terrenales", fol. 192r, Getty Research Institute, 2023. Consultado en https://florentinecodex.getty.edu/es/book/11/folio/192r.

[16] Francisco Hernández, "De la papaya", *Historia natural de Nueva España 2, Obras completas*, tomo III, UNAM, México, 2015. Consultado en http://www.franciscohernandez.unam.mx/tomos/03_TOMO/tomo003_15/tomo003_015_066.html.

[17]Gonzalo Fernández de Oviedo, *Sumario de la natural historia de las Indias*, Fondo de Cultura Económica, México, 1950. Consultado en https://api.repositorios.cihac.fcs.ucr.ac.cr/cmelendez/api/core/bitstreams/3b90859b-1370-4f7a-a9f6-345d01653528/content.

[18]Cristina Barros, Marco Buenrostro, "Papaya", Itacate, *La Jornada*, 29 de marzo de 2016. Consultado en https://www.jornada.com.mx/2016/03/29/opinion/a06o1cul.

[19]Mariana Chávez-Pesqueira y Juan Núñez Farfán, *op. cit.*

[20]Alfonso Larqué-Saavedra, "Biotecnología prehispánica en Mesoamérica", *Revista Fitotecnia Mexicana*, vol. 39, núm. 2, 2016, Sociedad Mexicana de Fitogenética, A. C. Consultado en https://www.redalyc.org/journal/610/61046502001/html/.

[21]*Ibidem.*

[22]Mariana Chávez-Pesqueira y Juan Núñez Farfán, *op. cit.*

[23]Rocío Liliana Aguirre Hernández, *Crecimiento, morfología floral y expresión sexual de genotipos no comerciales y comerciales de papayo*, tesis, Colegio de Posgraduados Campus Veracruz, 2018. Consultado en http://colposdigital.colpos.mx:8080/jspui/bitstream/handle/10521/2996/Aguirre_Hernandez_RL_MC_Agroecosistemas_Tropicales_2018.pdf;jsessionid=2F732C40A51A0B4BCD76C748C5D133A6?sequence=1.

[24]Mariana Chávez-Pesqueira y Juan Núñez Farfán, *op. cit.*

[25]Rocío Liliana Aguirre Hernández, *op. cit.*

[26]Secretaría de Agricultura y Desarrollo Rural, Comunicado núm. 030 / Ciudad de México, enero de 2024. Consultado en https://www.gob.mx/agricultura/prensa/crece-48-3-por-ciento-la-produccion-nacional-de-papaya-ante-mayores-rendimientos-por-hectarea.

[27]Secretaría de Agricultura y Desarrollo Rural, Panorama Agroalimentario 2018-2024, Servicio de Información Agroalimentaria y Pesquera. Consultado en https://www.gob.mx/siap/acciones-y-programas/panorama-agroalimentario-258035.

[28]Romell David Moo Aldana, *Conocimiento tradicional y prácticas sobre la expresión sexual y la reproducción de la papaya (Carica papaya) en solares de Pomuch, Campeche*, tesis, Centro de Investigación y de Estudios Avanzados del Instituto Politécnico Nacional, Unidad Mérida, Mérida Yucatán, noviembre de 2015. Consultado en https://repositorio.cinvestav.mx/handle/cinvestav/1472.

[29]Mariana Chávez Pesqueira, "La papaya silvestre, el reservorio natural de una especie de gran valor", Centro de Investigación Científica de Yucatán, A. C., 26 de abril de 2018. Consultado en https://www.cicy.mx/Documentos/CICY/Desde_Herbario/2018/2018-26-04-MChavez-La-papaya-silvestre.pdf.

[30]Mariana Chávez-Pesqueira y Juan Núñez Farfán, *op. cit.*

[31]Versus, "Comparación de 100 características, kiwi vs papaya". Consultado en agosto de 2024 en https://versus.com/es/kiwi-vs-papaya#group_general_values.

[32]Procuraduría Federal del Consumidor, "Aprende a leer los códigos de las etiquetas en las frutas y vegetales", mayo de 2019. Consultado en https://www.gob.mx/profeco/articulos/aprende-a-leer-los-codigos-de-las-etiquetas-en-las-frutas-y-vegetales?idiom=es.

[33]Martha Elena García y Guillermo Bermúdez, *Alimentos sustentables a la carta, de la tierra a la mesa*, Conabio / Calmil, México, 2017, pp. 42-43. Consultado en https://bioteca.biodiversidad.gob.mx/janium/Documentos/12626.pdf.

10

Elíxir seductor del mundo: la vainilla

Si a Gabriel García Márquez, en *El amor en los tiempos del cólera*, "el olor de las almendras amargas le recordaba el destino de los amores contrariados",[1] a nosotros el de la vainilla artificial nos recuerda la estafa a nuestra memoria olfativa y gustativa con una fragancia sintética avainillada y el devenir incierto de nuestra ancestral orquídea mexicana.

Crecimos acompañados por el aroma de la vainilla natural, disfrutándolo entre amorosas vivencias en los postres y pasteles elaborados por nuestras respectivas mamás y viendo las vainas en sus cocinas, unas veces como coronitas, otras en figuras de flores o animalitos, y otras más en forma de cruces. Era común verlas en las casas de ese entonces, mediados del siglo pasado, seguramente elaboradas con vainas de segunda mano por artesanos poblanos y veracruzanos.

Por más que intentamos recordar, no tenemos idea de cuándo se perdió la buena costumbre de comprar esas vainas en nuestras familias, solo dejamos de verlas. Tampoco imaginamos que la vainilla se convertiría en un artículo de lujo y, menos aún, que a pesar de ser nuestro territorio centro de origen y domesticación de esta generosa orquídea, sus vainas y su extracto natural dejarían de estar al alcance de la mayoría de los mexicanos, entre otras razones, por considerarse la segunda especia más costosa del mundo.

Desconocíamos, junto con el 99% de la población mundial, que desde el siglo pasado la industria nos impuso una fragancia avainillada; o sea, un olor elaborado en laboratorio, combinando ingredientes aromáticos naturales o sintéticos. Lo que "tenemos grabado e identificado en la memoria como vainilla [es] la vainillina sintética",[2] devela la especialista Araceli Pérez Silva. Es indignante que las empresas de alimentos nos hayan engañado con esta fragancia por décadas, haciéndola pasar por el aroma de la vainilla natural.

Los artificios fraudulentos del mercado para vender sus productos como naturales, al llamar *esencia de vainillina* a los extractos sintéticos, nos atraparon en sus redes. Nuestra ignorancia y la falta de ética de las empresas nos llevó a comprar esas esencias durante un buen tiempo, suponiendo que consumíamos un extracto verdaderamente natural. Finalmente *nos cayó el veinte* en Puebla.

La nostalgia por aquellas vainas de nuestra infancia nos impulsó a intentar comprar varias de ellas, aunque nos conformamos con adquirir solo unas cuantas. Su alto costo evidenció que lejos de ser un extracto de vainilla natural, lo que consumíamos era un aromatizante artificial.

Por la investigadora Rebeca Menchaca, ahora sabemos que aproximadamente el 90% de los extractos de vainilla artificial de consumo en México contienen una sustancia tóxica, prohibida en Estados Unidos,[3] con posibilidades de transmutarse en un dulce veneno.

¿Con qué se elaboran los saborizantes artificiales y por qué son tan baratos? Vamos por partes: la vainilla se encuentra especialmente en la orquídea *Vanilla planifolia*, con más de 250 compuestos —alojados en el fruto de una vaina parecida al ejote, que exhalan su aroma después de todo un largo y complicado proceso de fermentación—, entre ellos la vainillina, descubierta por el químico francés Nicolas-Theodore Gobley en 1858. Si bien esta sustancia predomina en cantidad y algunos le atribuyen el aroma característico, lo cierto es que el olor exhalado por las vainas de vainilla es mucho más complejo porque en él intervienen los demás compuestos.

Producir una fragancia similar a la vainilla se les ocurrió a los químicos alemanes Ferdinand Tiemann y Wilhelm Haarmann, quienes lo lograron al mezclar ácido crómico con coniferina, una sustancia extraída de algunos pinos. Aunque comenzaron a comercializarla no tuvieron éxito, así que siguieron distintas rutas hasta lograr un aromatizante de laboratorio a bajo costo para posicionarlo como un producto muy competitivo que desplazara a la vainilla natural.[4]

Desde entonces se han explorado distintas maneras de elaborar aromatizantes sintéticos avainillados a través de reacciones químicas con elementos de origen vegetal, animal y hasta de derivados de petróleo. Así tenemos sustitutos procedentes de sustancias como el eugenol, extraído del clavo de olor; de la lignina, un subproducto de la industria del papel; del nejayote, derivado de la nixtamalización de la masa de maíz; del guayacol de la industria petroquímica,[5] y del extracto de cumarina, obtenido de las semillas de un árbol originario de América del Sur. Las cumarinas tienen un olor semejante a la vainilla y, además de ser cancerígenas, son un poderoso anticoagulante que desde los años cincuenta se prohibió como aditivo en alimentos en Estados Unidos y otros países, porque causa lesiones en diferentes órganos, sobre todo en el hígado. Se usa fundamentalmente como veneno en raticidas.

Esa prohibición no ocurre en nuestro país, donde la industria sigue haciendo de las suyas, ya sea por fraude o por "desconocimiento", y también por la falta de regulación de las autoridades correspondientes. Como reporta Rebeca Menchaca, en 2018 el Colegio de Farmacia de la Universidad de Texas en Austin detectó la presencia de cumarina en aproximadamente el 90% de los extractos de vainilla comercializados en México. Aunque las dosis no sean letales —nos dice—, los consumidores tenemos derecho a saber que estamos consumiendo una sustancia nociva y sus secuelas a largo plazo.[6]

En las primeras décadas del siglo XX, otro sustituto avainillado se extraía del castoreum, una secreción que arrojan los castores por el recto para marcar su territorio. De acuerdo con los expertos, esta sustancia huele a una mezcla de vainilla y frambuesa, gracias a su dieta a base de hojas y cortezas. A lo largo de la historia, se ha empleado de diversas maneras para remediar distintos males, así como en las industrias del perfume y de los alimentos. Fue tal la cacería de castores en Canadá y Estados Unidos, que prácticamente estuvieron a punto de extinguirse y, por lo mismo, la industria alimentaria dejó de usar el castoreum como aditivo.[7]

Se han creado sustitutos incluso grotescos, como el de Mayu Yamamoto, una científica japonesa. En 2007 logró sintetizar esencia de vainillina del estiércol de vaca, un método galardonado con el Premio *Ig Nobel*, un juego de palabras para conformar el premio *Innoble*, a fin de ironizar en el país nipón al Premio Nobel.[8]

En 2021, ante el incremento de la demanda mundial de extractos sintéticos por la proliferación de productos con ese aroma, un equipo de científicos de la Universidad de Edimburgo en Reino Unido se aventuró a crear un nuevo sustituto avainillado, con base en una botella de PET. Aún se requieren más pruebas experimentales para garantizar su inocuidad en el consumo humano; no obstante, el equipo se propone transformar grandes cantidades de plástico en este producto, a fin de convencernos de su posible sostenibilidad y, de esa manera, reducir sus graves impactos ambientales y económicos, así como demostrar que la biología sintética puede dar soluciones a los retos de la vida moderna.[9]

Sin duda, habrá más y más propuestas para producir aromatizantes avainillados, destinados a miles de productos alimenticios en el mercado, y quizá muchas personas seguirán considerándolos de origen natural, como ha ocurrido hace más de 70 años. Desde entonces, ¿de qué manera la industria ha logrado instalar en los consumidores la percepción de que la vainillina sintética es una sustancia natural?

Una vez que Wilhelm Haarmann y Ferdinand Tiemann sintetizaron la vainillina en 1874, iniciaron su producción a escala industrial a través de diferentes compuestos y encontraron la clave para obtener un mayor consumo de su producto: un recetario de postres publicado a principios del siglo XX. En él, además de las recetas, se presentaba el origen y las características biológicas de la orquídea, haciendo hincapié en el ingenio de la ciencia química alemana de poder recrear, a través de la vainillina sintética, el aroma de la vainilla para el disfrute de un mayor número de personas en ese país. Pero sobre todo se exaltaba a la vainillina sintética por su fácil manejo, delicado sabor y pureza, a tal grado que, en contraste con las dificultades de comprar vainas de vainilla natural, el producto sintético resultaba mucho mejor.[10]

Se atribuía a la vainillina todo el aroma y el sabor de la vainilla —a pesar de no ser la única sustancia que interviene en ello—, y se reforzaba esta idea equiparando el término del saborizante sintético con el de la especia natural, de manera que todas las recetas eran "galletas de vainilla o pastel de vainilla. La combinación de la argumentación sobre el origen del sabor a vainilla y el uso del lenguaje apoyó la naturalización de la vainillina sintética y su sinonimia con la vainilla, [entonces] la vainillina se convirtió prácticamente en vainilla".[11]

A partir de los años cincuenta del siglo pasado, la industria alimentaria, además de lograr un jugoso negocio, al generalizar el uso de la vainillina sintética en un sinfín de comestibles ultraprocesados, también obtuvo un gran triunfo al crear y mantener en la gente, desde entonces hasta nuestros días, la percepción de consumir como extracto natural un producto sintético.

Ahora sabemos por los especialistas que los saborizantes sintéticos tienen ingredientes dañinos y están muy lejos de igualar las propiedades benéficas de los más de 250 compuestos que posee la vainilla. No obstante, una buena parte de los mexicanos desconocen esta información y siguen consumiéndolos; tampoco saben que al hacerlo ponen en riesgo el futuro de este patrimonio heredado por nuestros antepasados a través de cientos de generaciones.

A la par de este desconocimiento, la sobrevivencia de nuestra desestimada vainilla no solo enfrenta una mínima demanda, sino también otras tantas adversidades: bajos precios y mayor competencia internacional; repercusiones del cambio climático en variaciones bruscas de temperatura, que ocasionan una mayor frecuencia e intensidad de las tormentas tropicales y huracanes; pérdida de áreas de siembra por la destrucción de selvas y bosques, donde se eliminan los sistemas agrícolas tradicionales para imponer extensas zonas de monocultivos, principalmente de cítricos, pastizales ganaderos y explotación petrolera en los yacimientos descubiertos en la región. Hay abandono, asimismo, del gobierno a los productores, provocando la migración de las nuevas generaciones hacia otras latitudes y, con ello, la pérdida del conocimiento tradicional sobre esta actividad.[12, 13]

Ante tales circunstancias, los campesinos han dejado de producir la orquídea y para sobrevivir siembran otros productos. Hasta ahora se desconoce cuánta gente produce vainilla en México, aunque se han confirmado pérdidas de algunas áreas de siembra. Quienes aún la cultivan lo hacen a muy pequeña escala, con cosechas poco productivas, y eso los obliga a vender las vainas en verde a las grandes empresas comercializadoras.

Por fortuna, en las dos últimas décadas se ha incrementado, cada vez más, la tendencia a optar por los productos naturales en la alimentación, porque las personas han podido constatar los daños derivados tanto de los alimentos producidos con agrotóxicos, como de los comestibles industrializados plagados de aditivos sintéticos. La vainilla natural ha vuelto a ser muy demandada, en especial por sus propiedades antioxidantes y antimicrobianas.

Coincidimos con Araceli Pérez Silva en que es el momento de recuperar la siembra de la orquídea *Vanilla planifolia*, pues México cuenta con Veracruz, el mayor productor, Puebla, San Luis Potosí, Chiapas y Oaxaca, regiones de enorme potencial para elevar la calidad y la cantidad de la producción. Además, hay personas dispuestas a recibir capacitación técnica, entre ellas los migrantes que retornan al país. "Si en verdad se destina la inversión que se requiere, los beneficios serán económicos, sociales y ambientales".[14]

Los consumidores también podemos hacer el esfuerzo de adquirir vainas y el extracto natural producido en México, lo que esté a nuestro alcance. De esa manera, podremos aportar un granito de arena al sustento de familias de campesinos que, a pesar de la fuerte competencia de la producción sintética, continúan realizando el cultivo tradicional de este producto.

Quienes convivimos en la infancia con sus vainas dentro de casa y experimentamos el amor de nuestras madres a través de deleitarnos con sus pasteles, galletas, helados y bebidas, donde la vainilla era la protagonista, reconectemos a las nuevas generaciones con nuestros orígenes, compartiendo esas emociones y experiencias, enseñándoles a preparar esos postres.

Démonos el gusto de disfrutar el preciado elíxir mexicano, descubriendo o redescubriendo los matices aromáticos que siguen conquistando los paladares de millones de personas en el planeta.

EN LA TIERRA DE LAS FLORES

A la orquídea que ha cautivado al mundo le tocó nacer en el centro y sur de lo que hoy es México, uno de los lugares del planeta donde las flores compartían el tejido de la vida con los demás seres vivos, prodigando aroma, belleza, propiedades medicinales y valía alimentaria.

Los antiguos mexicanos cultivaban flores por todas partes y en gran variedad para que no faltaran, desde las casas más humildes hasta los jardines de palacios, entre otros los de Moctezuma en Oaxtepec y de Nezahualcóyotl en Texcoco. El poeta texcocano, además de multiplicar sus jardines con una gran variedad y profusión floral, plasmó en sus versos su pervivencia, a pesar de las adversidades:

No acabarán mis flores,
no cesarán mis cantos.[15]

En las distintas culturas indígenas de nuestro país, desde el nacimiento hasta la muerte, por flores no paraban: las había en sus diferentes celebraciones, en sus altares, sus ofrendas, en las alfombras formadas con variados pétalos, en los tocados y collares de las mujeres, plasmadas en sus vestimentas, en sus códices y, por si fuera poco, en la comida. Dice Eduardo Merlo Juárez, especialista en ciencias antropológicas, que desde tiempos remotos las flores fueron consustanciales en la vida de nuestros ancestros.[16] Nosotros añadimos que aún lo son en la de muchos mexicanos, pues nos acompañan casi siempre.

Cultivar flores es una herencia que continúa hasta nuestros días en los jardines y patios, dentro o fuera de las casas. En floreros, macetas y cacharros, hay flores para alegrar la vida con sus colores, formas y aromas. Así lo hemos podido corroborar en la familia y en diferentes lugares del país con distintas personas: su presencia es prácticamente imprescindible. Seguramente también heredamos la tradición de hablarles, cantarles y de ponerles música, porque así lo hacían nuestras mamás. Aunque en otras partes las elogian, les piden permiso para cortarlas y hasta las regañan cuando a pesar de los cuidados no se dan como se espera. Esa costumbre la observamos con las señoras de la comunidad donde vivimos.

En este paraíso mesoamericano florecieron 10 especies de la familia de las orquidáceas, la más grande y diversa entre las plantas. Siete de esas orquídeas son aromáticas y solo tres poseen la virtud de ser las únicas fuentes de vainilla natural en el mundo: *Vanilla planifolia*, *Vanilla odorata* y *Vanilla pompona*. También está la *Vanilla tahitensis*, un híbrido generado por las especies *planifolia* y *odorata*. La de mayor demanda por su sabor y aroma es la vainilla *planifolia*, considerada, después del azafrán, la segunda especia más cara del mundo, con una producción mundial del 95%; le sigue en importancia la vainilla *tahitensis*, destinada por su dulzor al mercado gourmet y a ser saborizante de helados. Por último, la vainilla *pompona*, reservada únicamente para las industrias farmacéutica y de perfumería.[17]

Nosotros nos ocuparemos exclusivamente de la vainilla *planifolia*, llamada flor negra: *caxixánat* en totonaco, *tlilxóchitl* en náhuatl y *zizbic* en maya. La delicada orquídea de exquisito aroma y efímera existencia aprovechó los climas cálidos y húmedos de las costas del golfo de México para florecer hace alrededor de 3500 años, en manos de la cultura olmeca, madre de los pueblos mesoamericanos. Según precisa el historiador Enrique Florescano con base en datos arqueológicos, los olmecas fueron "los primeros agricultores especializados en los cultivos necesarios para la sobrevivencia [...] herederos de grupos aún más antiguos, a quienes debemos el arte de la selección de las plantas y los principios de su domesticación".[18]

Domesticación que mantenía la interdependencia de los pobladores con las plantas y animales del entorno, en un sistema acorde con el funcionamiento de la diversidad biológica de su hábitat, muy lejos del que hoy predomina de manipular, someter y sobrexplotar a los organismos y todos los recursos del medio ambiente para obtener cuantiosas ganancias económicas.

La interdependencia entre las especies ha generado la diversidad y la supervivencia de las diferentes formas de vida en la tierra, y sobre esta base, precisamente, la cultura madre desarrolló la agricultura. Esta concepción permeó en sus descendientes, los pueblos totonacas, huastecos, tepehuas y chontales, entre otros, que se dedicaron a cultivar los productos propios de la zona donde habitaban.

En la exuberante selva, los habitantes de la región del hule, los olmecas, descubrieron por su olor a esta orquídea trepada en los troncos de los árboles, con sus raíces expuestas al aire, que se alimenta de determinados hongos y lo que la neblina, el polvo y la lluvia le brindan. Atestiguaron cómo su dulce aroma seducía a sus polinizadores, las abejas del género *euglossa* y *meliponas* (estas últimas, reconocidas mundialmente por su deliciosa miel y por carecer de aguijón), los colibríes y las hormigas. La observaron hasta conocerla, domesticarla y desarrollar el proceso que los llevó a obtener su esencia y a identificar sus beneficios medicinales. Por su delicadeza y corta vida, la privilegiaron entre las demás flores y la veneraron como sagrada.

Para algunos especialistas, la distribución natural de la aromática flor negra abarcaba las costas de Tabasco, Chiapas y Guatemala, aunque ganaba calidad y abundancia en la larga costa de Veracruz, especialmente en Papantla. Si bien los totonacas la consideran originaria de esta última región e incluso obtuvieron la Denominación de Origen de la Vainilla de Papantla en 2009 (que incluye como zona de protección a 19 municipios veracruzanos e igual número de municipios poblanos), algunos investigadores plantean la existencia de evidencias de su cultivo y recolección por parte de los mayas, al norte de Yucatán, e incluso de su uso como medicina y en el chocolate.

Regresando a la época previa a la invasión española, la vainilla gozaba de gran valía entre los huastecos y totonacas, quienes la consideraban un regalo de los dioses y, por lo mismo, una planta sagrada esencial para sus ceremonias rituales. Los imaginamos aguardando el trabajo de los polinizadores; luego, esperando durante nueve meses la gestación del fruto, pidiéndole a la planta que fuese buena y no les negase su aroma; finalmente, recolectando los frutos ya maduros para llevar a cabo el largo y complicado proceso llamado beneficiado —que consiste en la fermentación y secado de los frutos— y, de esa manera, extraer el preciado elíxir ceremonial.

Desconocemos si los totonacas empleaban la vainilla como condimento cuando fueron sometidos por los aztecas, pero sí sabemos que fue Itzcóatl, el cuarto *tlatoani* o gobernante de Tenochtitlan, quien empezó a consolidar el imperio mexica hasta dominar buena parte de Mesoamérica, conquistando y cobrando tributos a muchos pueblos. Entre ellos, el que más se les exigió a los totonacas fue la aromática flor.

Los aztecas la agregaban a sus atoles, pero para ellos resultaba imprescindible el maridaje de la vainilla con el cacao —un deleite del que también disfrutaron los mayas—, aunque este placer estaba reservado únicamente para los gobernantes y guerreros en ocasiones muy especiales. Los sacerdotes, por su parte, la mezclaban con resina de copal para ofrendarla a los dioses.

En los jardines de Moctezuma Ilhuicamina se cultivaban diferentes plantas y árboles, pero solo uno de ellos era exclusivo para las flores. Allí era donde este *tlatoani*, el quinto gobernante de Tenochtitlan (1440-1469), se deleitaba con las distintas variedades de flores nativas traídas de lugares lejanos, quizá entre ellas la vainilla. Era un laboratorio vivo donde sus médicos las estudiaban para descubrir sus propiedades. Si bien eran importantes los experimentos de esos especialistas, resultaba de mayor relevancia el conocimiento popular que la gente tenía en cuanto a sus beneficios en la salud, derivados de la experimentación cotidiana.[19]

De esos beneficios nos ocuparemos más adelante, por ahora nada más señalamos que empleaban la vainilla como medicina en bebidas y emplastos e incluso, combinada con el pulque, le atribuían vigor sexual, y hasta la usaban como amuleto.

Actualmente, año con año, el Consejo de Ancianos y los médicos tradicionales de la región continúan rindiéndole rituales y ofrendas de agradecimiento por las cosechas a la planta sagrada para los totonacas, que está en riesgo de desaparecer. Para difundir su importancia e impedir que se pierda nuestra flor ancestral, institutos de investigación, productores y empresas vainilleras acordaron, en 2020, celebrar cada 16 de diciembre el Día Nacional de la Vainilla.

Hagamos nuestra la proclama de Nezahualcóyotl: "No acabarán mis flores", contribuyendo a lograr que siga floreciendo nuestra fragante orquídea en la tierra donde nació.

AROMA Y SABOR SALUDABLES

Los jardines de Moctezuma Ilhuicamina y Nezahualcóyotl, para 1519, año de la invasión de los españoles, constituían una importante fuente de recursos de salud, económicos y religiosos. Ambos jardines botánicos, el de Oaxtepec y el de Texcoco, contaban con una gran variedad de especies oriundas de tierras lejanas, tanto de donde los aztecas tenían influencia, como de donde provenían los tributos pagados por los pueblos dominados: "Eran, a ojos de los exploradores españoles, los mejores que hubieran visto en todo el orbe conocido hasta ese momento. Su clasificación era altamente específica y su variedad de especies inagotable",[20] reseña Ana Liviere Vargas, especialista en antropología e historia de la medicina.

Es muy posible que los españoles notaran por vez primera a la fragante orquídea en el Tajín, por los caminos totonacas llamados *el gran humo* o *el trueno*. Sobre su viaje a España hay controversia: para algunos investigadores, viajó antes de la llegada de los españoles al Valle de Anáhuac; otros, como Rebeca Menchaca, señalan a Hernán Cortés como quien la llevó y le aseguró a Carlos V, en una de sus cartas de relación, que sin alimentos y tan solo con esa bebida —a base de semillas de cacao cocidas en agua, mezcladas con miel de abejas y aromatizada con vainilla—, los soldados podían tener fuerza durante todo el día.[21] Bernal Díaz se refería a ella describiendo cómo Moctezuma Xocoyotzin (noveno *tlatoani* de México-Tenochtitlan, 1502-1520) bebía en vasijas de oro su espumoso y afrodisiaco xocolatl, *para tener aceso con mujeres.*[22]

De ello también da cuenta el *Códice Mendocino*: los gobernantes, después de comer, se deleitaban con diferentes opciones de cacao de la más alta calidad, mezclado a veces con flores o vainilla o chile y endulzado con miel de abeja o de maguey. Ofrece, asimismo, una relación sobre los tributos que anualmente debían entregar a los aztecas los pueblos aledaños a la zona costera de Veracruz: 100 ollas o jícaras de ámbar líquido; o sea, nuestra preciada orquídea.[23]

Desde antes de la invasión de los españoles y hasta 1744, no había cultivos de esta orquídea en ninguna parte de nuestro país. La única manera de obtener los frutos era a través de la recolección silvestre. Las poblaciones de Colipa, Misantla y Papantla, en Veracruz, y de Teutila, en Oaxaca, eran las principales recolectoras y productoras del fruto curtido. De hecho, para Alexander von Humboldt —quien estudió a profundidad esta planta durante su estancia en México, en 1803— la primera que viajó a España en el siglo XVI procedía de los productores oaxaqueños de Teutila y posiblemente fue la especie *Vanilla odorata*, que en Cádiz la prefirieron sobre las demás hasta principios del siglo XIX.

Sin duda, fue Veracruz el punto de partida hacia España de las vainas de nuestra legendaria orquídea. Allá no llegó como *zizbic*, ni como *caxixánat*, tampoco como *tlilxóchitl*, los nombres originales en los pueblos maya, totonaco y náhuatl, respectivamente, sino con el impuesto por los invasores: vainilla. Luego se desplazó por Europa alrededor de 1600 y más tarde a las colonias francesas, inglesas y holandesas, al parecer a través de Filipinas, Inglaterra y Francia.

En tierras españolas usaban la vainilla como perfume porque desconocían que era un saborizante, eso sí, solo destinado a la realeza y a las clases pudientes. ¿Por quién supieron que era comestible?

Unos mencionan a Bernal Díaz del Castillo y algunos más lo atribuyen a fray Bernardino de Sahagún, a su llegada a México alrededor de 1529. Aunque se consumía en grandes volúmenes, pasaron varios años sin utilizarla en la alimentación, a pesar de que algunos hispanos residentes en nuestro país la pulverizaron y mezclaron con polvos de cacao. Ese intento no prosperó porque, como lo hemos mencionado, en España y en otras partes de Europa había mucha desconfianza hacia los alimentos de origen mesoamericano.

En 1602 a Hug Morgan, boticario de la reina Isabel I de Inglaterra, se le ocurrió destilar la esencia de vainilla y así en Europa ya pudieron disfrutar el sabor excepcional de esta planta originaria de nuestro país. Durante el siglo XVIII creció la demanda de vainilla por parte de los españoles, ingleses y aún más entre franceses e italianos, que se disputaban el liderazgo de las especias y las fragancias. Muy pronto Francia sucumbió a su influjo y se popularizó su consumo, al ser cautivada por el chocolate con este saborizante, por lo cual su demanda fue mayor, a diferencia de España e Inglaterra, que preferían añadirle canela. Entre la nobleza española, finalmente se arraigó la costumbre de tomar chocolate perfumado con vainilla, al grado de que no podía faltar en su mesa. Cada año, a través de cédulas reales, mandaban traer desde México, en promedio, 450 kilos de cacao y 50 de vainilla.[24]

Las vainillas mexicanas en los jardines botánicos europeos eran estudiadas y comenzaron el cultivo de las plantas oriundas de la región totonaca. Ni tardos ni perezosos, los franceses en la isla de Borbón, conquistada en el siglo XVIII, hoy conocida como Reunión, sembraron esquejes de orquídea con la intención de dejar de depender de la comercialización española. Si bien las orquídeas florecían en aquellos jardines, no fructificaban. Por varios años siguieron sembrándolas, crecían, daban flores, pero de frutos, nada.

A partir del consabido fracaso, cuentan que cuando los europeos tomaban las plantas para llevárselas a sus territorios coloniales, los mexicanos les decían que jamás darían fruto por la maldición de Moctezuma, en venganza por la explotación europea. En realidad, las flores para dar frutos requerían de sus polinizadores naturales, las abejas de los géneros euglossa y melipona, que en aquellas tierras no vivían.

Por esta razón, los recolectores y productores del fruto curtido de Misantla y Papantla, Veracruz, junto con los de Teutila, Oaxaca, se encargaron de perfumar al mundo cerca de tres siglos, exportando a través España la vainilla al mercado mundial. Misantla fue el primer lugar donde comenzó a cultivarse la vainilla, en 1761, y ahí se establecieron los primeros vainillales. De esa población enclavada en la sierra veracruzana salió la mayor parte de la exportación a Europa durante 70 años.

"Misantla era indisputablemente la capital mundial de la vainilla, aun cuando su producción no era de gran magnitud",[25] registra el historiador Emilio Kourí y agrega que al crecer las exportaciones de esta especia entre 1830 y 1870, Papantla la fue reemplazando poco a poco con el surgimiento y consolidación de una nueva élite comercial de beneficiadores y exportadores de vainilla, que la convirtieron en la principal zona productora del país.

Entre 1803 y 1804 el naturalista alemán Alexander von Humboldt profundizó en el estudio de la vainilla y reveló valiosos conocimientos relacionados con las especies, la calidad de los frutos, los cultivos en diferentes lugares, la fecha de corte, las técnicas de secado, las exportaciones y hasta los problemas políticos y de intermediación en torno a esta planta. Además de señalar cuál especie de vainilla fue la primera en viajar a España, registró que la exportación en 1802 fue de 60 pesos y que no solo se utilizaba en el chocolate, sino también en otras bebidas, helados, confitería y perfumería. Evidentemente, esta investigación interdisciplinaria, junto con sus demás aportaciones en diferentes ámbitos de la ciencia, justifican su reconocimiento como el último científico universal, sobre todo porque a partir de su muerte no hubo otros que intentaran abarcar todas las áreas del conocimiento.

La producción de vainilla en México se incrementó después del movimiento de Independencia, cuando además de los hijos de españoles, que dominaban el comercio de esta orquídea, llegaron migrantes italianos y franceses para entrarle al gran negocio, para los europeos, claro.

En tanto, en los jardines botánicos de Europa continuaban los estudios y la experimentación sobre esta planta hasta que el director del jardín botánico de la Universidad de Lieja, Charles François Antoine Morren, logró en 1836 polinizarla manualmente y obtener cosecha en dos ocasiones. Precisamente fue quien le dio como nombre científico *Vanilla planifolia.* Tres años después, en la isla francesa de Reunión, el botánico y horticultor George Samuel Perrottet intentó replicar la técnica sin éxito. Ese mismo año, 1839, su colega francés Joseph Henri Neumann descubrió que solo las abejas sin aguijón, nativas de Mesoamérica, podían polinizar las flores de la vainilla.

No pasaron dos años, cuando en la isla Reunión el esclavo francés Edmond Albius de Sainte-Suzanne, un niño de 12 años, perfeccionó la polinización manual de las orquídeas. A partir de entonces, 1841, arrancó la producción a gran escala en esa colonia francesa y por un tiempo fue el mayor proveedor mundial de vainilla. El cultivo de la planta se extendió rápidamente a Madagascar y Tahití, Java, islas Mauricio y Seychelles y al resto del mundo. Ello incidió en la baja productividad de México, a finales del siglo XIX,[26] y a medida que la producción fue mayor en esos territorios, se olvidó el lugar de origen.

Los indígenas, campesinos y productores de pequeña escala de la región totonaca adoptaron rápidamente esa técnica de polinización, pero como ha ocurrido a lo largo de nuestra historia, otros son los que se han visto beneficiados con la riqueza generada por el comercio de un producto descubierto y cultivado por los pueblos originarios de este país.

Beneficios que actualmente aprovechan las empresas alimentarias y de confitería, las refresqueras y de bebidas alcohólicas, la tabacalera, la cosmética y la farmacéutica. Precisamente, esta última industria ha capitalizado en gran medida los atributos medicinales de la vainilla.

Desde luego, las observaciones y experimentación llevadas a cabo por las culturas mesoamericanas sobre los usos medicinales de las plantas integran un conjunto de saberes y prácticas tendientes a preservar la salud, transmitidos generación tras generación de manera oral hasta nuestros días.

Algunos de esos saberes y prácticas fueron descritos en 1552 por el médico indígena Martín de la Cruz y traducidos al latín por Juan Badiano en el *Códice de la Cruz-Badiano*. Este es el documento herbolario más antiguo de América —finalmente devuelto por el Vaticano a México en 1991 y resguardado en la Biblioteca Nacional de Antropología—, y en él aparece por primera vez la imagen de la vainilla con su nombre en náhuatl, *tlilxóchitl*. Martín de la Cruz describió que a la orquídea, junto con otras flores aromáticas, la empleaban los viajeros como amuleto protector contra enfermedades y animales venenosos.

Gracias a las contribuciones de los indígenas nahuas, otros cronistas del siglo XVI pudieron conocer los saberes de los médicos tradicionales y algunas de las propiedades medicinales de muchas plantas, entre ellas la vainilla, y plasmarlas en diferentes textos. Es el caso de Bernardino de Sahagún que, en el *Códice Florentino*, con información recopilada entre 1575 y 1577, refiere que el cacao con *tlilxóchitl* y chile está indicado para quienes tienen tos e incluso los ayuda a digerir y a evitar flatulencias. De igual manera, Francisco Hernández enumera en *Historia natural de la Nueva España* los beneficios del tomar dos vainas de la orquídea disueltas en agua: ayudan a evacuar la orina, aceleran el parto, calientan y tonifican el estómago, fortalecen el cerebro y resultan un buen remedio contra algunas picaduras de animales venenosos.

El botánico mexicano Maximino Martínez comprobó en 1933 varios de esos atributos conocidos por los médicos indígenas. Así lo documentó en *Plantas medicinales de México*: la vainilla previene el efecto de algunos venenos, ayuda a la expulsión de gases, es diurética, favorece el trabajo de parto al incitar las contracciones, además de ser vasoconstrictor y un neuroestimulante natural. Por su parte, en el *Atlas de las plantas de la medicina tradicional mexicana* se menciona el empleo de la vainilla contra dolor de vientre y fiebre aguda.

Más aún, en 2019 se reportó que en algunas comunidades mayas de Yucatán mezclan flores, hojas, tallos y raíces o usan tan solo una de estas partes de la orquídea como cicatrizante, para acelerar el parto y combatir infecciones, dolor de cabeza, fiebre, cólicos o dolor en el vientre, vómito, úlceras, cáncer e incluso la depresión.[27]

Investigaciones científicas recientes corroboran, una vez más, lo avanzado de los conocimientos y prácticas de los antiguos mexicanos acerca de las múltiples propiedades medicinales de la vainilla: antioxidantes, antiinflamatorias, anticoagulantes, antimicrobianas e hipolipidémicas (disminuyen los niveles de ciertas grasas en la sangre).

Por añadidura, la vainillina natural no solo ha demostrado beneficios en el tratamiento de cáncer, al evitar el deterioro y las mutaciones que pueden provocarlo e inhibir la formación de tumores, sino también "mejora la sensibilidad de la insulina, la tolerancia a la glucosa, disminuye los niveles de colesterol de alta densidad y los triglicéridos".[28] Igualmente, contiene atributos psicoterapéuticos para tratar la ansiedad, el pánico, los trastornos del sueño y el estrés agudo.

Por su parte, el ácido vanílico, además de disminuir la presión arterial, eleva las enzimas antioxidantes y mejora las concentraciones de distintos tipos de grasas en la sangre. Ambas sustancias, la vainillina y el ácido vanílico, tienen diversas aplicaciones en la industria alimentaria, farmacéutica, cosmética o de perfumería.

Más allá de apreciar la belleza natural de nuestra orquídea, de conocer sus significados culturales, simbólicos y rituales para los pueblos mayas y totonacas, de experimentar el placer que suscitan los variados matices de su suave aroma y delicioso sabor y de evocar experiencias entrañables en nuestras vidas, admiramos la profusión de saberes y prácticas en torno a las plantas medicinales, emanados de una cosmovisión muy avanzada para el siglo XVI, que han podido comprobarse, como lo hemos visto aquí, remontando siglos de elusión y resistencia hasta llegar a nuestros días.

LA CODICIADA ORQUÍDEA

Saqueo, violencia y muerte desde el siglo XIX hasta el actual, ha concitado la explotación de una humilde y silvestre orquídea que tarda tres años en florecer y al hacerlo apenas sobrevive 12 horas antes de marchitarse. Crecía libremente en los climas cálidos y húmedos del golfo de México, de Oaxaca y Yucatán, hace cerca de 3500 años.

Fue la codicia de los invasores la que penetró y trastocó el bienestar de los totonacas —para quienes esta planta era sagrada, un regalo de los dioses— y tras la biopiratería impuso su cultivo en islas africanas, como Madagascar, cuya población hoy vive en condiciones de violencia y extrema pobreza.

Durante el siglo XVII la demanda de la vainilla mexicana iba al alza en Europa, sobre todo porque los franceses de clases altas se acostumbraron a beber el chocolate con ese sabor. Por aquel entonces fueron los misantecos los primeros en cultivar la vainilla e inaugurar los vainillales; por lo mismo, se encargaron de surtirla en mayor medida que Papantla y Teutila, y así lo hicieron en el curso de siete décadas, de 1760 a 1830. Sin dejar de recolectar plantas silvestres, incrementaron sus cultivos y cosechas anualmente, aunque en volúmenes reducidos, por lo que su precio solía ser muy alto.

Con el incremento de las exportaciones, a partir de la primera mitad del siglo XIX fue afianzándose el entramado de la economía vainillera de Papantla, donde desde mediados del siglo XVIII la emergencia de comerciantes (beneficiadores y exportadores de vainilla) logró consolidarse e ir desplazando a Misantla como el mayor exportador.

Emilio Kourí, especialista en historia rural mexicana, explica que estos nuevos grupos de poder, "a través del control de una pujante y lucrativa economía vainillera llegaron a dominar —y transformar de forma profunda— la vida social, económica y política de esos lugares".[29] Adicionalmente, plantea que en el transcurso del Porfiriato esta nueva élite comercial, en su camino hasta encumbrarse en la cima del poder regional, fue reestructurando la tenencia de la tierra, propiciando con ello una fractura en la cohesión social que había mantenido vivas a las antiguas comunidades de indígenas.

Si bien a finales de la década de los cuarenta del siglo XIX México dejó de ser el único productor de vainilla, cuando la colonia francesa de la isla Reunión la polinizó manualmente, todavía siguió llevando la batuta. Para 1860 la producción de vainilla de los franceses crecía rápidamente, principiando así el acaparamiento del mercado europeo porque era más barata, aunque de menor calidad que la mexicana. En ese mismo año, en Papantla se inició el despegue del negocio de la vainilla, que iría acelerándose a un ritmo cada vez mayor hasta llegar a surtir alrededor de la mitad de las exportaciones hacia Francia y Estados Unidos. Eso la llevó a constituirse en el centro productor y de curtido más relevante de México, y a que el comercio de esta especia fuese su actividad económica fundamental.

Este auge tan rentable —describe Kourí— abonó a la acumulación de nuevos capitales entre comerciantes, pequeños agricultores, intermediarios, artesanos y beneficiadores, y por supuesto atrajo a simples ladrones de vainilla y a traficantes.

Los comerciantes, descendientes de familias españolas y de inmigrantes de origen italiano, comenzaron a escalar en la estructura social hasta llegar a constituirse en un grupo de gran poder económico y político, que se apoderó del ayuntamiento de Papantla para manejarlo a su conveniencia.

La bonanza goteó en múltiples familias de Papantla, incorporadas a las distintas actividades del negocio de la orquídea aromática. Los totonacas, por su parte, seguían encargándose de sembrar y cosechar casi toda la vainilla, mientras los comerciantes competían entre sí para comprar las vainas, que curtían y enviaban a las compañías exportadoras de Veracruz.

Tres décadas bastaron para que Papantla se erigiera en la capital de la vainilla en México. Si en los años de 1860 cubrió alrededor del 60% de las exportaciones, 20 años después surtió las dos terceras partes de la demanda estadounidense, que no solo cobró mayor relevancia desde 1870, sino aumentó rápido y en gran magnitud, a diferencia de los envíos cada vez más reducidos a Francia. En esas dos décadas, la producción de vainilla se incrementó un 550%, equivalente a una tasa de crecimiento promedio del 28% anual, según indica Emilio Kourí.

¿Qué repercusiones económico-sociales e incluso ambientales enfrentaron los totonacas para satisfacer esa gran demanda? En principio, la estabilidad económica, derivada de los riesgos inherentes a cualquier actividad agrícola, como los vaivenes de las condiciones climáticas. Riesgos que se agudizaron aún más cuando expandieron en gran medida la superficie de cultivo y la dedicaron exclusivamente a la producción intensiva de vainilla, lo cual de seguro abrió paso a plagas y provocó la pérdida paulatina de los ecosistemas y su biodiversidad.

Aunado a esta vulnerabilidad económica, emergieron los conflictos sociales originados de manera primordial por el incremento de la superficie de cultivo de vainilla, al pasar de plantaciones relativamente pequeñas, pertenecientes a familias totonacas, a la creación de los *condueñazgos*. Esta figura jurídica de propiedad de la tierra, además de liquidar el régimen de propiedad comunal, posibilitó a las élites mercantiles convertirse en terratenientes, adueñándose finalmente de extensos y fértiles territorios por tanto tiempo codiciados. Un proceso no exento "de violencia fratricida, muerte y represión militar", que además de aumentar las desigualdades sociales, el recelo, la codicia y el hurto, contribuyó "a desgarrar el tejido social".[30]

Algo similar ocurre en Madagascar, donde alrededor de 80 000 cultivadores empobrecidos siguen manteniendo el primer lugar en la producción de vainilla a escala internacional, librando una guerra que enriquece a los traficantes, empujándolos a la violencia y a la muerte desatadas por las bandas delictivas.

Como hemos visto, del comercio de la vainilla se han enriquecido y lo siguen haciendo unos cuantos, mientras que los totonacas, poseedores de la vainilla y creadores de su técnica de curtido, nunca tuvieron en sus manos su comercialización ni obtuvieron beneficios de la riqueza que genera. Lo mismo está pasando con los productores de Madagascar, una de las economías más débiles del mundo y con más del 70% de su población en condiciones de pobreza extrema.

En los últimos años, la demanda de vainilla a escala mundial ha disparado su precio de manera exorbitante, en especial por la compra de cantidades excesivas de las corporaciones alimentaria y de bebidas y porque las sequías, los ciclones y las plagas merman una producción que para completar un kilo necesita 700 flores. Imaginemos la cantidad de orquídeas que se utilizaron entre 2017 y 2021, cuando la producción mundial fue de 6961 toneladas, en promedio, de las cuales Madagascar aportó el 43.9%, Indonesia, el 23.4% y México, el 7.8%.[31]

En aras de satisfacer la creciente demanda de vainilla entre las corporaciones, la expansión global de la agricultura comercial ha impulsado su producción en monocultivo en India, Indonesia, Papúa Nueva Guinea, Tahití y Uganda. Cambios de uso de suelo que reducen los recursos naturales en las localidades, acrecentando la vulnerabilidad de sus habitantes a los efectos económicos, sociales y ambientales, como hemos visto.

Ya es hora de impedir, al menos en nuestro país, que la codicia en torno a nuestra vainilla arrase con la vida de las comunidades y sus territorios. Recuperemos el profundo conocimiento ecológico de nuestros pueblos originarios, basado en las formas de entender y convivir armónicamente con la naturaleza, y dejemos ya de apostarle al cultivo de inmensas cantidades de esta especia para la exportación, que nos priva de consumir la natural y nos deja como única opción la sintética. Enfoquemos la mirada en los cultivos que aún utilizan los sistemas de producción heredados de las comunidades totonacas, porque posibilitan la captura de carbono, la recarga de acuíferos, la conservación de suelos y la protección de diversidad de especies vegetales y animales.[32]

Disfrutemos de nuestra célebre orquídea, dejemos que se siga prodigando donde nació, la tierra de las flores, y deleitémonos con el regalo de su aroma, sabor y beneficios saludables. De acuerdo con los expertos, el cultivo tradicional de la vainilla en las condiciones ambientales de nuestro país dota a este elíxir de sustancias aromáticas que no solo lo hacen único, sino uno de los mejores del mundo.

Notas

[1] Gabriel García Márquez, *El amor en los tiempos del cólera*, Diana, 1985.

[2] *El Universal* (Notimex), "El 99% de la vainilla que se consume en el mundo es sintética", julio de 2017. Consultado en https://www.eluniversal.com.mx/articulo/nacion/sociedad/2017/07/5/el-99-de-la-vainilla-que-se-consume-en-el-mundo-es-sintetica/.

[3] Rebeca Menchaca, "Importancia y uso de la vainilla en México" (video), Centro de Investigaciones Tropicales, Universidad Veracruzana, febrero de 2018. Consultado en https://www.uv.mx/citro/banner/importancia-y-uso-de-la-vainilla-en-mexico/.

[4] Eduardo Merlo Juárez, "El xanat o tlilxóchitl, tesoro aromático de México", en *Xanat: vainilla, dulce aroma para el mundo*, Fundación Herdez, México, octubre de 2018.

[5] Paula Buzo Zarzosa, "Microondas y ultrasonido revelan lo mejor de la vainilla", *Ciencia UNAM*, marzo de 2012. Consultado en https://ciencia.unam.mx/leer/85/Microondas_y_ultrasonido_revelan_lo_mejor_de_la_vainilla.

[6] Rebeca Menchaca, *op. cit.*

[7] Larousse cocina, "La esencia artificial de vainilla viene del ano de los castores". Consultado en https://laroussecocina.mx/blog/la-esencia-artificial-de-vainilla-viene-del-ano-de-los-castores/.

[8] Rebeca Alicia Menchaca García, "La vainilla", *Revista de divulgación científica y tecnológica de la Universidad Veracruzana*, vol. XXII, núm. 1, Universidad Veracruzana, abril de 2009. Consultado en https://www.researchgate.net/publication/275972226_La_vainilla.

[9] Guillermina García, "Convierten botellas de plástico en saborizante de vainilla", *The Food Tech*, julio de 2021. Consultado en https://thefoodtech.com/insumos-para-empaque/convierten-botellas-de-plastico-en-saborizante-de-vainilla/.

[10] Paulina S. Gennermann, "El sabor de un siglo", *Sabers en acció*, febrero de 2024. Consultado en https://sabersenaccio.iec.cat/es/el-sabor-de-un-siglo/.

[11] *Ibidem.*

[12] Carlos Hugo Hermida Rosales, "El cultivo de vainilla ya no es redituable", *Universo*, Universidad Veracruzana, mayo de 2017. Consultado en https://www.uv.mx/prensa/general/el-cultivo-de-vainilla-ya-no-es-redituable/.

[13] Sulayka Castelán Culebro *et al.*, "Caxi Xánath, recuperando el aroma del Totonacapan", *El Jarocho Cuántico*, *La Jornada de Veracruz*, 3 de enero de 2021. Consultado en chrome-extension://efaidnbmnnnibpcajpcglclefindmkaj/https://www.uv.mx/citro/files/2021/01/Jarocho-16-Vainillapdf.pdf

[14] *La Capital*, "Urge científica mexicana a rescatar a la vainilla", 9 de noviembre de 2017. Consultado en https://www.lacapital.com.mx/noticia/58557-Urge_cientifica_mexicana_a_rescatar_a_la_vainilla.

[15] Véase poema en "Pensamiento de Nezahualcóyotl". Consultado en http://bibliotecadigital.ilce.edu.mx/sites/fondo2000/vol1/mesoamerica-i/html/4.html.

[16] Eduardo Merlo Juárez, *op. cit.*

[17] Aída Téllez Velasco, "Las vainillas en el mundo", en *Xanat: vainilla, dulce aroma para el mundo*, Fundación Herdez, México, octubre de 2018.

[18]Carlos Arturo Giordano Sánchez Verín, "Agricultura y alimentación en el México prehispánico y siglo XVI", *Geografares*, junio de 2018, Universidad Federal de Espíritu Santo, Brasil. Consultado en https://journals.openedition.org/geografares/6995.

[19]Eduardo Merlo Juárez, *op. cit.*

[20]Ana Liviere Vargas Vizuet, "Vainilla. La historia de un aroma al paladar", *Graffylia*, Revista de la Facultad de Filosofía y Letras, Benemérita Universidad Autónoma de Puebla, núm. 24, julio-diciembre de 2017. Consultado en https://www.academia.edu/56663506/Vainilla_La_historia_de_un_aroma_al_paladar.

[21]Rebeca Alicia Menchaca García, "La vainilla", *ResearchGate*, vol. XXII, núm. 1:20, abril de 2009. Consultado en https://www.researchgate.net/publication/275972226_La_vainilla.

[22]Bernal Díaz del Castillo, *Historia verdadera de la Conquista de la Nueva España*. Consultado en https://www.rae.es/sites/default/files/Aparato_de_variantes_Historia_verdadera_de_la_conquista_de_la_Nueva_Espana.pdf.

[23]Códice Mendocino. Consultado en septiembre de 2024 en https://polemologia.wordpress.com/wp-content/uploads/2014/07/codicemendoza.pdf.

[24]Martín González de la Vara, "Orígenes de la industrialización del chocolate en México (1840-1920)", en *El cacao, alimento divino*, Fundación Herdez, México, diciembre de 2017.

[25]Emilio H. Kourí, "La vainilla de Papantla: agricultura, comercio y sociedad rural en el siglo XIX", *Signos Históricos*, II.3, junio de 2000. Consultado en septiembre de 2024 en https://signoshistoricos.izt.uam.mx/index.php/historicos/article/view/42/38.

[26]Aída Téllez Velasco, *op. cit.*

[27]Olivia Reyna Sánchez y Leticia M. Cano Asseleih, "La vainilla en la medicina tradicional mexicana", *El Jarocho Cuántico, La Jornada de Veracruz*, 3 de enero de 2021. Consultado en septiembre de 2024 en https://www.uv.mx/citro/files/2021/01/Jarocho-16-Vainillapdf.pdf.

[28]Salma Rivera, "Vainilla, el codiciado extracto de una orquídea totonaca", *Conexión Cinvestav*, marzo de 2022. Consultado en https://conexion.cinvestav.mx/Publicaciones/vainilla-el-codiciado-extracto-de-una-orqu237dea-totonaca#:~:text=Su%20uso%20se%20implement%C3%B3%20desde,ayuda%20a%20disminuir%20la%20inflamaci%C3%B3n%2C.

[29]Emilio H. Kourí, *op. cit.*

[30]*Ibidem.*

[31]"Vainilla mexicana, con amplio potencial productivo y preferencia en los mercados internacionales", Secretaría de Agricultura y Desarrollo Rural (comunicado), abril de 2023. Consultado en https://www.gob.mx/agricultura/prensa/vainilla-mexicana-con-amplio-potencial-productivo-y-preferencia-en-los-mercados-internacionales-agricultura.

[32]Sulayka Castelán Culebro *et al.*, *op. cit.*

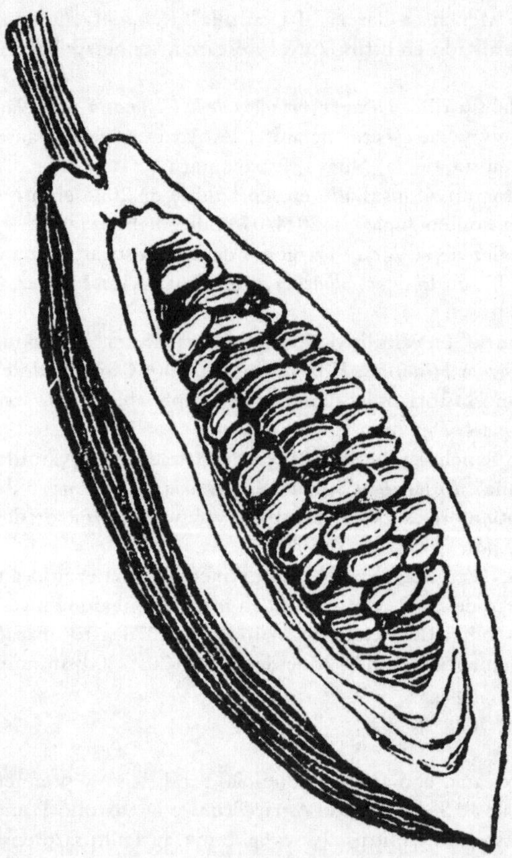

11

Más allá de valores y sabores: el cacao

El cacao es un predestinado a convertirse en gran personalidad, regalo de los dioses, tentación irresistible para el paladar. Personaje que roba cámara, seductor del gusto, especie de *rockstar* de fama mundial o estrella capaz de llenar teatros y ganar Oscares. Y, sin embargo, es un personaje complejo, lleno de contradicciones. Pero ¿era eso lo que realmente quería?

Para empezar, desde el mismo trato de regalo divino que le dieron los antiguos mexicanos, hasta el nombre que le puso la ciencia (*Theobroma cacao*, alimento de los dioses), el cacao es el alimento que tal vez haya robado más cámara (desde muy diversos encuadres), no solo de historiadores,[1] antropólogos y economistas, naturalistas y botánicos, nutriólogos y tecnólogos de alimentos, agrónomos y agroecólogos, cocineras y chefs, empresarios y comerciantes, sino hasta de pintores, literatos y cineastas. Además, de legiones de consumidores cautivados por su sabor, por el placer, por su poderosa tentación adictiva.

Sintomáticamente, el más moreno de todos nuestros alimentos (lo que hizo aflorar en algunos europeos, al conocerlo, una fugaz aversión con tintes racistas) fue la cereza del pastel del botín de la Conquista, de esos frutos de la tierra más valiosos que el oro y la plata que nos saquearon los españoles. Y junto con la protagonista del capítulo anterior (más negra que morena), el de la historia que vamos a contar viene a ser el postre de este libro.

Sin embargo, el cacao es uno de los personajes que ha enfrentado antagonistas más poderosos, quizá por el carisma que lo rodea. Se las ha visto con la industria biotecnológica y sus transgénicos, con la agricultura comercial y los agronegocios, con la industria farmacoquímica y sus agrotóxicos. Además, es una de las víctimas predilectas de la industria de la comida chatarra y su ejército de tecnólogos de alimentos.

Un personaje con tan sabrosa historia, tan mexicano como el mole que circula por las venas de nuestra cultura, lleva décadas secuestrado por estas industrias y los mercados internacionales. Ha sido tan extrema su metamorfosis que muchos ya no saben cuáles son sus raíces. ¿Cómo llegó a esto?

NACIDO Y CRIADO EN LA SELVA

En nuestro país, consideramos que son mexicanos alimentos como el cacao, que no "tuvieron su origen o fueron domesticados en los límites movedizos de la antigua Mesoamérica", afirmaba Luis Alberto Vargas. Él reconocía que el cacao vino de las selvas amazónicas de Ecuador y su entorno (la alta Amazonia, región intermedia entre las tierras altas andinas y la cuenca amazónica). Estaba convencido de que su "uso en forma de la bebida conocida como chocolate y su contexto cultural y probable domesticación ocurrieron en México desde hace unos 4 000 años".[2]

Luis Alberto alcanzó a enterarse de las más recientes evidencias arqueológicas, que revelaron que el cacao ya se bebía hace unos 5 000 años en la Amazonia.[3] Ello indica que esta región fue centro de origen y domesticación.[4, 5] Aun así, para algunos especialistas es posible que Mesoamérica haya sido un segundo centro de domesticación, dilema que les dejamos esclarecer a los investigadores.

Vale recalcar que la domesticación es un proceso continuo e ininterrumpido que prosigue aún hoy. Desde los orígenes de la agricultura los humanos no hemos parado de buscar cómo favorecer ciertas cualidades de las plantas y animales para adaptarlos a nuestras necesidades y gustos. Por ello, a reserva de lo que diluciden los expertos, probablemente Mesoamérica fue también un centro de domesticación del cacao, donde alcanzó un desarrollo inigualable.

Es interesante saber que los supuestos "salvajes" amazónicos, al igual que los olmecas en Mesoamérica, "aprendieron que la domesticación no es someter, condicionar o manipular una planta, y que para sobrevivir dependa de los seres humanos".[6] Una domesticación donde el aprovechamiento de la especie de interés no compromete otras especies ni demás recursos del ecosistema.

Es ciencia aplicada: "El sistema diversificado de cacao es lo que más se parece a una selva natural; es [...] una selva artificial diseñada mediante un proceso milenario de observación, experimentación y selección, realizada por los habitantes de la selva", explica Nisao Ogata.[7] Nos recuerda a la milpa, otra forma en que los pueblos originarios aprendieron a imitar la naturaleza.[8]

Debe reconocerse que Mesoamérica es donde primero los olmecas (hace unos 3 500 o 4 000 años) y luego los mayas dejaron mayores evidencias y está mejor documentado tanto el consumo cotidiano de cacao, como su cultivo.[9] Fue en las selvas del sureste mexicano donde este personaje creció culturalmente hasta alcanzar grandes alturas y un valor que no tenía en ninguna parte. Como dice Eduardo Merlo, fueron "los mayas de estas tierras altas quienes dejaron testimonios de ser consumidores y comerciantes del cacao".[10] Solo hace poco se hallaron evidencias de que tiempo atrás se consumía en la Amazonia.

En un primer acercamiento, se dice que existen tres variedades o tipos de cacao:[11] el criollo, que se consumía en Mesoamérica y, se supone, fue el domesticado por los mayas; el forastero, que se generó en la alta Amazonia, y el trinitario, resultado de la cruza de los anteriores, localizado en Trinidad y Tobago.[12]

La realidad es más compleja hoy en la agroindustria chocolatera. Según un portal británico para la industria del café, pero interesado en el cacao, "esta no es la historia completa. Hay al menos diez variedades de cacao reconocidas (y probablemente muchas más). Y lo que creemos que sabemos sobre los tres grandes no es realmente preciso".[13] Es un mito eso de las tres variedades de cacao, agrega. Por ejemplo, el criollo, hoy ya "es muy raro encontrar este árbol en las plantaciones comerciales. Lo que se conoce como criollo y se usa para elaborar tu chocolate es en realidad un amplio espectro de plantas [...] genéticamente diferentes".

Esto se debe a que las empresas introdujeron variedades que se cruzaron con el cacao criollo, lo cual resultó en múltiples híbridos de menor calidad. El interés comercial en busca de variedades más productivas es un lamentable retroceso en el proceso de "selección que hicieran del cacao los nativos".[14]

En el pasado, el cacao se producía sobre todo para el autoconsumo y solo se comercializaban los excedentes. Al igual que el maíz en la milpa, no era una producción en grandes plantaciones donde únicamente crecieran cacaoteros (es decir, en monocultivo). En contraste, "formaba parte de los sistemas de diversificación de las familias campesinas en donde los huertos familiares no son más que una extensión de la selva".[15] Los arquitectos de estas selvas artificiales "parten del principio de que el cacao es un árbol de sombra, no de sol".[16] Al igual que el café orgánico, crece bajo la sombra protectora de otros árboles, que tejen una especie de bóveda o dosel forestal.

El viaje del cacao desde el selvático territorio olmeca tuvo como primeros destinos Oaxaca y el sur de Puebla o Morelos. Imposible que en estos lugares con climas y vegetaciones tan diferentes se pudiera reproducir. Pero igualmente imposible que los olmecas migrantes "olvidaran el gusto por el grano del cacao",[17] grabado en la memoria de su paladar. De seguro crearon una red comercial para surtirse del codiciado grano. Así, mientras lo encargaban de Tabasco, mandaban de regreso lo que se producía a donde habían emigrado: maíz, chile, frijol, calabaza, tomate y jitomate, amaranto...

Después, esa red se extendió de Tabasco y Oaxaca hacia el sur, primero a los Altos de Chiapas y Guatemala, donde por ahí del año 600 antes de nuestra era los mayas se volvieron fieles consumidores y comerciantes del cacao. Continuó su viaje hacia la península de Yucatán, hasta Chichén Itzá y más allá. Los lazos de la red se ampliaron al centro de México cuando desde Tula se descolgaron los toltecas a los dominios mayas en Yucatán, en especial a Chichén Itzá, para controlar esa gran ciudad maya y obligarla a pagar tributo, buena parte en cacao. Así se expandió la fama del chocolate, que "se bebía lo mismo en Tula y Cholula, ambas toltecas, que en Chichén y las ciudades Estado cercanas".[18]

El aroma y la fama del cacao llegaron con los vientos del tiempo hasta la cuenca de México. Por ello, aun antes de que Tenochtitlan afianzara su poderío mediante la Triple Alianza en el año 1430, los aztecas se apoderaron no solo de Tula, al parecer antes de 1400, sino también de las lejanas tierras chiapanecas del Soconusco, en 1486, para evitarse intermediarios y controlar el abasto de este fruto.

Cada escala del largo trayecto por territorio mexicano y las dificultades para transportarlo fueron elevando su valor, explica Eduardo Merlo. Al final, quedó al alcance solo de las clases dominantes: "Para salvaguardar esta importancia se convirtió en algo sagrado".[19]

En efecto, para los mayas era un puente entre lo divino y lo terrenal. Beber chocolate era una especie de comunión, una experiencia espiritual para conectarse con la naturaleza y sus deidades. Conforme al *Popol Vuh*, el cacao era uno de los cuatro árboles cósmicos situados en los rumbos del universo y se vinculaba con la creación del mundo y la fertilidad de la tierra.

Cuenta la leyenda tolteca que el mismísimo Quetzalcóatl "regaló el árbol del cacao a los hombres como recompensa al amor y la fidelidad de su esposa, quien prefirió sacrificar su vida antes de revelar el lugar en el que estaba escondido el tesoro de la ciudad. Al morir la princesa, su sangre fertilizó la tierra para dar vida al árbol del cacao".[20]

A su alrededor se crearon múltiples mitos y leyendas. "Su fruto equivalía simbólicamente al corazón humano, y el chocolate representaba la sangre que circula por nuestro cuerpo", resumen el chef Jesús Salas Tornés y la bióloga Laura Yunuen Hernández.[21] El chocolate acompañaba los momentos cruciales de las comunidades: alegraba las bodas de los gobernantes, aligeraba la tristeza de los difuntos en su camino al inframundo, se brindaba con este elíxir divino para celebrar victorias militares.[22]

Si tomamos en cuenta todo este contexto, no debiera extrañar que tanto mayas como toltecas, mexicas y otros tuvieran al cacao en tan alta estima que incluso lo convirtieron en moneda, con la que se podía comprar y vender cualquier mercancía, pues estas se valuaban en granos de cacao. Entonces, esta prodigiosa semilla era dinero que crecía en los árboles. Y ya molido y convertido en chocolate, ese dinero podía beberlo quien tenía para pagarlo.

En la historia del aguacate, cuestionamos la idea mercantilista del "oro verde". Sin embargo, no queda más remedio que aceptar que el cacao era "oro moreno". Incluso así, aun cuando era parte del tributo de los pueblos dominados a los aztecas, el cacao como moneda no tenía las connotaciones de avaricia que se gestaron desde la invasión de los españoles.

Eduardo Merlo dibuja muy bien la mentalidad con la que venían armados los invasores: "Aviesos para lo económico, descubrieron su calidad de moneda de cambio y de inmediato se posesionaron de cuanto pudieron. El robo con alevosía y ventaja empezó con el saqueo violento a los almacenes de Moctezuma Xocoyotzin, precisamente cuando el medroso *huey tlatoani* de Tenochtitlan permanecía encadenado en manos de Cortés".[23]

Todo ese "oro moreno" se les fue cayendo a los conquistadores, junto con los tejos de oro "rubio", durante su huida a la medianoche del 30 de junio de 1520 para escapar del cerco que les habían tendido los mexicas.

MONEDA DE ÁRBOL PARA BEBER

En 1502, durante su cuarto y último viaje, Cristóbal Colón interceptó frente a las costas de lo que hoy es Honduras una embarcación con semillas de cacao, a las que denominó "almendras". Las versiones son contradictorias: algunos aseguran que probó el chocolate y no le gustó, otros dicen que ni lo probó, y unos más sostienen que nunca supo que con esas "almendras" se preparaba esta bebida. Y aunque vio que servían como moneda, no le dio importancia.[24]

Otros, como José Pardo Tomás y María Luz López Terrada, incluso dudan que fueran cacao las "almendras" mencionadas por Colón,[25] pues hasta la irrupción de los españoles a estas tierras este fruto solo se cultivaba en Mesoamérica, desde Colima y el Papaloapan hasta Nicaragua y Costa Rica. Llegaría a las Antillas más tarde.

Bernal Díaz del Castillo fue testigo de cómo Hernán Cortés probó por vez primera la bebida que preparaban los aztecas con esta semilla, como parte del banquete con el que lo agasajó Moctezuma: "Les guisan de comer gallinas y les hacen mucho cacao, que es la mejor cosa que entre ellos beben".[26]

Algunos historiadores afirman que el cacao fue "el único producto vegetal americano que mereció la atención de Cortés"[27] y fue quien proporcionó a los europeos las primicias sobre esta semilla. Cuando menos, "es la planta americana más veces citada en las Cartas de Relación".[28] En su segunda misiva a Carlos V, Cortés dice que los aztecas lo usaban molido (pero omite que para preparar la bebida de chocolate) y como moneda. En su quinta carta reportó las plantaciones de cacao que encontró a su paso por lo que hoy es Honduras.[29]

En opinión de José Pardo Tomás y María Luz López Terrada, las crónicas escritas entre 1521 y 1523 por Pedro Mártir de Anglería (primero en emplear la palabra *cacao*) aportaron pormenores tanto sobre la planta y su cultivo, como sobre el proceso de preparación de la bebida que tomaban Moctezuma y la élite azteca.

Tiempo después, el historiador Francisco Xavier Clavijero especificaría que con el cacao los aztecas se preparaban diversas bebidas, "entre ellas la que llamaban *chocolatl*".[30] En su elaboración, el cacao molido se mezclaba en agua fría con maíz, chile, se aromatizaba con vainilla y se endulzaba con miel.

Respecto a su uso como dinero, Anglería calificó al cacao como una moneda "feliz, porque la codicia de obtenerla no rompe las entrañas de la tierra con hendiduras, ni vuelve a escondrijos de la misma tierra por avidez de los avaros".[31] Más aún, sirvió a los mexicas para establecer "un sistema monetario completo, cuyas unidades correspondían a su sistema numeral basado en el número veinte", apuntó el arqueólogo José García Payón.[32]

Sin duda, debió parecerles surrealista que el cacao fuera una moneda que podía beberse, "un auténtico derroche solo al alcance de los más poderosos",[33] observó el cronista Gonzalo Fernández de Oviedo.

Otro cronista de la Conquista, Francisco López de Gómara, destacó que el *chocolatl* era para los mexicas "la mejor, más delicada y cara bebida que tienen [...] refresca mucho, y por eso la beben con calor y sudando".[34]

Al parecer también le gustó a Motolinía, quien apuntó que el cacao, "molido y mezclado con maíz y otras semillas también molidas, se bebe en toda la tierra y en esto se gasta [...] es bueno y tiénese por muy sustancial bebida".[35]

Viene a cuento otro testimonio que se atribuye al "Conquistador Anónimo" (supuestamente un compañero de Cortés), compilado por el diplomático de la República de Venecia Giovanni Battista Ramusio (1485-1557):[36] "Esta bebida es el más sano y más sustancioso alimento de cuantos se conocen en el mundo, pues el que bebe una taza de ella, aunque haga una jornada, puede pasarse todo el día sin tomar otra cosa".[37]

Este rasgo vigorizante y saciante también lo resaltó fray Bartolomé de las Casas en su boceto de nuestro personaje: "Un brebaje fresquísimo que los indios y aún los españoles se van muchas leguas con solo ello sin otra cosa comer".[38]

Una vez superados los prejuicios de tintes racistas por su color, la popularidad del chocolate comenzó su imparable ascenso, por lo pronto en la naciente Nueva España. Seguimos los pasos del historiador Martín González de la Vara, quien anduvo tras la pista de los cambios que experimentó el cacao en el periodo colonial.[39] De entrada, tras consumarse la Conquista, desde mediados del siglo XVI el chocolate se fue haciendo "un alimento indispensable en las mesas novohispanas" y en la canasta básica. Pero no solo de los invasores españoles, pues de rebote llegó al alcance de la población indígena en general.

Sin embargo, el *chocolatl* experimentó una metamorfosis. No solo por la castellanización de la voz náhuatl, que empezó a ser desplazada desde mediados del siglo XVI. Así, la palabra "chocolate" comenzó a designar esta bebida hecha con cacao, pero que ya no se tomaba fría, sino caliente, y ya no se preparaba con agua, sino con leche. Además, así como nuestra dieta tradicional a base de maíz, frijol, chile y demás fue incorporando productos que trajeron los españoles, el chocolate de mesa, tal como se conoce hoy en el mundo, fue resultado de una combinación "de ingredientes y técnicas indígenas y europeas basadas en las numerosas bebidas de cacao que existían en la época prehispánica".

Hacia 1585 era la bebida de cacao más típica de la Nueva España, al alcance de todas las clases sociales. Era tan popular que podía comprarse no solo en las numerosas tiendas que vendían chocolate, sino en los mercados y hasta en puestos callejeros. Era un lujo solo posible aquí, no en Europa, aunque allá se le conocía ya en varios países.

CAUTIVADOR PEREGRINO

El terreno estaba lo suficientemente fértil como para que el cacao le diera la vuelta el mundo, transformándose y adaptándose para enamorar los paladares de todos los continentes.[40] La historiadora de arte Vanessa Quintanar Cabello da cuenta en su hermoso libro de cómo fue abriéndose paso nuestro personaje en las artes y las ciencias, hasta encumbrarse en el imaginario europeo "como una bebida de ricos y nobles, con virtudes curativas, así como con gran capacidad para aumentar la libido sexual, vigorizar y saciar el hambre y la sed".[41]

Lo cierto, como advierten José Pardo Tomás y María Luz López Terrada, es que la difusión del consumo de chocolate en Europa representa un tema bien complejo por la vasta información que generó, sobre todo desde la primera mitad del siglo XVII. Pero echaremos al menos una mirada panorámica a lo sucedido en España para darnos una idea del impacto que tuvo, sin olvidar que pronto saltó a Italia en 1606, luego a Francia e Inglaterra en 1657[42] y de ahí al resto de Europa.

Tras las menciones al cacao en las *Cartas de relación*, es verosímil que, en cuanto regresó a su terruño, en 1528, Hernán Cortés le llevó a su monarca granos para probar el chocolate. Así lo afirman varias fuentes que revisamos. La verdad, no encontramos evidencia que lo pruebe. Ni siquiera se incluyó el cacao entre los regalos a Carlos V. Otras versiones, incluida una primera prueba documental (de 1545) basada en fuentes orales, sostienen que los dominicos, benedictinos y franciscanos introdujeron el cacao y el chocolate a España.[43] Personajes legendarios como el cacao suelen envolverse en mitos y leyendas.

El caso es que para cuando desembarcó en Sevilla el primer cargamento de cacao, en 1585, ya tenía buena fama en España aun sin haberlo probado casi nadie. Y su prestigio subió como la espuma del chocolate: "En pocos años, se produjo un fluido comercio y una intensificación en la explotación de las plantaciones de cacao con el fin de abastecer la demanda a ambos lados del Atlántico".[44]

Esto no significa que el chocolate ya llegara al pueblo español, pues la historia mexica se repetía: era un privilegio "disponible solo para la corte". De hecho, los primeros cargamentos fueron un regalo de los virreyes para quedar bien con los monarcas. Pero el saqueo no se limitó al oro y la plata que extraían de las minas, insistimos, sino que incluía el "oro moreno". Cuando los reyes le agarraron el gusto, el obsequio de los representantes de la Corona en las colonias pasó a ser una obligación: "Los monarcas mandaban pedir a sus dominios americanos por medio de cédulas reales el cacao y el chocolate necesarios para el gasto del palacio real; solicitaban anualmente al virrey de la Nueva España un promedio de 450 kg de cacao, 50 de vainilla, 150 de polvillo y 300 de pasta de chocolate".[45]

Ya en la década de 1640, "el consumo de chocolate en Madrid era muy grande, y a finales del siglo XVII se le identificaba como la bebida española por excelencia", cuenta Martín González de la Vara. No obstante, por su elevado costo seguía estando solo al alcance de los aristócratas, que se habituaron a "tomarse su chocolatito" en las reuniones sociales.

Se convirtió en una bebida para socializar, como hoy sucede con el café en muchos países o el té en Inglaterra, supuestamente porque el chocolate es muy adictivo. Hasta donde ha podido determinar la ciencia,[46] es el azúcar añadido el ingrediente que provoca adicción, no el cacao.

Bajo la influencia de España, el chocolate tuvo cada vez mayor presencia en los escenarios europeos desde inicios del siglo XVII. Más aún cuando se desarrolló una receta que conquistó el paladar tanto de la nobleza como de un amplio sector de la población: el chocolate a la española. No tardó en convertirse "en una bebida de moda entre las élites [...] que se consumía tanto en ayunas como para la merienda, especialmente entre las mujeres de la aristocracia",[47] así como en las visitas ordinarias y de cortejo, las tertulias y las grandes celebraciones. El chocolate como lubricante de la sociabilidad impulsó de paso a las artes decorativas y aplicadas, en especial los recipientes relacionados con el ritual de la preparación, los servicios y la degustación de esta bebida: molinillos, jícaras, chocolateras, tazas, tembladeras, mancerinas...[48]

El frenesí consumista desatado en ambos lados del Atlántico tuvo consecuencias. Aún no acababa el siglo XVII y ya el cacao producido en México y Guatemala era insuficiente para cubrir el mercado. Ante la imposibilidad de aclimatar en Europa esta planta, se impulsaron "nuevas plantaciones en Venezuela, que pasó a ser casi en exclusiva el lugar de origen del cacao que se consumía en España".[49] Décadas más tarde, recurrirían a África y Asia.

El resto de la sociedad también cayó presa de los encantos del chocolate (incluso las clases populares podían permitirse a veces este lujo), al grado de que las autoridades intentaron establecer prohibiciones para contener la demanda y el consumo. Fue en vano, nada frenó el éxito arrollador del chocolate en la España del siglo XVII, cuando alcanzó su edad de oro.[50] Nuestro carismático personaje se convirtió en el principal animador, en "el centro de las reuniones sociales, colaciones, agasajos y refrescos".[51]

Y ahí no paró: "La pasión casi obsesiva del siglo XVII" por el chocolate, como la llamó el periodista Néstor Luján, "se transmitió triunfal, al siglo XVIII".[52] Pero los nuevos tiempos trajeron cambios. No solo se volvió un producto menos elitista (ya se producían chocolates de diferente calidad y precio). También se relajaron los rituales en torno a esta bebida y "se organizan otras actividades complementarias, como juegos de sociedad o de cartas, charlas animadas o bailes".[53]

Cuando beber chocolate se democratizó en España —dejó de ser un privilegio de unos cuantos y se hizo cada vez más accesible a todas las clases sociales—, llegó el momento en que para los españoles se erigió "en todo un signo de identidad nacional".[54]

¿Qué clase de signo de identidad nacional puede ser algo que carece de raíces históricas, o peor aún, cuyo sustento histórico viene de un acto de saqueo, despojo y expropiación? Es como si los estadounidenses proclamaran al tequila como signo de identidad, por ser Estados Unidos el principal consumidor del mundo. Como dice un dicho anónimo: "Tal vez puedas adornarte con las plumas de otro, pero no puedes volar con ellas".

CUNDE LA FIEBRE DEL "ORO MORENO"

Es claro que a partir de que los españoles se apoderaron de los territorios y las riquezas que legítimamente pertenecían a los pueblos originarios, chocaron dos concepciones antagónicas del mundo y de la naturaleza, afirma Cristina Barros.[55]

Como vimos en anteriores capítulos, para nuestros antepasados el maíz, la vainilla, el cacao y todos los alimentos eran regalos de los dioses, dadores de vida. Por ello, debíamos recibirlos con gratitud, tratarlos con respeto y dignidad. Les hablaban, les pedían permiso para cortarlos o sacrificarlos. Para ser merecedores de ellos y agradecer sus bondades, se realizaban diversas ceremonias y rituales, desde la siembra y la cosecha, hasta las comidas del día y las fiestas religiosas.

Los agrosistemas que habían desarrollado, como la milpa y la chinampa, aún son ejemplo de sustentabilidad y productividad para la moderna agroecología. Es una visión que aún pervive, asediada y menospreciada, en comunidades indígenas y campesinas del México profundo.

Con la invasión europea se impuso una concepción en la que nada importa más que los valores económicos. La vida entera gira en torno a la producción y el consumo, la acumulación de riquezas y poder es la vía para alcanzar el placer y la felicidad. Todo el mundo se ve con ojos de dinero: la naturaleza es capital y hay que explotarla para convertirla en ganancias, a costa de lo que sea. Ya no existen el aguacate ni el cacao: son "oro verde" y "oro moreno". Es la visión que domina el planeta globalizado hasta el día de hoy.

Con esta mentalidad, en la Colonia se comenzó a producir el cacao ya no bajo la sombra protectora de la selva (que se taló como un estorbo), sino que "pasó a ser un monocultivo comercial que se sembraba en grandes extensiones y que requería de mano de obra, incluso esclava, para su producción".[56] Dentro de la lógica que antepone las ganancias a cualquier otro factor, un principio básico es maximizar las utilidades. Una ruta para conseguirlo es optimizar los costos de la mano de obra, como ocurre con el trabajo esclavo e infantil.

A partir de aquel primer acto de latrocinio del "oro moreno", como parte del tesoro de Moctezuma, encabezado por el homicida Pedro de Alvarado, la apropiación y extracción de las riquezas de estas tierras se convirtió en política de Estado de la Corona española. Una vez bajo su control el mercado de cacao y las redes comerciales tendidas por aztecas, mayas y mixes, los españoles establecieron el sistema de encomiendas en toda la actual América Latina. En una definición propia del mundo de fantasía que se inventaron los invasores (que sigue vivo en muchos españoles, a juzgar por la historia reciente), para la Real Academia Española, en su *Diccionario Panhispánico del Español Jurídico*, una encomienda es "el repartimiento de indios y tierras de las colonias americanas a partir del descubrimiento y conquista, con el fin de protegerlos y evangelizarlos".[57]

En realidad, el sistema de encomienda fue un régimen de trabajos forzados y sin remuneración que impusieron a los pueblos nativos las autoridades españolas y los colonos en los territorios conquistados. Eso es la esclavitud, dicho sin hipocresía ni rodeos, con la única diferencia de que no había compraventa de trabajadores. Eso sí, para tranquilizar sus conciencias, ofrecían protección militar a los explotados y "la oportunidad de convertirse al cristianismo [...] y así disfrutar de la salvación definitiva de sus almas" (justificación muy dudosa de la explotación), según la enciclopedia de historia mundial de la Organización de las Naciones Unidas para la Educación, la Ciencia y la Cultura (UNESCO).[58] Por supuesto, quien no aceptaba esa "oportunidad", era quemado en la hoguera por la Inquisición. Voces críticas, como la de Bartolomé de las Casas, poco pudieron hacer para impedir tales abusos imperiales.[59]

El cruel e injusto trato a que sometieron a nuestros antepasados, sumado a la devastación provocada por las epidemias y otras enfermedades que trajeron los europeos, derivó en una catástrofe demográfica que redujo la población entre el 50 y quizá más del 75%.[60] Esto, obviamente, llevó a la extinción del sistema de encomiendas. Entonces, se recurrió a dos vías: el sistema de repartimiento (también trabajo forzado, pero con salario miserable) y los esclavos traídos de África (se estima que legalmente llegó medio millón, pero a muchos más los metieron de contrabando). Eso permitió a españoles peninsulares y criollos conformar un nuevo sistema de gestión de la tierra y de los recursos, que marcó el inicio del latifundismo y las grandes haciendas de explotación agrícola en México.

Escribió el botánico Nisao Ogata que no era casualidad que "más del 80% del cacao hoy en el mundo se produzca en África e Indonesia", según cifras de 2016. En ese año, el 84% de los aproximadamente cuatro millones de toneladas de granos al año se producían en Costa de Marfil, Ghana, Indonesia, Nigeria y Camerún, nueve de cada 10 kilogramos, gracias a "pequeños productores que viven en condiciones de pobreza y alta marginación".[61]

La situación varió poco ocho años después, en términos del volumen de la producción y de los países líderes. La Organización Internacional del Cacao estimaba que la cosecha mundial de la temporada 2023/24 sería de alrededor de cuatro millones y medio de toneladas. De esta cifra, unas tres cuartas partes se producían en África, sobre todo en Costa de Marfil y Ghana, que generan más o menos el 70%. "Las otras dos grandes regiones productoras son Latinoamérica —el 17%— y Asia —el 12%—, donde Ecuador, Brasil y Perú, por un lado, e Indonesia, por otro, poseen importantes plantaciones".[62]

No es fortuito que la mayoría del cacao venga de África, explica Ogata, porque eso responde al modelo diseñado desde la década de 1840 por la industria chocolatera para abastecerse. Tampoco es casual, agregamos, que entre los principales importadores de cacao y los mayores consumidores de chocolate destaquen los Países Bajos, Alemania, Bélgica, Francia, España, Italia, Reino Unido, Austria, Rusia y Estados Unidos. Y no es de extrañar porque todas estas naciones participaron en el reparto de África en la conferencia de Berlín, en 1884.[63, 64]

Anteriormente, las potencias europeas poco caso hicieron al Papa Urbano VIII cuando prohibió en 1639 la esclavitud en las colonias españolas y portuguesas en América. Luego, tras abolirse la esclavitud en Estados Unidos en 1807, a mediados del siglo XIX quienes controlaban el mercado mundial del cacao tuvieron una revelación para fingir "ser políticamente correctos": si ya no era bien visto enviar esclavos africanos a América, la solución era "llevar las plantas de cacao a donde estaban los esclavos" y "dejar de llamarlos esclavos".[65]

Esta farsa, llevada a escena por Leopoldo II de Bélgica para continuar con la esclavitud de modo encubierto en el Congo, revela Nisao Ogata, "consistía en que el esclavo no era tal, sino un aprendiz ligado a un maestro por un contrato de aprendizaje, que tenía la obligación de trabajar por un tiempo determinado, el cual era en realidad eterno y sin pago".[66] Como parte del trabajo infantil, innumerables niños pasan así su vida en las plantaciones de cacao de África.

Pese a que la producción se concentró en ese continente, en América Latina no se detuvo el esquema de trabajo forzado, pero con trabajadores asiáticos. Alrededor de medio millón de ellos se contrataron en las plantaciones de cacao, sobre todo en Jamaica y Trinidad, bajo dominio británico, entre mediados del siglo XIX y hasta 1918.[67] Nuestro país no fue la excepción. A principios del siglo XX aquí llegaron muchos japoneses contratados por mineras y plantaciones de caña de azúcar o de cacao, como el propio abuelo de Nisao Ogata, que trabajó en Tabasco "para japoneses prósperos ya establecidos en México".[68]

Solo los ingenuos o quienes gustan del chocolate con sabor a conflicto de interés dicen que el trabajo esclavo es cosa del pasado. Por desgracia no es así. La situación de ese modelo de negocios, impulsado por las corporaciones transnacionales, no es un secreto para nadie y se ha registrado hasta en documentales, como el episodio "Chocolate amargo" de la serie *Rotten*.[69] Ogata resume lo que ocurre hoy: "Con la complicidad o la complacencia de la industria chocolatera de Europa y Estados Unidos, el abastecimiento de cacao ha evolucionado hasta nuestros días, manteniendo, con algunas variantes, la explotación y abuso de los pequeños productores",[70] sobre todo en África.

¿Hasta cuándo resistirá el modelo depredador de la industria chocolatera? Hay señales de que la situación podría incluso empeorar. En 2024 se dispararon los precios de modo impresionante, como resultado de una fuerte caída en la cosecha mundial de la temporada 2023/24 con respecto a la de años anteriores, en especial de África.[71]

Algunos analistas dicen incluso que "se acerca el colapso del chocolate".[72] Exponen que el cultivo del cacao descansa en general sobre los hombros de pequeños agricultores pobres. Lo que ganan apenas les alcanza para subsistir, jamás para invertir en sus parcelas: renovar sus árboles, fertilizarlos, luchar contra plagas, el fenómeno meteorológico de El Niño y el cambio climático. Si a esto se le suma la creciente demanda, desde 2020 el consumo mundial ha rebasado con mucho la producción.[73]

La escena luce sombría: "Solo porque millones de agricultores de África Occidental veían en el cacao su única forma de escapar de la miseria, el mundo tenía una oferta abundante y unos precios bajos. Como resultado, tú y yo llevamos décadas disfrutando de los placeres del chocolate a bajo precio".[74] Quizá estamos cerca de que el desplome de la producción africana repercuta en los precios de los supermercados de todo el mundo, y de que todos los pequeños productores empiecen a ver con angustia cómo merman sus medios de sobrevivencia.

METAMORFOSIS INDUSTRIAL

El cacao es otro de los productos que producen los países pobres o en desarrollo de los que sacan provecho sobre todo las naciones industrializadas, lamentan Jesús Salas Tornés y Laura Yunuen Hernández. La historia se repite, como hemos visto en capítulos anteriores: "Los fabricantes del primer mundo son los que dan un valor agregado al cacao, lo transforman y obtienen una variedad de productos finales para ser comercializados al resto de los países".[75]

Para llegar al estrellato, convertido en uno de los ingredientes y golosinas preferidos en el mundo, nuestro personaje pasó por un largo proceso a partir de que los españoles comenzaron a hacer bolitas, tablillas o tabletas de cacao molido, mezclado con azúcar, canela, vainilla y otros ingredientes. Ese producto duraba hasta dos años sin echarse a perder, y esto lo "convertiría en un preciado artículo de comercio a lo largo de todo el virreinato y en algunas partes del imperio español".[76]

Ese es el origen remoto de la industrialización del chocolate, siguiendo la narración de Martín González de la Vara, a partir de "los pequeños talleres que comenzaron a establecerse en las principales ciudades novohispanas a principios del siglo XVII".

Impulsados por la revolución científica que empezaba a bullir, esos tallercitos se las ingeniaron para ir perfeccionando las tecnologías de producción, como los molinos mecánicos de cacao que se inventaron a mediados del siglo XVII. Eso permitió llegar a otros productos como el polvillo (bebida tradicional a base de maíz, cacao y canela) y la pasta, ampliando el horizonte de la repostería.

Tras seducir el paladar de los aristócratas españoles, en los siglos XVIII y XIX cautivó a los burgueses del resto de Europa, que lo empujaron rumbo a su industrialización, sumando avances tecnológicos: "Los europeos convirtieron el chocolate no solo en una de sus bebidas favoritas, sino que lo incluyeron en su dieta diaria y lo transformaron, perfeccionando las formas de elaboración hasta crear las maneras de consumo más conocidas en la actualidad".[77]

La Revolución Industrial iniciada en 1769 iba a todo vapor, y en ese tren se subió la industria chocolatera. Ya en 1828, tras varios adelantos, el empresario Coenraad van Houten inventó en los Países Bajos una prensa con la que logró obtener la cocoa, extrayéndole la mayoría de la grasa al grano de cacao. Con este producto, en 1847 la compañía británica J. S. Fry & Sons creó las primeras barras de chocolate oscuro como golosina, casi como las actuales. Borrar ese "casi" nos lleva al primer chocolate con leche, elaborado en Suiza en 1876 por el fabricante Daniel Peter, quien "recibió la ayuda que supuso el reciente desarrollo de la fórmula de la leche condensada que realizó el empresario Henri Nestlé". El chocolate con leche desbancó en las preferencias de la mayoría de los consumidores al chocolate oscuro puro.[78]

La cereza del chocolate la puso el fabricante Rodolphe Lindt, quien en su fábrica de Berna inventó en 1880 la *concha*, una máquina que aún se usa para suavizar lo amargo del chocolate.[79] La mesa estaba puesta para la era en la que el menú incluía ya desde chocolates sublimes (tanto en barra como en helados, panes, pasteles, galletas y pastelillos, entre una larga lista de dulces y golosinas), hasta otros que difícilmente pueden catalogarse como chocolates.

Transcurrieron décadas para que esos adelantos tecnológicos llegaran a México, narra Martín González de la Vara: "Hasta 1890 casi todas las empresas del ramo se dedicaban a fabricar chocolate de mesa, dejando la elaboración de bombones en manos de las pastelerías y los particulares; pero en la primera década del siglo XX surgieron las primeras fábricas de postres y golosinas de chocolate, que establecieron empresarios europeos". Para no variar.

Atribuye la lenta industrialización del chocolate en nuestro país a la desconfianza de un público experto en la materia, como el mexicano. No estamos seguros de que la mayoría conservemos hoy ese *expertise*, si nos atenemos al enorme consumo de chocolates chatarra en México.

Como vemos, el cacao es un personaje que alcanzó la fama primero como un alimento divino, al alcance solo de *tlatoanis* y grandes señores. Tiempo después, tras una época en la que estuvo al alcance de amplios sectores, desde hace mucho volvió a ser un personaje elitista que hace las delicias solo de quienes pueden darse el lujo de comprar barras de chocolate "gourmet", amargo y semiamargo (que varían del 45 hasta el 99% de contenido de cacao)[80] a precio de "oro moreno".

No ha llegado lo peor de la crisis, pues consumirlo de calidad es cada vez más elitista: en 2024, una barra de chocolate semiamargo orgánico de Tabasco con el 70% de cacao de 180 gramos llegaba a 175 pesos (con eso podrían comprarse tres kilogramos de tortillas orgánicas nixtamalizadas de entre 55 y 65 pesos), y una barra de un kilo de esta delicia tabasqueña roza las nubes: 580 pesos. Comparativamente, la barra de una marca comercial de 150 gramos con el 60% de cacao cuesta 84 pesos (que alcanzarían para tres o cinco kilos de tortillas de entre 15 y 24 pesos en cualquier tortillería).

Ojo, hablamos de chocolate de mediana a buena calidad. Tomen en cuenta que aparte de explotar a los trabajadores, hay otra forma de optimizar los costos de producción: manipular las materias primas, lo cual conduce a sacrificar la calidad de los ingredientes. Este truco viene desde la época colonial, cuando se prefirió el cacao de Ecuador sobre el de Venezuela no solo por su menor precio, "sino porque al ser más amargo se requería añadirle más azúcar y esto aumentaba el volumen de pasta, con lo que los comerciantes obtenían mayores ganancias".[81] El mismo recurso fraudulento que "bautizar" la leche con agua.

También en la España del siglo XVII, cuando se disparó la demanda de grano ante el creciente consumo europeo, el polvo de cacao sufrió adulteraciones insultantes. No se conformaron con añadirle azúcar, sino además sustancias harinosas.[82] En el siglo XIX la falsificación de comerciantes sin escrúpulos cobró tintes canallescos, al incluir incluso mercurio entre los ingredientes.[83]

La tecnología de alimentos ha hecho posibles engaños más sutiles. Ante la incesante alza en el precio del cacao, a las mayorías no les ha quedado sino conformarse con barras de chocolate de mala calidad, por ejemplo, con leche y retacadas de azúcar que contienen, si bien les va, entre el 25 y el 35% de pasta de cacao, con manteca vegetal (en vez de manteca de cacao) y con saborizantes sintéticos, como la vainilla de laboratorio para engañar el paladar. O las barras de chocolate blanco que reemplazan la pasta del grano con manteca de cacao.

Un caso paradigmático es el afamado chocolate Abuelita de Nestlé, que simula ser nuestro tradicional chocolate de mesa: [84] tres cuartas partes son azúcares, y el resto bajos porcentajes de pasta de cacao, cocoa en polvo, grasas vegetales, lecitina de soya, saborizantes artificiales y diversos aditivos impronunciables para un niño de primaria (dice Michael Pollan que deberíamos evitarlos porque no son nada recomendables para la salud):[85] poliglicerol de polirricinoleato, maltodextrina, fosfato dicálcico, lactosa y caseinato de sodio. Ni una pálida sombra de lo que fue el chocolate Abuelita, producido originalmente por La Azteca en 1939, y mucho menos, de lo que el cacao era para olmecas, mayas y aztecas. Nestlé y el resto del cártel del chocolate no saben lo que es la ética: no tienen abuela.

Estas cosas comestibles con un raquítico valor nutricional han convertido al chocolate, como a tantos otros alimentos sometidos al ultraprocesamiento, en comestibles chatarra.

Proliferan desde hace tiempo, y de seguro agarrarán más vuelo, los productos fraudulentos con "sabor a chocolate", diseñados para engañar a consumidores incautos que no perciben estos "detalles". Incluso, la multinacional estadounidense Mondelēz dio a conocer en 2024 el primer "chocolate" sin cacao, hecho a base de cebada fermentada y algarroba, con menos azúcar que el chocolate y sin cafeína. Valoramos su cinismo: la compañía se ufana de que este producto es más respetuoso con el medio ambiente, pues para fabricarlo emite menos gases con efecto invernadero y evita la deforestación, además de no involucrar trabajo infantil.[86, 87] En esto ha parado el alimento de los dioses.

En el torbellino del mercado que ha mandado al cielo los precios del cacao, algunos pierden, como los pequeños productores africanos (que siguen sin recibir un pago justo) y la mayoría de los consumidores (que ya no podrán disfrutar del chocolate barato), y otros ganan: la industria chocolatera y sus accionistas (Mars, Ferrero, Nestlé, Lindt, Mondelēz, Hershey's y demás). Y vaya que ganan.

Para no ir más lejos, "la fortuna de las familias Mars y Ferrero, dueñas de las dos principales compañías chocolateras del mundo, superó al producto interno bruto de los dos países que más cacao producen a nivel global, Costa de Marfil y Ghana",[88] según la organización no gubernamental Oxfam International.[89] Gracias al cacao, la familia Mars, dueña de la empresa chocolatera más poderosa del mundo, "es la segunda más rica de los Estados Unidos". Y con el cacao han amasado su fortuna los Ferrero, la familia más adinerada de Italia.[90]

REGRESAR AL FUTURO DEL CACAO

Paradójicamente, para bien y para mal, México solo produjo alrededor de 28 000 toneladas de cacao en 2022, sobre todo en Tabasco, Chiapas y Guerrero, utilizadas en su mayoría por 22 empresas transnacionales o mexicanas. Esa cifra nos coloca como el 14° productor en el planeta[91] y representa el 0.54% de la producción mundial de cacao.[92] Muy lejos de las 2.3 millones de toneladas del primer productor, Costa de Marfil. Y con un consumo por persona de poco más de medio kilo en 2020,[93, 94]cantidad irrisoria comparada con los cinco kilogramos que se consumían al año por persona en las ciudades más importantes de México en 1870[95] y ni se diga con el consumo promedio en Suiza, de 12 kg anuales.[96]

Lo que nos dejó perplejos fue enterarnos de que somos el primer lugar mundial en exportaciones de cacao en polvo, ¡pero con azúcar u otro edulcorante añadidos!, y el cuarto sitio en las exportaciones de confitería (básicamente, golosinas de chocolate chatarra).[97] Para lograrlo, aparte de quedarse con la mayoría de la producción de cacao mexicano de primera calidad, esas 22 grandes corporaciones importan alrededor de 67 000 toneladas de los mayores productores mundiales: Ecuador, Colombia, Costa de Marfil, Perú y República Dominicana (en ese orden).[98] Esto nos deja un sabor amargo, que no es a cacao.

Según la lógica neoliberal, "los pequeños productores del país no son competitivos porque no logran abastecer el mercado interno de la industria, o que sus granos están sobrepagados si se comparan con los productores de Asia y África".[99] Su manual sentencia: hay que talar la selva, usar agrotóxicos para aumentar cosechas y matar plagas, recurrir a semillas híbridas de rápido crecimiento y a transgénicos, pagar salarios de hambre o, mejor, tener esclavos.

Es la tendencia dominante a escala mundial. Aquí en México es impulsada entre otros por Nestlé, que compra el 20% de la producción nacional de cacao, con "plantas mejoradas de cacao que mejoran su productividad".[100] Pero al menos hasta 2017, también la promovían agencias, gobiernos e instituciones científicas. Es un suicidio socioambiental, pues "significa conducir al colapso biológico, cultural y ecológico de los sitios originales en donde se domesticó el cacao y perfeccionó el uso y manejo racional de las selvas lluviosas".[101]

Al sembrar variedades híbridas en monocultivo "se han perdido especies de cacao nativas que producen un chocolate de gran calidad, al ser desplazadas por cacaos forasteros", denunció Cristina Barros.[102] Además llegó la plaga de la moniliasis, que ha afectado las plantaciones cacaoteras desde 2005 y, junto con el envejecimiento de los árboles de cacao, provocó que se desplomara la producción casi a la mitad entre 2003 y 2016, al pasar de 44 000 toneladas a 26 000.[103]

Compartimos la preocupación e indignación de Jesús Salas Tornés y Laura Yunuen Hernández: "¿Por qué si el cacao pertenece a nuestra historia nacional y es parte importante de nuestra economía, tiene hoy en día un lugar deplorable en el mercado a nivel nacional, y peor aún en el mercado internacional?". ¿Por qué permitimos que este personaje legendario, regalo de los dioses, hoy esté bajo dominio extranjero? ¿Dejamos de ser grandes consumidores de cacao y lo reemplazamos por el café como estimulante por sentir que nos lo arrebataron?

Cualesquiera que sean las respuestas, el cacao no tiene la culpa. Además, lo mejor de esta semilla y las tradiciones que la rodean perviven en algunos reductos del país, gracias a nuestras comunidades indígenas. Ahí debemos fijar la mirada para recuperar y dignificar la producción y el consumo de cacao. No en las estrategias empresariales que se ofrecen a nuestros productores, "que en el fondo tienen el propósito de abastecer la demanda de la industria, no el bienestar de las comunidades locales".[104]

Sin duda, la clave reside en recuperar las enseñanzas ancestrales de los pueblos indígenas. Esos saberes son de vital importancia para manejar un sistema agroforestal de cacao como motor de la diversificación productiva de las selvas lluviosas y el desarrollo sustentable, articulándolos "en programas de desarrollo del sureste de México para la conservación de la naturaleza, mitigar los efectos del cambio climático y fortalecer una alternativa económica redituable a las pequeñas comunidades locales".[105]

A la larga es insostenible seguir transgrediendo los ritmos a los que se regenera la naturaleza. Resulta absurdo "sacrificar los ecosistemas de mayor diversidad biológica en el planeta por el simple afán de llevar al consumidor una barra de chocolate", como nos hace ver Nisao Ogata. Esto supone formar consumidores responsables, ecosociales, con conciencia de la necesidad de moderar el consumo a fin de proteger la selva, nutrir la rica biodiversidad cultural y retribuir con ingresos dignos el trabajo y los saberes de las comunidades.

SABOR A SALUD E HISTORIA

Es fundamental diferenciar las propiedades alimenticias, medicinales y espirituales que se le confieren al cacao, de las comprobadas científicamente,[106] destaca Héctor Bourges. Buena parte de lo que se le atribuye ha servido a la industria chocolatera como gancho mercadotécnico y publicitario para promoverlo como "superalimento". Ya vimos en el caso del aguacate que esto acarrea nefastas consecuencias sociales, económicas, ambientales y culturales.

No descartamos que algo pudieran tener de cierto los conocimientos tradicionales mesoamericanos sobre este alimento mítico: eliminar el cansancio, estimular la capacidad psíquica y mental, y ser fuente de sabiduría espiritual y energía corporal. Algunos han sido validados por el conocimiento científico, mientras otros, como su poder afrodisiaco, ya se descartaron.

No nos detendremos en los nutrimentos que contiene el cacao (el texto citado de Bourges[107] detalla su composición nutrimental) porque, al menos para los mexicanos, el aporte real de nutrimentos es minúsculo, tomando en cuenta que nuestro consumo promedio por persona es de unos dos gramos diarios. Ya lo señalamos antes: la clave de una buena nutrición está en la variedad y el balance.

También podríamos destacar que el cacao contiene unas 300 sustancias bioactivas benéficas para la salud. Sin embargo, muchos de los que aluden al caudal de beneficios del cacao validan muy a la ligera las investigaciones en que se basan. Se afirma, por ejemplo, que los flavonoides de las semillas de cacao poseen "propiedades antiinflamatorias que regulan los triglicéridos, los fosfolípidos y el colesterol. Asimismo, también contribuyen a bajar la presión arterial, ralentizan el proceso de envejecimiento y mejoran el rendimiento de los procesos mentales, incluido el de la memoria".[108]

Héctor Bourges menciona su contenido de neurotransmisores y estimulantes del sistema nervioso central, sus antioxidantes, sus compuestos de la familia de las anfetaminas que pueden provocar estados de euforia y bienestar emocional, los que disminuyen la inflamación y los flavonoides que podrían retrasar el deterioro de la función cerebral durante el envejecimiento. No omite incluir el compuesto asociado con la reducción del riesgo de accidentes vasculares y de hipertensión arterial, sobre todo en adultos mayores, en los que al parecer disminuye el peligro de infarto cardiaco, cáncer y diabetes. No obstante, llama a la prudencia: "Hay que ser muy cautos en la interpretación de la información anterior, ya que puede relacionarse con muchos otros actores, ya que en todos los casos se trata de enfermedades muy complejas".

Nosotros también hacemos un llamado, pero a tomar con pinzas algunos estudios aparentemente científicos, cuyos resultados están cargados en favor de corporaciones chocolateras que los financian. Ello arrastra el sesgo inherente al *efecto del financiamiento*, como documentamos en nuestro libro sobre los conflictos de interés provocados por la industria de alimentos y bebidas azucaradas en el ámbito científico y académico.[109]

Tal es el caso del estudio que concluyó que el extracto de cacao podría reducir el deterioro cognitivo en un cierto grado.[110, 111] O como el estudio COSMOS (COcoa Supplement and Multivitamin Outcomes Study), que sugiere que los suplementos multivitamínicos que incluyen extracto de cacao reducen un 27% el riesgo de muerte cardiovascular.[112, 113] Y el trabajo según el cual los flavonoides del cacao se relacionan con tener mejor memoria y salud cardiaca.[114, 115]

A todos nos gustaría confiar en la solidez de estos estudios financiados por empresas como la chocolatera Mars. Pero es inevitable preguntarnos sobre su confiabilidad cuando estas investigaciones tienen como fin, en última instancia, aumentar sus ganancias. Habría que meterse más a fondo para averiguar hasta qué punto son de fiar también otros estudios que aseguran que los compuestos del cacao mejoran la hipertensión y los niveles de colesterol, o que disminuyen la probabilidad de síntomas depresivos, o que sus antioxidantes actúan contra los radicales libres y protegen las células, asociando efectos analgésicos, antiinflamatorios y antimicrobianos, gracias a su defensa del sistema inmune. ¿No suena todo esto a producto "milagro"?

Los consumidores deben tomar en cuenta que los beneficios dependerían no solo de cómo se elaboran los chocolates y la cantidad que se consuma, sino que los resultados de las investigaciones no se refieren a barras de chocolate, sino a sus componentes. En el supuesto de que los flavonoides tengan los efectos reportados, tomar 500 mg de estos compuestos implicaría comer varias barras de chocolate atiborradas de azúcar, manteca de cacao y quizá leche, a menos de que se trate de chocolate negro y amargo, que contiene más sólidos de cacao. Sin considerar que la mayoría de las marcas de chocolates son, como ya vimos, comestibles ultraprocesados que causan más daños que beneficios a la salud.

No comamos ansias, esperemos estudios más sólidos y libres de conflictos de interés y usemos mejor nuestro sentido común.

El cacao es un personaje transfigurado que vale la pena recuperar, más que como alimento o medicamento, como afirma Héctor Bourges, porque nos ha acompañado y estimulado desde hace milenios (aunque pareciera que ya lo perdimos). Es un sabor con una entrañable memoria sensorial, histórica, social y cultural, envuelto en mitos y leyendas, que no dejará de estar con nosotros.

Notas

[1]Carmen Abad-Zardoya, "Es rocío celestial. El chocolate en las artes y las letras", en Manuel García Guatas y Juan Barbacil (coords.), *Los alimentos que llegaron de América*, Academia Aragonesa de Gastronomía, España, 2014.

[2]Luis Alberto Vargas, "Lo que México aún guarda para alimentar al mundo", comunicación personal, 2022.

[3]Luis Alberto Vargas, "Novedades sobre la historia del cacao y el chocolate", *Cuadernos de Nutrición*, vol. 42, núm. 4, julio-agosto de 2019.

[4]Nisao Ogata, "El cacao como sistema de diversificación productiva para el desarrollo del sureste de México", en Eduardo Merlo *et al.*, *El cacao, alimento divino*, Fundación Herdez, México, 2017.

[5]DW, "Estudio: el cacao se originó en Sudamérica y no en México", 8 de marzo de 2024. Consultado en https://amp.dw.com/es/no-fue-en-m%C3%A9xico-estudio-sit%C3%BAa-el-complejo-origen-del-cacao-en-sudam%C3%A9rica/a-68475174.

[6]Nisao Ogata, *op. cit.*

[7]*Ibidem.*

[8]Martha Elena García y Guillermo Bermúdez, *Alimentos sustentables a la carta, de la tierra a la mesa*, Conabio / Calmil, México, 2017, pp. 42-43. Consultado en https://bioteca.biodiversidad.gob.mx/janium/Documentos/12626.pdf.

[9]*Ibidem.*

[10]Eduardo Merlo, "El cacao, de lo sagrado a lo profano", en *El cacao, alimento divino*, Fundación Herdez, México, 2017.

[11]Más que variedades o tipos, como los llamamos aquí para no entrar en tecnicismos, se trata de cultivares; es decir, conjuntos de plantas seleccionadas genéticamente por el hombre, en tanto que las variedades son resultado de selecciones que hace la naturaleza.

[12]Conabio, Theobroma cacao. Consultado en http://www.conabio.gob.mx/conocimiento/info_especies/arboles/doctos/68-sterc03m.pdf.

[13]César Frizo, "El mito de las 3 variedades de cacao", Perfect Daily Grind, Reino Unido, 27 de septiembre de 2018. Consultado en https://perfectdailygrind.com/es/2018/09/27/el-mito-de-las-3-variedades-de-cacao/.

[14]Javier Taboada Ramírez, "Bebidas fermentadas indígenas: cacao, pozol, tepaches, tesgüino y tejuino", en Janet Long (coord.), *Conquista y comida: consecuencias del encuentro de dos mundos*, UNAM-IIH, 2019. Consultado en http://www.historicas.unam.mx/publicaciones/publicadigital/libros/323/conquista_comida.html.

[15]*Ibidem.*

[16]*Ibidem.*

[17]Eduardo Merlo, *op. cit.*

[18]*Ibidem.*

[19]*Ibidem.*

[20]Jesús Salas Tornés y Laura Yunuen Hernández Sánchez, "Cacao, una aportación de México al mundo", *Ciencia*, vol. 66, núm. 3, julio-septiembre de 2015, Academia

Mexicana de Ciencias. Consultado en https://www.revistaciencia.amc.edu.mx/images/revista/66_3/PDF/Cacao.pdf.

[21] *Ibidem.*

[22] Enrique Vela, "El cacao... un fruto asombroso... y el chocolate, el sabor mexicano del mundo", *Arqueología Mexicana*, núm. especial 45, agosto de 2012. Consultado en https://arqueologiamexicana.mx/mexico-antiguo/del-cacao-al-chocolate.

[23] Eduardo Merlo, *op. cit.*

[24] Fátima de la Fuente del Moral, "De América a Europa. El chocolate, la bebida divina que conquistó Europa", Historia National Geographic, 12 de septiembre de 2024. Consultado en https://historia.nationalgeographic.com.es/a/chocolate-bebida-divina-que-conquisto-europa_8139.

[25] José Pardo Tomás y María Luz López Terrada, "Las primeras noticias sobre plantas americanas en las relaciones de viajes y crónicas de Indias (1493-1553)", Instituto de Estudios Documentales e Históricos sobre la Ciencia, Universitat de Valencia, Valencia, 1993. Consultado en https://digital.csic.es/handle/10261/91333.

[26] Bernal Díaz del Castillo, *Historia verdadera de la conquista de la Nueva España*, edición, estudio y notas de Guillermo Serés, Real Academia Española / Espasa, Madrid / Barcelona, 2011. Consultado en https://www.rae.es/sites/default/files/Aparato_de_variantes_Historia_verdadera_de_la_conquista_de_la_Nueva_Espana.pdf.

[27] José Pardo Tomás y María Luz López Terrada, *op. cit.*

[28] *Ibidem.*

[29] Hernán Cortés, *Cartas y relaciones de Hernán Cortés al Emperador Carlos V*, Biblioteca Virtual Miguel de Cervantes, Alicante, 2019. Consultado en https://www.cervantesvirtual.com/nd/ark:/59851/bmc0974782.

[30] Francisco Xavier Clavijero, *Historia antigua de Mejico, sacada de los mejores historiadores españoles, y de manuscritos y pinturas antiguas de los indios. Dividida en diez libros, adornada de cartas geográficas y litografías, con disertaciones sobre la tierra, animales y habitantes de Méjico*, Biblioteca Virtual Miguel de Cervantes, Alicante, 2020. Consultado en https://www.cervantesvirtual.com/nd/ark:/59851/bmc0986136.

[31] José Pardo Tomás y María Luz López Terrada, *op. cit.*

[32] José García Payón, *Amaxocóatl o libro del chocolate*, Tip. Escuela de Artes, Toluca, México, 1936.

[33] Vanessa Quintanar Cabello, *Cibus Indicus. Alimentos americanos en las artes y las ciencias de la Edad Moderna europea (siglos* XVI-XVIII*)*, Ediciones Doce Calles, Theratrum Naturale (Col. De Historia Natural), Madrid, 2023.

[34] Francisco López de Gómara, *Hispania Victrix: Primera y segunda parte de la historia general de las Indias cõ todo el descubrimiento, y cosas notables que han acaescido dende que se ganaron hasta el año de 1551: con la conquista de México, y de la nueva España.* Consultado en https://www.cervantesvirtual.com/obra/hispania-victrix-primera-y-segunda-parte-de-la-historia-general-de-las-indias-co-todo-el-descubrimiento-y-cosas-notables-que-han-acaescido-dende-que-se-ganaron-hasta-el-ano-de-1551-con-la-conquista-de-mexico-y-de-la-nueua-espana.

[35] Toribio de Benavente, Motolinía, *Historia de los indios de la Nueva España*, Real Academia Española, Centro para la Edición de los Clásicos Españoles, Madrid, 2014. Consultado en https://www.fundacionaquae.org/wp-content/uploads/2017/07/Historia-de-los-Indios.pdf.

[36]Antonio Aimi, "El problema de las fuentes: ¿el Conquistador Anónimo es un testigo creíble o un recopilador?", Museo Iconográfico del Quijote. Consultado en https://museoiconografico.guanajuato.gob.mx/download/CCI_XXIX/CCI_XXIX_65-80.pdf.

[37]*El Conquistador Anónimo, Relación de algunas cosas de la Nueva España y de la gran ciudad de Temestitán México. Escrita por un compañero de Hernán Cortés*, Editorial América, México, 1941.

[38]Vanessa Quintanar Cabello, *op. cit.*

[39]Martín González de la Vara, "Orígenes de la industrialización del chocolate en México (1840-1920)", en *El cacao, alimento divino*, Fundación Herdez, México, 2017.

[40]Cristina Barros, reseña de libro: Laura Caso Barrera (coord.), *Cacao. Producción, consumo y comercio. Del periodo prehispánico a la actualidad en América Latina*, Iberoamericana-Vervuert, Madrid, 2016. *Agricultura, Sociedad y Desarrollo*, 15 (1), 2018. Consultado el 10 de septiembre de 2024 en https://www.redalyc.org/articulo.oa?id=360559614009.

[41]Vanessa Quintanar Cabello, *op. cit.*

[42]Stephen T. Beckett, *La ciencia del chocolate*, Editorial Acribia, S. A., Zaragoza, España, 2000.

[43]Agustín Estrada Monroy, *El mundo kekchí de Vera-Paz*, Ed. del Ejército, Guatemala, 1979. Consultado en https://www.academia.edu/28392859/El_Mundo_K_ekchi_de_la_Vera_Paz_Agustin_Monroy_pdf.

[44]Vanessa Quintanar Cabello, *op. cit.*

[45]*Ibidem.*

[46]Alfonso Valenzuela B., "El chocolate, un placer saludable", *Revista Chilena de Nutrición*, 34 (3),0, 2007. Consultado en https://www.redalyc.org/articulo.oa?id=46934302.

[47]Vanessa Quintanar Cabello, *op. cit.*

[48]*Ibidem.*

[49]*Ibidem.*

[50]*Ibidem.*

[51]María Ángeles Pérez Samper y Domingo Hernández de Maceras, *La alimentación en la España del siglo de oro*, Huesca, La Val de Onsera, España, 1998.

[52]Néstor Luján, *Vida cotidiana en el Siglo de Oro español*, Planeta, Barcelona, 1992.

[53]Vanessa Quintanar Cabello, *op. cit.*

[54]*Ibidem.*

[55]Cristina Barros, *op. cit.*

[56]*Ibidem.*

[57]Diccionario Panhispánico del Español Jurídico, Real Academia Española. Consultado en https://dpej.rae.es/lema/encomienda.

[58]Mark Cartwright, World History Encyclopedia, UNESCO, 15 de junio de 2022. Consultado en https://www.worldhistory.org/trans/es/1-20877/encomienda/#:~:text=%C2%BFQu%C3%A9%20era%20el%20sistema%20de,oportunidad%20de%20convertirse%20al%20cristianismo.

[59]Bartolomé de las Casas, *Brevísima relación de la destrucción de las Indias de 1522*, edición de José Miguel Martínez Torrejón, Biblioteca Virtual Miguel de Cervantes. Consultado en https://www.cervantesvirtual.com/obra-visor/brevsima-relacin-de-la-destruccin-de-las-indias-0/html/847e3bed-827e-4ca7-bb80-fdcde7ac955e_18.

html#:~:text=Decir%20asimesmo%20los%20azotes%2C%20palos,en%20reprobado%20juicio%20o%20sentimiento.

[60]Robert McCaa, *¿Fue el siglo* XVI *una catástrofe demográfica para México? Una respuesta basada en la demografía histórica no cuantitativa*, *Papeles de Población*, vol. 5, núm. 21, julio-septiembre de 1999, Universidad Autónoma del Estado de México. Consultado en http://www.redalyc.org/articulo.oa?id=11202108.

[61]Nisao Ogata, *op. cit.*

[62]María Florencia Melo, "África: principal productor mundial de cacao", *Statista*, 28 de marzo de 2024. Consultado en https://es.statista.com/grafico/31996/volumen-de-la-produccion-mundial-de-cacao-en-grano/#:~:text=M%C3%A1s%20de%20la%20mitad%20de,los%203.200%20millones%20de%20toneladas.&text=Esta%20infograf%C3%ADa%20muestra%20el%20volumen,(en%20millones%20de%20toneladas).

[63]Alemania, Bélgica, España, Francia, Italia, Portugal, Reino Unido, Austria-Hungría, Dinamarca, Países Bajos, Rusia, Suecia-Noruega, Turquía y Estados Unidos.

[64]Observatory of Economic Complexity, "Cocoa Beans", 2024. Consultado en https://oec.world/en/profile/hs/cocoa-beans.

[65]Nisao Ogata, *op. cit.*

[66]*Ibidem.*

[67]*Ibidem.*

[68]*Ibidem.*

[69]Abigail Harper, *Chocolate amargo*, Netflix, 4 de octubre de 2019.

[70]*Ibidem.*

[71]María Florencia Melo, *op. cit.*

[72]Javier Blas, "Se acerca el colapso del chocolate", Bloomberg Línea, 19 de febrero de 2024. Consultado en https://www.bloomberglinea.com/2024/02/19/se-acerca-el-colapso-del-chocolate/.

[73]Foodcom Experts, "Panorama del mercado del cacao 2024" [Informe Global], 1 de agosto de 2024. Consultado en https://foodcom.pl/es/panorama-del-mercado-del-cacao-2024-informe-global/.

[74]Javier Blas, *op. cit.*

[75]Jesús Salas Tornés y Laura Yunuen Hernández Sánchez, *op. cit.*

[76]Martín González de la Vara, *op. cit.*

[77]*Ibidem.*

[78]Stephen T. Beckett, *op. cit.*

[79]*Ibidem.*

[80]Jesús Salas Tornés y Laura Yunuen Hernández Sánchez, *op. cit.*

[81]Cristina Barros, *op. cit.*

[82]María Ángeles Pérez Samper, "La integración de los productos americanos en los sistemas alimentarios mediterráneos", en *XIV Jornades d'Estudis Històrics locals. La Mediterrània, área de convergencia de sistemas alimentaris (segles* V-XVIII*)*, Palma, Institut d'Estudis Baleàrics, Govern Balear, Conselleria d'Educació, Cultura i Esports, 1996, en Vanessa Quintanar Cabello, *op. cit.*

[83]Carlos Ascoytia, "Historia de la falsificación del chocolate", 2010. Consultado en https://www.historiacocina.com/historia/articulos/chocolatefalso.htm y https://www.historiacocina.com/monograficos/chocolate.htm.

[84]El Poder del Consumidor, "Radiografía de... Chocolate Abuelita", 5 de mayo de 2020. Consultado en https://elpoderdelconsumidor.org/2020/05/radiografia-de-chocolate-abuelita/#:~:text=La%20Norma%20Oficial%20mexicana%20establece,de%20s%C3%B3lidos%20totales%20de%20cacao.&text=Sin%20embargo%2C%20no%20es%20clara,menos%205%20g%20de%20cacao.

[85]Michael Pollan, *Saber comer, 64 reglas básicas para aprender a comer bien*, Grijalbo, México, 2017.

[86]Mar Gavilán y Javier Muniesa, "Presentan el primer 'chocolate' sin cacao del mundo", Gastronomía & Cía. Consultado en https://www.gastronomiaycia.com/presentan-el-primer-chocolate-sin-cacao-del-mundo/.

[87]Guillermina García, "Lanzan chocolate sin cacao gracias al acelerador CoLab Tech Mondelēz", The Food Tech, 14 de diciembre de 2023. Consultado en https://thefoodtech.com/industria-alimentaria-hoy/lanzan-chocolate-sin-cacao-gracias-al-acelerador-colab-tech-mondelez/.

[88]De acuerdo con el Banco Mundial, el PIB sumado de Costa de Marfil y Ghana en 2022 era de unos 144 000 millones de dólares, mientras que la fortuna de ambas familias chocolateras rebasada los 160 000 millones de dólares. Andreas Becker, "¿A quién benefician los precios récord del cacao?", DW, 30 de marzo de 2024. Consultado en https://amp.dw.com/es/a-qui%C3%A9n-benefician-los-precios-r%C3%A9cord-del-cacao/a-68694258.

[89]*Ibidem*.

[90]*Ibidem*.

[91]Secretaría de Agricultura y Desarrollo Rural, "De México para el mundo: cacao", 9 de mayo de 2024. Consultado en https://www.gob.mx/agricultura/es/articulos/de-mexico-para-el-mundo-cacao#:~:text=Origen%20y%20Producci%C3%B3n&text=Estas%20regiones%20son%20el%20hogar,%C2%B0%20productor%20a%20nivel%20mundial.

[92]José López Ganem, "Diagnóstico del Mercado del Cacao en México", 2022, USAID. Consultado en https://pdf.usaid.gov/pdf_docs/PA00ZWQD.pdf.

[93]Secretaría de Agricultura y Desarrollo Rural, Panorama Agroalimentario 2021, Servicio de Información Agroalimentaria y Pesquera.

[94]Héctor Bourges apuntaba 700 gramos por persona al año en 2017.

[95]Martín González de la Vara, *op. cit.*

[96]Héctor Bourges Rodríguez, "El cacao, alimento... Y mucho más", en Eduardo Merlo *et al.*, *El cacao, alimento divino*, Fundación Herdez, México, 2017.

[97]INEGI, Aschoco, Confimex, "Conociendo la industria del chocolate y confitería", comunicado de prensa núm. 533/23, 4 de septiembre de 2023.

[98]José López Ganem, *op. cit.*

[99]Nisao Ogata, *op. cit.*

[100]Ganar-Ganar, "¿Cómo apoya Nestlé al cacao mexicano?", 13 de septiembre de 2024. Consultado en https://ganar-ganar.mx/2024/09/13/como-apoya-nestle-al-cacao-mexicano/.

[101]Nisao Ogata, *op. cit.*

[102]Cristina Barros, *op. cit.*

[103]Fundación UNAM, "Se agudiza la crisis de plantaciones de cacao en México", 10 de junio de 2019. Consultado en https://www.fundacionunam.org.mx/ecopuma/se-agudiza-la-crisis-de-plantaciones-de-cacao-en-mexico/.

[104] Nisao Ogata, *op. cit.*

[105] *Ibidem.*

[106] Héctor Bourges, *op. cit.*

[107] *Ibidem.*

[108] Jesús Salas Tornés y Laura Yunuen Hernández Sánchez, *op. cit.*

[109] Martha Elena García y Guillermo Bermúdez, "Alimentarnos con dudas disfrazadas de ciencia. Nutriendo conflictos de interés en México", El Poder del Consumidor, 2021.

[110] Chirag M. Vyas *et al.*, "Effect of cocoa extract supplementation on cognitive function: results from the clinic subcohort of the COSMOS trial", *The American Journal of Clinical Nutrition*, vol. 119, Issue 1, 39-48. Consultado en https://ajcn.nutrition.org/article/S0002-9165(23)66275-6/abstract.

[111] Jaime de las Heras, "El cacao, una hipotética herramienta contra el deterioro cognitivo", *The Objective*, 26 de diciembre de 2023. Consultado en https://theobjective.com/lifestyle/2023-12-26/cacao-deterioro-cognitivo-personas-mayores/?amp.

[112] Fred Hutchinson Cancer Center, "Resultados del estudio COSMOS", La Mujer y su Salud, 2021-2022. Consultado en https://www.whi.org/doc/whi-matters/WHI+Matters_SPA_2021-2022.pdf.

[113] Brian Handwerk, "Los componentes del cacao son buenos para la salud… ¿El chocolate también?", *National Geographic*, 5 de julio de 2024. Consultado en https://www.nationalgeographicla.com/ciencia/2024/07/los-componentes-del-cacao-son-buenos-para-la-salud-el-chocolate-tambien.

[114] Adam M. Brickman, Lok-Kin Yeung, Daniel M. Alschuler y Scott A. Small, "Dietary flavanols restore hippocampal-dependent memory in older adults with lower diet quality and lower habitual flavanol consumption", Proceedings of the National Academy of Sciences, Academia Nacional de Ciencias, 30 de mayo de 2023, 120 (23) e2216932120. Consultado en https://doi.org/10.1073/pnas.2216932120.

[115] Marion Nestle, "Chocolate: una actualización sobre la política alimentaria en torno a este tema", Food Politics, 7 de noviembre de 2023. Consultado en https://www.foodpolitics.com/2023/11/chocolate-an-update-on-the-food-politics-thereof/?lctg=102461203.

Esta obra se terminó de imprimir
en el mes de agosto de 2025,
en los talleres de Impresora Tauro, S.A. de C.V.
Ciudad de México.